中国近代人物日记丛书

张廷银 刘应梅 整理

王伯祥日记

第五册

中华书局

第五册目录

1935年(民国二十四年)

1月1日(甲戌年十一月二十六日　丁丑　元旦)星期二

阴,夜雨。上午五三,下午五五。

今日放假,公司中举行午宴。予十时到梧州路总厂,同人已大集,少待毕至。除先期请假者不计外,止丐尊以有客相羁,未能与会耳。十一时许,全体摄影。十二时半开宴,齐辉堂布满不能容,东厢及次间俱设席,凡十二席。予坐齐辉堂正中,与洗人、晓先、圣陶、仲华、调孚、索非、雪村、均正、挺生同座。终席喧然,尽欢始散。予竟未沾酒味,深用自慰也。饭后与洗人、晓先闲步至北四川路桥而别。到家后,组青、怀之、幽若、慧若俱在。夜饭后,珏人偕幽若、慧若挈清、汉、漱、润四儿往小世界看昆剧。九时,怀之去。十时,组青去。予与文权坐待珏人,长谈至十二时,伊等始归。

1月2日(戊寅)星期三

阴雨。上午五六,下午五八。

依时到公司办事。摘录《旧五代史·外国列传》中人名,并办出晓先、索非、子如加薪信。坚吾、道始先后来电话,约出叙谈,以天雨却之。

夜饭后与珏人、天然、澹华打牌四圈,输钱三千。

九时许停局,记两日来日记。十时后听小桂生苏滩,十一时就寝。知各电台明日俱有特别节目,盖受市政府之属,共为蒋中正庆祝"剿共"胜利耳。

1月3日(己卯)星期四

晴。上午五七,下午五八。

依时到公司办事。摘录《元史·外夷传》中人名。公布《开明图书馆借书章程》,并整顿书库。裱褙《廿五史》工作移于图书馆外间办事室。

夜饭后打牌四圈。九时后完,看《顾氏四十家小说》。

珏人午后往省仲弟、仲弟妇及涵、淑、济三侄。俱安好。惟淑小有不适耳。刻已就痊矣。

云彬言,海宁马桥厨子已来亚细亚书局,后日令治筵相饷。

1月4日(庚辰)星期五

阴。上午五五,下午五六。(四八.五一四二.八)

依时入公司办事。写信复予同、鞠侯,以本日俱接来信也。又摘录《元史·外夷传》人名。送《词学季刊》第二卷第二号至图志审委会审查。

良才电话约往亚细亚书局谈事,予告以予同回音,辞不往。

夜归饭,饭后随手记日记,并写《顾氏四十家小说》之签书。

1月5日(辛巳　十二月朔　月建丁丑)星期六

阴,小雨。上下午五四。

依时入公司办事。《元史·外夷传》人名摘完,接摘《宋史·外国传》人名。作业务会议报告。

福崇来访,谈移时去。

散班后与云彬同行,晚饭于其家,盖今日试马桥厨子,请坚吾、君松、庐初、良才、圣陶、彬然、同光及予尝之也。啸水亦与坐,予不饮,有伴相偕,不致落寞矣。饭后少坐便归,抵家仅八时三刻,从容作日记,兼可听书也。

1 月 6 日(壬午　小寒)星期日

晴,午后阴。上午五三,下午五五。(五一. 八一三五. 八)

晨九时,出席业务会议,十二时散。散后往北浙江路和康里访锦珊父子,藉便送礼,乃至则伊等已返苏多日矣,其伙友学徒俱停业以嬉,竟设马将两局焉。怅然即归。饭后独往东吴俱乐部访道始、晴帆、洛耆,晴帆未见。旋晓先、挺生至,因与挺生对弈一局。久不敲枰,手生路疏,殊自哂也。傍晚各归。抵家后知幽若送慧若返苏,吕氏喜礼已托幽若带去矣。甚慰。

珏人挈汉儿偕天然往宁波同乡会观平声曲社彩排,予于晚饭后与文权、潜儿、清儿打牌以俟之。十时便归。十一时即罢局就卧。

1 月 7 日(癸未)星期一

阴,夜雨。上午五五,下午五六。(五〇. 九一四一. 九)

依时入公司办事,写信多封。

夜饭后写信与锦珊,告灿庭喜期不能躬贺之故。

良才、坚吾、君松电话再三至,约予出谈,并属代催振铎。予为作快信寄铎,而谢事未赴约。

聿修书来求事,适与雪村言之,为属寄登记表与之填存,想校对及配图方面或正需要也。

1月8日（甲申）星期二

阴雨。上午五六，下午五七。（四九.六—四三.九）

晨起靧面，修妹叩门入，言安甫妹婿突以昨夜十一时暴卒，盖肺闭致命也。予骤闻如遭天打，半晌为之默然。亟张罗五十金畀之，属唤组青为经纪此事，俾归办。予牵于事未能行，且亦不忍睹此惨状也。仍到公司办事，办出呈文两件。下午赴福州路总店出席人事委员会。即夕连开董事会。晚饭后归，已将十时，知修妹仍来，中人语唆，故相逼予去，组青亦未到，予只自悲命薄，无人相谅耳。终宵睡不能安。

珏人挈清、汉、滋三儿往东方饭店贺葛小姐婚，九时许归。决于明晨往吊安甫，并挈汉往。

1月9日（乙酉）星期三

阴雨。上午五八，下午六〇。（五一.四—四六.三）

依时入公司办事，整理董会议录，并办其他杂事。

得良才电话，知振铎之广告词已到，为之大慰。眼前可少纠缠，即将来亦易说话矣。

散班时车夫未来，另雇车归。归则珏人、汉儿已送殡辞返，询悉惨况，大为不愉。夫死者已矣，其如生人何！将来终不免接归同住，增重千斤肩压耳。

夜苦闷不舒，展新见《玄静先生碑》耽玩之，藉解期厄。

午间接芙英书，知建初疲玩不任恤，殊愤。晚间步丹来，亦言此事。近日所触，百凡难堪如此。

1 月 10 日(丙戌)星期四

大雾,午间霰。上午五四,下午五八。(五五.六—三二.七)

依时入公司办事。发出董会议录,并出席创业十年纪念筹备会。准备购书,为出刊《廿五史补编》事。

组青来,知昨日亦曾往刘家,安甫死耗伊亦知之矣。

夜饭后幽若自苏来,知彦龙之母黄太夫人已卒,而彦龙竟不来报,谬甚。

打牌四圈,藉以遣闷。盖日来心事重叠,作事之馀,此心实难安顿,只索荒嬉,反可图快一时也。

1 月 11 日(丁亥)星期五

晨雾,午后雨,晚溟濛湿塞。上午五七,下午六一。(五六.三—四四.八)

依时到公司办事。继续选书,准备购入为《补编》、《外编》。

商务所送《东方》、《教育》两志之"新年号"俱于今日递到。《世界历史大系》第二十二卷亦到,日金换算已跌至八二折矣。居今而浮槎以东,当较国内生活为悠游耳。

夜出《故宫周刊》自娱,诸儿争观,即复亦看之出神也。十时收置,复看《东方》,坐待文权晚课之归,十时半乃寝。

云斋来,午饭后去。

1 月 12 日(戊子　上弦)星期六

阴雨。上午五七,下午五九。(五五.八—五一.八)

依时入公司办事。书目选购已略定,命德馨录出,俾先计价格,然后量为购入。盖转瞬岁终,急景凋年,良不能不审慎瞻顾也。

散馆后为息予所拉,晚饭于其家。饭后与息予、雪英、立斋打牌四圈,赢二十千,一笑而罢,九时许遄返。比抵家,珏人辈方亦打牌,未终局,予又代打一圈始歇。

坚吾所拉作稿事,已托振甫为之,蒙其允许矣。甚快。

锦珊来,坚邀赴苏吃喜酒,未晤。幽若、文杰来,俱晤。

1月13日(己丑)星期日

阴雨。上午六一,下午六三。(五九.二—五〇.二)

晨起料理琐事。十时许与珏人同往元芳路闻宅,即将送与永年之年夜饭及压岁钱带去,转托鸿斐即送徐家汇。晤云斋,饭而后归。

怀之早来,午后去。

傍晚闻老太太来邀夜饭,并挈徐家汇回盘至,予夫妇未往,属清、润、滋三儿从之,晚饭后归,已九时半矣。

1月14日(庚寅)星期一

阴雨,起风。上午五九,下午五六。以风故,无最高最低纪录。

依时入公司办事。聿修饭后来,与挺生接洽后,约明日正式到公司。同时雪村嘱召鉴平,因快信寄之,属见字即行。

散馆后出,聚餐于福州路总店衍福楼,到雪村、洗人、丏尊、圣陶、调孚、晓先、雪山、子如、索非及予十人,谈至十时一刻,各归。决定专注文选事,由雪村负责,属同光主其事。

濬儿患类虐,延周医来诊,右乳且起硬块,不识敷药后能即发散否?

1 月 15 日 (辛卯) 星期二

晴寒。上午四九,下午四八。(三七.六—三〇.七)

久苦阴湿,忽睹晴光,喜不自胜,虽骤感寒威之逼,犹愈于不爽之温和也。风势不息,或将见雪矣。

依时到公司办事。廉逊午后来谈地图事,决改装袖珍本。

夜归不久,鉴平至,盖昨日快信已到,应召来即我谋也。聿修今日正式到编译所任事,鉴平踵至,可谓机会凑巧,一切顺利矣。不识明日鉴平来公司后气谊能融洽否?

周医晚饭后来诊潜儿,热势已退,乳块亦稍消。与谈良久,十时许去。

快信与锦珊,说明后日不能赴贺之由。

1 月 16 日 (壬辰) 星期三

晴冷。上午四四,下午四六。(三七.〇—二四.八)

竟日晴朗,夜月姣好,虽地冻气寒,而呼吸舒鬯矣。

依时到公司办事。办出送内政部注册书一批,计十三种。

鉴平于午前十一时来,与雪村、雪山、挺生相见,约下星期一到梧厂办事。

廉逊电话来,谓袖珍本从缓,大约不惬此间销路之不涌耳。处事之难如此,于焉可征。

夜饭后看《词学季刊》第二卷第二期,十时睡。

1 月 17 日 (癸巳) 星期四

晴冷。上午四四,下午四七。(三八.八—二四.四)

今日始见冱冻,居室端坐,觉手足俱冷矣。

依时到公司办事,重编《廿五史补编》目录。

接安甫妹信,谓安甫丧费四百元,应派予出一百元,须即付。予作书复之,认招养遗族,不认担丧费。盖刘氏事予固无此责任也。况予本无力兼顾乎!

夜闷甚,枯坐冥索,殆将不任,旧疾或将由是复发耳。

1月18日(甲午)星期五

晴寒。上午四五,下午四六。(三八.五—二三.七)

依时入公司办事。编毕《廿五史补编》目录,并摘毕《宋史·西夏传》人名。

夜归饭后聚家人打牌,凡四圈,十时而毕。

振铎约今日南来,电话询诸高宅,谓未来。大约明日当可接晤也。

1月19日(乙未 望 月全食)星期六

晴寒。上四六,下四八。(四二.八—二一.六)

依时到公司办事。发出各分支店印章,公布《分店职员服务待遇章程》。处分各事,预备明日与雪村赴杭接洽借书事。

修妹来,谓查家存心敲予竹杠,任其如何,可勿理。

廉逊书来,于地图销数致不满,一若匿实不报者,殊可诧,即复书答之,亦示遗憾焉。

振铎迄未至,甚念之。

组青来,晚饭后十时始去。

今日领薪,并将上年下半年升工十八天同时发给,诸儿学费等得有着落,否则殆矣。

1 月 20 日(丙申)星期日

晴。上午四八,下午五〇。

午前未出。午后二时许,与雪村及其子士敢同行赴车站,乘三时十五分京杭通车赴杭州,七时四十分到城站,驱车赁居仁和路清泰第二旅馆。行装甫卸,便出就朱恒升夜餐,予仍未饮。餐后闲步返旅次,啜茗恳谈,至十一时许乃寝。

予旅中每苦失寐,今乃稍好,颇引慰。此后或将渐趋平善乎。所惜到杭牵事,不能一逞游山之愿耳。

1 月 21 日(丁酉　大寒)星期一

晴暖。气候反常。上午五二,下午五三。

晨起,啜茗于湖滨之西园,浓雾四罩,山容波光尽失颜色矣。坐至九时许,略开朗,乃至圣塘路市政府教育科访钟伯庸。未几,郑焕卿来,谈组分店事。十时许,驱车至大学路浙江省立图书馆,访鞠侯及叔谅,因同返湖滨,午饮于朱恒升。为鞠侯所劝,不能持,即开饮。席次谈姚氏《快阁师石山房丛书》借稿事,馆方主让与出版权,无切实办法,止得再图商洽而散。饭后归旅馆,雪村午睡,予则与士敢同步湖滨公园,饱览湖山,亦惟饱览止得聊解馋念耳。傍晚,伯庸、焕卿见访,因同出,过皇亲巷六巷子恺新居,子恺已归石门湾,未晤,乃共赴天香楼晚饮。九时散归旅馆,十一时半乃睡。

1 月 22 日(戊戌)星期二

晴暖。上午四九,下午五〇。

晨起，步至清河坊，登六聚馆吃虾鲋面，甚美。旋登城隍山东阜略眺。十一时许，过三元坊春光书局访许丽川。因同出，饭于聚丰园。饭后径往图书馆看姚氏稿本，再申前议。叔谅适他往，鞠侯约今夜在朱恒升，当可与叔谅一畅谈之。遂订时而返。少坐后，乘公共汽车谒岳庙，并展墓焉。一巡而出，仍返旅邸，鞠侯与叔谅先后至，因同过酒楼，并约教厅董贞柯共谈。至十一时各散，约明日决定稿事。是夜颇不安睡，思有以作成之。

1 月 23 日(己亥)星期三

晴。上午五〇，下午四九。

晨出，进点于知味观。八时半归旅馆，无意中遇云彬，盖送其子来杭投考，亦住清泰也。十时许，叔谅偕馆员史美诚来，遂与云彬等同饭于朱恒升，谈妥稿事，由馆方将全稿及存书完全让与开明，开明酬以三千五百金，分三期付款。饭后归旅馆订立草约，此事乃告一段落矣，快甚。

四时许辞杭赴站，乘五时五十五分快车返沪。十一时到家。倦极，即睡。云彬仍留，即托其将原稿及加印之草约携以归。

1 月 24 日(庚子)星期四

晴。上午五二，下午五四。（四六.九—二六.六）

依时入公司，清理三日来积件，将在杭经过报告编译所，下午三时并列席于经济委员会陈述之。即晚过饮于味雅酒楼，盖洗人、雪山、晓先为子良饯行也。九时许散归。

鞠侯托向亚细亚书局预支稿费一百三十元，送马霍路垦业银行虞叔著代收。予因过访坚吾言之，似有难色。予力陈宛曲，请不必为难,又不肯决绝拒却,是诚难之难矣!

1 月 25 日（辛丑）星期五

晴。上午五一,下午五三。（四五. 五一二六. 四）

依时入公司办事。接到《新元史》注册执照,因整理手续,于午后三时走道始所,委托登报警告书报合作社并书面制止再印《新元史》。五时辞出,过总店,晤洗人、雪山,同行抵雪村所,至则丏尊、调孚、圣陶等俱在,未几,子良、子如、超崙等亦至,又有顷,振铎、愈之、东华等乃来。凡坐两席,盖丏尊、雪村、索非、圣陶、调孚及予公宴子良,为之饯行也。席散后与振铎、东华等谈甚久,十时馀乃归。

珏人偕幽若挈汉儿往仙霓社看下集《一捧雪》,十二时归,予独坐待之,看《卷施阁集》。

1 月 26 日（壬寅）星期六

阴。上午五〇,下午五二。（四五. 三一二八. 四）

依时入公司办事。午后出席第十三次编审会议常会,讨论要案有造货设计委员会之决设,推雪山、洗人、调孚、均正、晓先、索非、丏尊为委员,由丏尊召集,将议决案提付下届业务会议通过之。

对书报合作社印《新元史》事决进行诉讼,呈底已拟就,俟物证齐全时提控之。不谓腊尾年头乃有此骤雨激冲也。

夜在家晚饭。饭后幽若挈清、汉、漱、润往小世界仙霓社看年例封箱倒串戏。予以候门之隙补记一周来日记。

1 月 27 日（癸卯）星期日

阴。上午四九,下午五〇。（四五. 五一二六. 七）

上午未出,午后与珏人挈滋儿往仙霓社看昆剧,主戏为《描金凤》,王传淞饰钱子敬,周传铮饰汪宣,尚称;惟扮演不免过火,终嫌下作难堪耳。薄暮散出,车过东方饭店访乃乾,以误忆四楼为三楼,竟不能得,废然出。复过马上侯小饮,兼还酒账。八时三刻归,十时寝。

1 月 28 日 (甲辰　下弦) 星期一

晴。上午四九,下午五〇。(四八.三一二八.八)

依时入公司办事,见报载书报合作社启事,大肆狂詈,决再登报警告,并立时进行控诉。十一时,与雪村应振铎之召,径往生活书店晤东华及铎,同饭于五芳斋,知伊等亦缘横被诬谤,已延陈霆锐律师将于明日登报致警焉。饭后东华去,予三人则过孙道始商进行诉讼事。三时出,与振铎在安乐园吃咖啡,并谈进一步的编辑计画。四时别,仍返梧州路总厂,五时归。

夜饭后重整几案,预备陈水仙、腊梅诸花,拂拭而后,顿易旧观,亦蜗居一乐事也。

1 月 29 日 (乙巳) 星期二

晴。上午四二,下午五〇。(四五.七一二四.四)

依时入公司办事,校《丛书子目索引》。

夜饭后雪村来谈,告《清史列传》亦由教局查禁出版矣。十时去。

日来缠事积疲,夜睡不安,竟夕为之数醒。

《中学生》约撰颜、李纪念文,未能即作,心头又积一债,益感不安。

1 月 30 日（丙午）星期三

晴。上午五〇，下午五一。（四六. 六一二六. 二）

依时到公司办事。午后三时半与调孚出，为公司购书于蟫隐庐、来青阁，约后日配齐送来。点买者未必全而无意中遇到之可欲者反不少。天下事难必如是！

晨接鞠侯快信，知坚吾送往虞叔茗之款为期票，属换现款。予颇不怡，因即转坚吾取下落。往返周折，始允换现。晓先本不直坚吾者，至是益怒，竟辞去预允担任之稿。夜饭后，予方与雪村长谈，坚吾、良才叩门入，特嘱转圜。予允转恳，但不能把握得住也。十时许辞去。

1 月 31 日（丁未）星期四

晴。上午四七，下午四九。

依时入公司办事。雪村拟呈分投本市教育、社会两局，请彻查书报合作社能否偿清预约书款。予以为不必，彼坚持之，卒发出。

震平送地图稿来，知廉逊不满开明，世界图将不复合作矣。

夜，文权、瀎华请吃年饭。饭后打牌四圈，十时半就寝。仍不能安睡。

2 月 1 日（戊申）星期五

阴，夜雨。上午五一，下午五三。

依时入公司办事。雪村以流火症作未来，傍晚过访之，知已稍好矣。

来青阁书已送来图书馆，共四百四十元。

坚吾约往其家吃年夜饭,予以畏远,又惮时晏,托词却之。

夜归后补记数日来日记。听苏滩自娱。

2月2日(己酉)星期六

阴雨。上午四九,下午五三。

依时到公司办事。摘录《宋史·外国传》人名。接浙江图书馆信,知姚氏版权事已办妥,《快阁师石山房》稿本已交由春光许丽川转来,甚慰。

夜祀先,邀文权、潜华、士敩、业熊、怀之等共吃年夜饭。

明日起,可接连休息三天,当可稍苏积倦也。惟《中学生》欠文未作,终觉歉然耳。

2月3日(庚戌　除夕)星期日

晴。上午五三,下午五四。

午前到发行所一转,午后往邑庙一巡,无聊滋甚,废然归。夜过饮雪村家,十时始返,看家人料理年事,不觉遂至二时,就枕安眠,已听鸡唱矣。爆竹之声远逊于往岁,年景可知,夫何言哉!

岁月匆匆,又是一年,虚度四十五春秋,一事无成,愧极!愧极!

2月4日(辛亥　乙亥岁正月月建戊寅)星期一

晴。上午五五,下午五七。

上午未出,子如、季林、仁钦来。士敩来,因共饭。

饭后文权、潜华、清华、汉华、士敩等往仙霓社看戏。予与珏人抹牌为戏,至三时,独走东方饭店访乃乾,凡两度登楼,卒以未起不能唔,怅然留言而还。张灯独酌,微饮后打牌四圈而寝。牌运不佳,狂输。

2 月 5 日(壬子　立春)星期二

晴。上午五五,下午五六。

同儿及汉儿昨宵俱以多食突患呕泻,今日止漱、复到校上课。

晨间墨林、至美、晓先来,近午岳斋夫妇挈永年来。本约墨等同饭晓先家,以永年故任墨等去,具饭招闻老太太共餐焉。下午三时许,岳斋等去。傍晚,予与珏人同过东方饭店访乃乾及毓英,因晚饮,十时许乃归。

2 月 6 日(癸丑)星期三

雨雪。上午五四,下午五二。(四〇.六—三四.七)

今日照常到公司办事,惟回里度岁者多未至,甚寥落也。午间冒雨过晓先,文权及清儿亦往,小饮而出,返公司已二时二十分矣。

滋儿热仍未退,兖不能入学,且时发呻吟,予深为不怡。

三冬望雪,不见片霰,昨甫交春,今即大降,天何故悖如此,使下民宛转受虐耶! 禾麦无望固矣,三春疾痛又焉解诸!

2 月 7 日(甲寅)星期四

晴。上午五二,下午五三。(四三.〇—三儿.九)

依时到公司办事。下午开人事委员会,夜与洗人过饮于晓先家,九时许返。

复儿热势已退而下利频作,恐染痢疾也。中夜时起,又兼邻里佞神,爆竹声喧,竟失寐。

书报合作社又登报狂肆哓辩，而社会、教育两局却已委员调查矣。

坚吾来，予未晤，过日当答拜之。

2月8日（乙卯）星期五

午前晴，午后雨。上午五二，下午五三。（四六.八—三二.七）

依时入公司办事，分店主计发表。

午前振铎来，因与雪村、晓先、调孚同邀饮于北四川路新雅酒楼，二时许回公司，写信复建言《廿五史》者。

夜饭后开始写《颜习斋与李刚主》，未及千言，即止。

2月9日（丙辰）星期六

阴雨。上午五三，下午五五。（四四.四—四〇.一）

依时到公司办事。

夜归小饮，饮后续写前文，得千五百言而止。

雪村草驳覆书报合作社文备登报，予深叹服，然一般同人俱反对再进，恐不能遂行也。

2月10日（丁巳　上弦）星期日

雨雪。上午五三，下午五二。（四二.八—三八.三）

上午未出，本续作前文，乃怀之等来谈，遂辍。下午二时许，与珏人同往坚吾家答拜，少坐便辞归。在家打牌四圈，掷骰一回。夜小饮。饮后本拟续写，而雪村来，谓今日业务会议本昨日造货设计委员会之决议报告，决定专注全力于完成中学教本，《廿五史补编》打消，予闻而大愤，颇萌去念矣。夜遂失寐。

1935 年 2 月　　　　　　　　　　　1909

2 月 11 日（戊午）星期一

阴寒。上午五一，下午五二。（三九. 七—三三. 三）

未明起，开灯续草前文。上午遂未入公司，至十一时始写毕，计三千馀言。饭后到公司，与晓先诸人辨《廿五史补编》不当中辍，就法理，就事实，两皆折之，彼竟无言矣。

夜归饭，饭后与珏人、天然、至美往仙霓社看昆剧，以有堂会，角色颇多杂凑，殊失望，幸末出《活捉》，王传淞、姚传芗俱赶到，仍得餍足而归。是日午后，幽若、汉儿、漱儿俱已在彼，因于散戏后雇汽车而返，抵家已十一时三刻矣，十二时半就睡。

2 月 12 日（己未）星期二

晴寒。上午四八，下午四九。（四五. 三—二六. 六）

依时到公司办事，仍从事《廿五史》索引工作。

散班后应坚吾之召，往天后宫桥洪福里七号叔旸所。盖叔旸今夜十时即上船赴南洋，坚吾治酒过饯之，特邀予一往参加焉。至则晤叔旸、啸水、君松诸人，谈良才放手事，谓不能终始，当不免遗憾耳，予略加解释。九时许，先归。坚吾之事，坏于君松之手，良才之去，实有激而然。君松方引人自重，予亦未免直言也。

修妹来，饭后去，静鹤未来。

2 月 13 日（庚申）星期三

晴。上午四九，下午五三。（四八. 四—二八. 〇）

依时入公司办事。雪村仍进行《补编》计画，只要不再有人作梗，或可早日发售预约也。

夜归饭,饭后洗足,记日记。

为静鹤事颇费周章,一时实想不出善后之法,闷甚!

2 月 14 日（辛酉）星期四

晴。上午四九,下午五四。（五六.八—三〇.四）

依时入公司办事。开临时编审出版联席会议,通过发行《廿五史补编》预约,下午慰元来访,说定潄芗看定房屋即来。

夜归饭。饭后,看新买之《故宫周刊》,十时即睡。

午刻与晓先约坚吾饭于北四川路味雅。

四时与雪村共访道始,商进行书报合作社诉讼事,旋偕道始过三马路乐群所组之俱乐部,晤晴帆。未几,过来青阁交书单,托配书,仍返俱乐部,晚饭而后归。

2 月 15 日（壬戌）星期五

阴。上午五四,下午五七。（五七.九—三六.五）

依时入公司办事。下午出席经济会议,洗人、丏尊、雪山一致以"钱"相约证,颇令人不欢,无结果而散。

夜与圣陶、调孚、振铎饮马上侯。十时乃归。

眠后思公司事,至不宁,未识丏等之意究云何也。

2 月 16 日（癸亥）星期六

晴。上午五四,下午五四。（四三.二—三九.二）

依时入公司办事,不免丧气。勉办注册审定诸文件。

傍晚归,勖初来访,因共出,饮于马上侯。九时散,复过其旅舍谈,十一时乃返。于致觉近状及宾若后人事谈甚晰,百感为之交集矣。

2 月 17 日(甲子)星期日

晴。上午五一,下午五四。(五〇.〇一三〇.六)

上午未出,仲弟挈眷来,并邀景林、雪英、天然等午饭。

下午二时出席公司董事会。四时三刻散,与圣陶闲步大马路,因小饮于王宝和,八时许返。虽不多饮,薄醉矣。不识近日何量狭如此也?

九时许就睡,睡不甚好。

潘季东访雪村,知谭天正联合多人在内政部递呈,声诉《新元史》为官书,希图否认版权。

2 月 18 日(乙丑 望)星期一

晴。上午五〇,下午五四。(五五.〇一二七.三)

依时入公司办事。作《廿五史补编》缘起,交圣陶改译白话,备发表。

午后三时,特区法院开审《新元史》版权事,晓先、调孚往旁听,嗣经电话告知,版权被驳回,诽谤罪下星期一宣判。大概谭方捣鬼得售,讼事前途无望矣。为之一叹。

夜月甚好,又值元宵,乃闷坐不出,无谓甚矣!

2 月 19 日(丙寅 雨水)星期二

晴,夜雨。上午五一,下午五六。(五七.七一三二.九)

依时到公司办事。下午三时半赴道始事务所,与谈昨日法院事。傍晚出,顺饮于王宝和,至八时许乃归。适幽若在,因邀天然及珏人打牌四圈。十时半罢,十一时睡。

《廿五史补编》缘起已作好,目录亦写就,日内当可进行矣。然步调不一致,恐无良好结果耳。

2月20日(丁卯)星期三

阴雨。上午五六,下午五八。(五〇.〇—四三.九)

依时入公司办事,编通信录。

夜归,接步丹电话,谓建初不肯负担芙英学费。予为贴费剑嫂事曾寄书建初关说之,迄未得其复音,益征此人薄情,雅不欲与之多言也。

日来鉴于公司同人之暌隔,颇灰心,一切无憀,百不高兴矣。

2月21日(戊辰)星期四

阴雨。傍晚大雾。上午五七,下午五八。(五一.八—四四.四)

依时入公司办事,编完通信录,并发出《补编》拟目等。办呈文一件。

夜饭后与天然、珏人、清华打牌四圈。牌后看陈友琴辑《清人绝句选》,并听蒋如庭、朱介生《落金扇》及小桂生《严嵩做寿》,十时三刻睡。

2月22日(己巳)星期五

上午阴,下午晴。上午五五,下午五六。(五一.一—四一.〇)

依时入公司办事。下午开编审会议,无甚结果。

振铎电话约于圣陶所谈,盖方自邓尉探梅归,亟欲一晤也。散馆出,径与雪村、调孚赴之,少待乃来。因留圣陶所小饮,邀丏尊与焉。并请云彬共话。至十时三刻乃各归。对谭天事及柯氏提诉事均有商略,明日当别纸记出,托其协助也。

夜归听蒋、朱《落金扇》并小桂生苏滩。

2 月 23 日（庚午）星期六

阴雨。上午五二,下午五五。（五一.一—四五.九）

依时到公司办事。颉刚电话来,知由杭归苏过此,寓大新街孟渊旅馆。午后四时往访,与圣陶、冀野偕。冀野适来,因与同出,且托渠解决《补编》难题不少也。至则畅谈,至六时许,冀野以事先去,予等三人乃过饮于马上侯。十时乃散归。

到家见发行所送来鞠侯片,知亦由杭来寓孟渊,奇极,竟在一地不相闻也,明晨当往一访之。

2 月 24 日（辛未）星期日

阴。上午五六,下午五八。（五六.七—四三.二）

晨出访鞠侯,晤之,顺访颉刚,谈至午刻,动身返苏,予与鞠侯及其堂弟文莱同过马上侯午饭,电约坚吾来谈。饭后予先至发行所一转,继至来青阁小坐,随手购得《小石山房印谱》四册。旋过坚吾,坐至夜,再访鞠侯,备与同饭,乃久仝不见归,即返。

2 月 25 日（壬申）星期一

阴雨。上午五六,下午五七。（五〇.七—四一.九）

依时入公司办事,关于《补编》事写信多封。

午后鞠侯来,散馆后因偕晓先与同出,径赴坚吾之约。良久,振铎亦至,遂同饮,谈至十时许乃各散,比予回家,已逾十一时矣。

2 月 26 日(癸酉　下弦)星期二

阴。上午五七,下午五八。

依时入公司办事。

夜公司宴鞠侯,兼请振铎、冀野、雪村、洗人、丐尊、宋易、晓先、圣陶及予俱与焉。席终,予复过鞠侯旅邸谈。十一时乃归。

连日奔走,疲甚,明日起,又值文杰喜事,恐须连忙也。

2 月 27 日(甲戌)星期三

晴。上午五七,下午五八。(五四.七—四五.一)

依时到公司办事,仍忙《补编》事,兼赶索引。

散馆后过晓先坐,至六时半,乘车赴德邻公寓文杰请宴之约。晤其外舅及道始等。夜九时归。

2 月 28 日(乙亥)星期四

晴。上午五八,下午六〇。(六四.九—三六.九)

依时入馆,照常办事,仍赶索引。

散馆后与晓先、圣陶、士畟过四川路大中华吃文杰喜酒。宾客甚多。予全家在彼,至十时散归。

晤道始,知柯氏诉案下月五日开庭矣。

3 月 1 日(丙子)星期五

晴。上午五七,下午五八。(五五.八—四三.三)

依时入公司办事,赶完《宋史·外国传》索引条子。

午间仍过大中华饭,盖文杰会亲也。

　　三时许到四马路,访晤振铎于生活书店,旋偕晓先乘车至光华大学访吕诚之。坐至晚,邀之同出,饮于三马路素馨楼。九时散归。补作一周来日记。

3 月 2 日(丁丑)星期六

　　晴。上午五六,下午六一。(六一.五一三九.〇)

　　依时到公司办事。开始作《新元史》人名索引。

　　午间,文权在家设筵会亲,请沙氏、孙氏二家及文杰夫妇与予家共与焉。二时许到公司,接振铎电话,约于散班后往会于马上侯。五时,予与圣陶、丏尊、调孚同赴总店,晤雪村,因同往酒楼。九时散,仍返店长谈,十时乃归。

　　昨日起,本店本版图书半价一个月。受商务之影响不得不尔也。今日门市售出千二百馀元,可谓破纪录矣。

3 月 3 日(戊寅)星期日

　　晴。上午五九,下午仍。(七二.三一三八.三)

　　今日本开业务会议,以请假者多,展缓一期。

　　晨未出。上午十一时三刻,偕珏人及文权、濬华赴四马路大西洋菜社道始之约。至则阒无一人,有顷,文杰夫妇导其外舅姑来。又有顷,道始夫妇奉其父母至。一时半餐毕,同过跑马厅汇芳照相馆合摄一景。三时,珏人偕文杰、濬华先行,予亦过来青阁小憩。至四时,独访乃乾。乃值身体不舒,小坐便行,可谓不巧极矣! 废然返,闷坐小饮。

　　夜饭后与文权、濬华、业熊打牌四圈,十时散。予就寝时殆已十一时矣。

3月4日（己卯）星期一

晴。上午五六，下午五九。（六四.六一三二.五）

依时入公司办事。翼谋、稼民、润孙、昌群、颉刚复书俱至，多所匡扶，至感且快。

夜饭后看《文学》，鲁迅《病后馀谈》，刻极！此老笔端可畏，宜人之忌恨之者多也。顾捧者綦多，不啻踬彼于炉火之上，而又幸其不爇耳。

3月5日（庚辰　二月朔　月建己卯）星期二

晴。上午五六，下午五八。（五八.六一四〇.一）

依时入公司办事。

晚饭后访乃乾，晤之，出《补编》目录示之，承补正多处，并许明日写寄。谈至十一时乃归。此事非乃乾不办，以事暌隔，至今日始得决权，亦云奇矣。

3月6日（辛巳　惊蛰）星期三

晴。上午五三，下午六〇。（六四.六一三六.五）

依时入公司办事。

下午四时到衍福楼出席人事委员会。聿修大为均正所不喜，决解免矣。当此紧缩空气盛烈之际，予雅不欲犯众议以抗之，否则予将请调他部以全之也。

夜小饮于晓先所，晤梦岩、立斋，谈至十时许乃归。

3 月 7 日（壬午）星期四

晴。上午五七,下午六二。（七〇.〇—四三.〇）

依时到公司办事。接鞠侯信,《补编》目录定矣。此目易稿数四,今乃得假定,不能不感诸友之协助焉。

珏人身体不爽,今日竟未起床。家中情状大不宁贴矣。夜饭后缄三来,托诊脉开方,煎服后稍好。一夕后不知如何耳。

3 月 8 日（癸未）星期五

晴。上午五九,下午六四。（七一.四—四五.五）

依时到公司办事,作《新元史》人名索引,并写信。

聿修事今日发表,下午三时即出,约予于散馆后到王宝和小叙。届时赴之,颇牢骚,侂予为写介绍信三通,谈至九时而散,明日即行矣,相向黯然而已。

归家,见浒关乡亲三人在,盖为析产事又来噜苏也。予甚恨之,而屋又小,勉与周旋,乏味至矣！话又叨絮,十一时犹未能即睡也。如此,真堪拒绝不理耳。素性不肯过绝人,只得忍之。

珏人连服缄三方一剂,略见松爽,而为乡人所扰,当然无平服之望矣。

3 月 9 日（甲申）星期六

晴。上午六三,下午七二。（八〇.六—四七.五）

依时到公司办事,又写信多封。

上午送介绍函与聿修,据云即持书往杭谋干矣。

傍晚无聊,独往总店一行,晤丏、洗、琛、珊、晓诸人,因偕往马上侯小饮。谈次,及出版事,晓先又力言旧籍连出之无聊,应让应用科学多出;又云印旧书空气万不能听其浓厚。一若开明出《二十五史》及《补编》颇有损今誉也者。予甚愤,扶酒折之,洗人本不主《补编》进行者,当然附和晓先,竟酒为之不欢。

乡亲夜二时即起,赴车站赶乘赋归,予不得不起与言别,倦极!苦极!

3月10日（乙酉）星期日

晴。夜半发风。上午六四,下午七〇。（八〇.二一五〇.七）

晨起后少坐即往理发店理发。十一时往总店,与雪村、雪山、调孚、晓先同赴大鸿运午饭,至则道始、洗人俱已在,谈房租退约问题。二时散,予等返总店,丏尊、圣陶以出席董会来,遂开会,终席无外边董监到,四时便了。散会后与丏、洗、圣游豫园,又遇道始,因同行。五时许出园,圣陶先归,予与道始同乘,过八仙桥及嵩山路,丏尊、洗人先后下。予复过洛耆小坐,傍晚返店,同琛、晓、调、珊往同兴楼,盖公司宴史叔同及徐少楼,故参与其间也。梓生、幼雄亦在,十时散,与之同程归。

今日报端商务印书馆发布《丛书集成》大计画,将售预约,我道不孤,为之鼓舞。不识反旧籍者又将作何感念耳。

3月11日（丙戌）星期一

晴。上午六一,下午六二。（六四.六一四五.一）

依时入公司办事,为《补编》事写信数封,并办出布告一件。明日放假。《丛书集成》之举,至为心仪,我设有力,必兼刊《考史汇编》以与颉颃耳。乃力不从心,听人支配,诚呕人欲死也。

下午来青阁送书来,予所欲得之同文本《通鉴辑览》已带到,书甚洁白,惜价不廉耳。

怀之明日归苏,夜过我话别,予托其带口信与翼之。

本册后附通信录,只记私人函件,且关涉《补编》商榷之信极多,虽多由我私人接洽,不能一一悉记矣。

3 月 12 日(丁亥　上弦)星期二

晴。上午六〇,下午六八。(七三.八—三九.二)

今日休假,上午未出。午后赴交通路访坚吾,未遇,因即归。至五时许又往,仍未晤,乃到马上侯小饮。良才来,兼晤其弟良效,甪直旧生也。久之,坚吾至,又谈至十时始散归。

静鹤昨晚来,彼校亦放假也。拟明晨去。

椒生、蓉娟来,清儿等偕之游汇山公园,傍晚乃归去。

3 月 13 日(戊子)星期三

晴。上午六二,下午六三。(六一.五—四九.八)

依时到公司办事。知谭天昨日提反诉,须柯氏到案始可进行,以此颇棘手矣。作《新元史》人名索引,写三信。

雪村今日发病,未能到公司。予往看之,幸尚不重。

今日为旧历二月初九日,予四十六岁初度之辰也,夜叫宋桂记菜家宴,聊破幽忧。如此年头,真当及时寻乐矣。八时许撤去,濯足闲翻架书。十时就卧。

3 月 14 日(己丑)星期四

晴。上午六一,下午六四。(八九.四—四〇.八)

依时到公司办事,下午往道始所商柯氏到案事,据云非此将莫能办也。怅然而行。过总店,晤洗人,略谈便归。

周志才介绍顶屋于浙兴里,予颇不欲而家人颇欲之,勉托进行。人安里屋自有人顶,可不成问题也。

夜闲翻《文章游戏》,知昔人于游戏之事亦不苟焉从事,视今之滥崇滑稽,以幽默自文者,相去不可道里计矣。

组青来,留住焉。

3 月 15 日（庚寅）星期五

晴。上午六三,下午六八。(六〇.三—四八.二)

依时入公司,料量一切,颇忙碌。

夜归饭,再三斟酌,搬屋不上算,决不动,乃属珏人往志才所回绝之,日来牵肚挂肠之事可以解决矣。

写信与柯燕舲、郑西谛促南来,并为坚吾催稿。

幽若来,打牌八圈,十一时寝。幽若留,组青去。

3 月 16 日（辛卯）星期六

晴。上午六八,下午六九。(七六.一一—五一.八)

依时入公司办事。雪村病愈到来,处分各事。

散班后往访乃乾,出样本就商,颇承赞许。谈至七时十分,辞归。夜饭后与幽若等打牌四圈,十时许罢。

浒关乡亲童氏夫妇来,幽若去。

3 月 17 日（壬辰）星期日

阴雨。夜雨尤甚,兼以斜风。上午六三,下午六五。(六〇.

三一四七.八）

晨间乡亲未去,而诸戚毕集,窘极! 近午,予偕文权、濬华乘车赴西宝兴路明强学校文杰之约。地甚幽静,而又宏敞,诚尘嚣中之胜地也。未几,道始夫妇奉其尊人至,并挈四儿俱来,遂开宴。值雨,不能久留,三时许仍唤车遄返。至则乡亲已去,惟诸戚尚在,因于夜饭后打牌四圈而后散。十时许乃就卧。

傍晚曾携润、滋两儿出,小饮于王宝和,盖在家太挤闹,不得不稍分其势也。

3 月 18 日（癸巳）星期一

阴。上午六五,下午六六。（五八.六—五五.二）

依时到公司办事,为《新元史》讼事及《廿五史补编》商榷事写信一大批。颉刚无信来,甚念之,不识为聂稿事有无体会也? 故于遍复文如、起潜、燕龄、西谛之外兼及颉刚,足征处事之难。

夜饭后,与珏人过仲弟谈,兼看涵、淑、济。十时许乃辞出,到家已十一时矣。

3 月 19 日（甲午）星期二

阴,时见细雨。上午六六,下午七〇。（七三.八—五四.〇）

依时入公司办事。晴帆有信来,谓秦翰才颇以其祖父炳如先生之《补晋书艺文志》见收为喜。尚有其他稿本可以供采也。噫,人之度量相越何远哉! 有争版税者,有争赠书者,无非高自位置,故为矜奇耳;坦然如此者,尚为初见也。复书申赞之。

为公司事颇多牵萦,至为懊恼,摆脱无从,苦矣!

夜饭后看《故宫》自遣,盖欲自忘日间之劳扰也。

3 月 20 日（乙未　望）**星期三**

阴霾，晚晴。夜东北风急，雨霰。旋止，继以大雨终宵。上午五九，下午五八。（五四.九—四三.九）

依时入公司办事，为《补编》写信及作《新元史》人名索引。

接振铎书，知将迁入城内东城北总布胡同一号。旋得续片，知又改住东城小羊宜宾胡同一号。

夜过饮晓先所，约坚吾、梦岩共谈，晴帆前托代印之廿四番花信风图得两君分任之，可以决矣。十一时始归。

薛用裕书来，又为析产事哓哓，甚厌之，拟明日作书绝其请。

3 月 21 日（丙申　春分）**星期四**

阴间晴。上午四八，下午四五。（四八.九—三四.七）

天气突然转冷，添衣犹觉不胜，宜日来疾病之多也。

依时到公司办事，写信及编通信录。写复用裕，绝其勿来。

夜饭后看《国闻周报》。十时寝。

3 月 22 日（丁酉）**星期五**

晴。上午五四，下午五七。（五七.二—三一.一）

依时到公司办事，出席编审会议，仍为《补编》事写信，及赶作《新元史》人名索引。

散班后赴坚吾约，与啸水、君松共饮于马上侯，有顷，良才不期至，因合坐焉。十时散归。坚吾送我江西瓷制秘玩一具，木版《金瓶梅》一部。

3 月 23 日（戊戌）星期六

阴。上午五八，下午六〇。（五四. 五—四五. 五）

依时入公司办事，赶作《新元史》人名索引，并写信三封。

夜归饭。饭后与家人打牌四圈。牌毕，闲翻架书，至十一时乃就卧。

自《廿五史补编》动议以来，征书定目，发凡起例，丛集一身，而《新元史》讼事尤纠缠无休，恨甚！柯氏已准备动身，今有电报来，明后日当可晤见之。

3 月 24 日（己亥）星期日

阴晴靡定。上午五八，下午六二。（六一. 五—四一. 九）

竟日未出。上午怀之来，知悦之近在扬州，又欲其儿代觅保人矣。此人不务向上，恐终难望有成也。下午四时，业熊来，珏人及清、润两儿，甥静鹤与俱赴汇山公园游览，摄景多帧而归。夜饭后与文权、业熊、珏人打牌四圈，至九时许散，十时后就寝。

六日工作，伫望一日休息，乃事务繁多，不得不携归赶办。以是，上午校《明史考证攟逸》一大批。下午碍于出行，遂奄忽而过，大好韶光又驰隙以去矣。

3 月 25 日（庚子）星期一

晴。上午五八，下午六三。（六七. 一—四三. 三）

晨到公司，接电话，知柯纯卿（昌济）已偕王越千与孙惠泉抵沪，寓惠中旅舍。看华、沈、王三生日记后，即与雪村往访之。纯卿拘谨特甚，微惠泉陪之来，几无法到案应诉也。午间，偕同至味雅，雪村、洗人、冀野及予共餐,午后予过访道始,商谈一切,至四时半返总店。即晚六时,在总店宴纯卿、越千、道始、惠泉,仍请冀野陪坐,圣陶亦赶来与宴。夜十时散,各归。予抵家,已将十一时矣。

子敦来梧州路看我,未及晤,明日将写信与之。

3月26日(辛丑)星期二

阴雨。上午五七,下午六三。(六〇.八一五二.一)

依时入公司办事。写信不少,除公事外,并约子敦于明日下午六时会马上侯。

夜归饭。饭后记日记,校《明史考证攟逸》,为一字,翻《明通鉴》始解决之。

3月27日(壬寅)星期三

风雨。上午六〇,下午六一。(五四.三一五〇.九)

依时到公司办事。美成经理吴仲盐下午突向本公司供应部主任章雪山寻衅,不问情由,挥拳掌颊,一时办公处程序为之大乱。似此无赖行径,若不加以制裁,将不知伊于胡底也。乃枝连叶附,投鼠忌器,终无完满之解决,中心愤结,为之奈何!

散班后与晓先冒雨至马上侯,会子敦,无意中晤良才,因合饮焉。子敦托编师范历史教本,予允考虑再答,其实终须谢绝之也。盖时不我许,且无兴重理旧业耳。

3月28日(癸卯　下弦)星期四

风雨。上午六一,下午六〇。(五二.三一四八.四)

依时到公司办事。仍赶作《新元史》人名索引。

散班后以雪山伤耳未来,与丐尊、圣陶、晓先、调孚等往慰之,嗣洗人亦至。商定善后办法:先由丐尊往导之,如顽梗不化,再正式书面诘责。即最后出于法律解决亦不恤也。

夜归饭。饭后打牌,以雪村见过,中辍长谈。九时许去。予再入局,庖代者为予大输,已莫可挽回矣。

3 月 29 日（甲辰）星期五

晴。上午五九,下午六〇。(五九. 七—四〇. 一)

是日放假,上午未出。午间祀先。饭后小睡,四时出,往访乃乾。至则适出行,须六时乃返,遂辞出,闲步于霞飞路,循善钟路、蒲石路,仍到乃乾家。时已上灯,乃乾仍未归,少坐待之,有顷乃来。因留饮畅谈,至十时许乃告归。到家已十一时二十分矣。

汪梅村《南北史补志》未刊稿十六卷由乃乾之介将售与开明,今日往访,专为此事,大致不成问题也。如得合印完成,不但为延寿功臣,实且为梅村知友,言念及此,不禁快然。

3 月 30 日（乙巳）星期六

阴。上午五九,下午五七。(五一. 三—四四. 四)

依时入馆办事。仲盐有书面道歉揭示,公的部分,我等无再说之必要;私的部分,据医言,雪山左耳鼓膜已破,恐未即罢休耳。复佩净信,极言《补编》体例之分限。

珏人挈清、汉、润三儿偕幽若返苏扫墓,晨七时即行,盖乘八时之特别快车前往也。

夜沽酒在家小饮。饮后闲翻架书,至十一时乃就寝。

3 月 31 日（丙午）星期日

晴。上午五七，下午六〇。（五九.〇—四一. 二）

晨起，挈复儿出，早点于浙江路大春楼，旋返。午后二时许访坚吾于亚细亚书局，因与共往文庙公园一游。傍晚同过马上侯小饮，至九时许乃归。

坚吾所办《基本知识丛书》，据云销路不好，已用去广告四千元，恐难取偿也。为之扼腕不止。市面固不景气，而病在预约，尤陷难境耳。

4 月 1 日（丁未）星期一

晴。上午五七，下午六〇。（六四.〇—三五. 八）

依时入公司办事，作《新元史》人名索引及应付《补编》各杂务。王富晋又派人送书来，许四元去。以缺书待需故，不得不忍痛吃贵也。

予同伉俪由皖转杭来，昨晚曾过我，以外饮未归，弗及晤。今晚予与雪村、丐尊、圣陶、仲华、墨林宴之于古益轩，邀望道作陪。谈至十时半乃归。比及门，乃乾适以汪梅村《南北史补志》未刊稿来，交予入《补编》，欣慰交至，说定以四百元及《廿五史》及《补编》各一部为酬，明日或能得同人之许可，即能送去也。谈言之顷不觉已十一时半，乃乾始辞去。

4 月 2 日（戊申）星期二

晴，夜雨。上午五八，下午六二。（六五. 三—三八. 三）

依时入公司办事，仍对付《补编》及人名索引事，碌碌终日。

散馆时,约晓先出,会于总店,予先归挈复儿往,兼约洗人同过马上侯小饮,谈至十时乃散归。

昨接清儿信,知三日即须奉母归,予即复书许之,想明日珏人或挈群儿同返也。

柯纯卿以讼事已告段落,今日仍偕孙惠泉返平。

是日出席经济会议,决定汪稿照送。

4 月 3 日(己酉　三月朔　月建庚辰)星期三

阴雨。上午五九,下午五八。(五一.三—四四.八)

依时入公司办事。

珏人挈诸儿于下午四时由苏归,幽若仍与俱行。翼之子德铸随来。一时人浮于屋,顿形势闹矣。询悉在苏状况尚好,应作之事俱办妥,至慰。

连日天晴,今乃逢雨,珏人等一行真大幸,设再迁延,必致受累矣。

汪稿酬四百元及《廿五史》与《补编》预约各二部今日午后四时送往乃乾所,属分致李元之及徐积馀。

4 月 4 日(庚戌)星期四

晴。上午六一,下午六二。(五六.三—四七.八)

依时入公司办事,并力于《新元史》人名索引。

芝九下午来访,予与圣陶、晓先、立斋、良材宴其伉俪于聚丰园。世璟及修权与焉,谈至九时许,乃散。以等候电车故,比归已十时许矣。入门,翼之方与幽若、文权、珏人打牌于室,盖来接其子归去也。十二时乃各就卧。

4月5日（辛亥）星期五

晴。上午六〇，下午六二。

依时到公司，仍并力索引工作，并出席人事委员会。

下午道始来梧厂，商应付福店房屋事。旋去。

翼之挈其子于下午四时去，予未及与饮，至歉！

夜补作日记及记账。十时后乃寝。

幽若亦去，明晨即须上工矣。

4月6日（壬子　清明）星期六

晴。上午六一，下午六三。（六二.二—四九.三）

依时到公司办事。上午作《新元史》人名索引，下午为《补编》事写信数封。

昨日晓先与立斋冲突，竟决裂矣。予初未之知，今日午后得幼雄电话告语，并属调停，始略悉经过。散馆后，予与雪村同过申报馆访立斋，拉至美丽川菜馆小酌，并约颂华参加，邀晓先夫妇同餐。当面拉拢，一笑而罢，亦一快也。十时许散归。甫入门，翼之在焉，予访之，询悉因家庭细故与其妹争，遂同来沪质正于怀之也。予力劝之，至十二时始寝。

4月7日（癸丑）星期日

阴，午后微雨，入夜甚。上午六三，下午六四。（五九.〇—四七.五）

翼之清晨即行，未几，怀之偕其妹至，又絮陈经过，予厌苦之。八时许即赴梧厂出席业务会议，十时半会毕，即归。饭后，

幽若送其妹至车站,珏人则挈群儿往游兆丰公园。予于三时许
独往四马路、石路一带书林闲步,至四时三刻乃归。珏人等五时
始返。

夜为《补编》事在家写信三通。九时三刻就卧。

4 月 8 日(甲寅)星期一

阴雨。上午六三,下午仍之。(五八. 一一五二. 三)

依时入公司,赶作人名索引,兼为《补编》写信。

夜为云彬所邀,参加雪山、仲盐间之讲和宴,本甚无味,乃格于
多人之面情(设宴者为丐尊、煦先、心如、同光、云彬五人,坚欲予作
陪,予允加入主人之列,不愿作陪白吃)未由摆脱之,至苦! 九时许
始散归。

晓先在福州路电约饮马上侯,予以须至章宅晚膳却之,不知何
事相招也? 继知楚材来沪,伊与良材饮之,故拉予同饭耳。

4 月 9 日(乙卯)星期二

阴雨。上午六三,下午六五。(六三. 九一五四. 一)

依时到公司作事。《补编》欠信一清,所馀只北平王述达一书
耳。下午办送部复审呈文两件,作索引名条两卷。又发出第七次
董事会开会通告。

雪村又发流火,今日不能到公司,想熬夜打牌所致耳。此后如
不于饮酒打牌加以节制,殊非所宜也。

购得《参加伦敦中国艺术国际展览会出品目录》,先事缮帋,
预备择日约伴往预展会场一观赏之。

4 月 10 日（丙辰）星期三

阴雨。上午六四，下午六三。（五九.七—五四.三）

依时到公司办事，赶写《新元史》人名条子，并写出数信。

夜归饭。饭后与珏人往东海大戏院看王人美主演之《渔光曲》，并看阮玲玉殡葬新闻。阮之自杀，轰动一时，悯怜者为感情所激，群致咎于张、唐之讼，实则无赖之新闻记者构词有以陷之耳。九时许，冒雨归。

久不看电影，偶一涉足，觉进步多矣。联华出品，尤见特色，不但立识超于美国影片，即技术亦卓然过之。不识社会对之，能始终同情否耳。

4 月 11 日（丁巳　上弦）星期四

阴。上午六一，下午六二。（六〇.六—四八.七）

依时到公司办事，仍赶写名条，并出席修订章制委员会。

散馆后与晓先、调孚同往总店，约洗人、雪山共饮于马上侯，商改订章制事，盖事涉实际，动多窒碍，不得不先为协商耳。九时散，乘七路电车径归。就卧后思之，颇觉乏味，世网之不可婴如此乎！

4 月 12 日（戊午）星期五

晴。上午五九，下午六一。（五八.一—四一.七）

依时到公司办事，仍赶写名条，并校丁稼民《后汉郡国令长考补》及姚汉槎《隋书经籍志考证》排样，丁稿已毕，姚稿则仅得第三批也。

夜归饭，以今日为漱儿生日，合家进面。

补记日记,并写信复翼之,灯下校王莳卿《明史考证攟逸》排样一批。

4 月 13 日(己未)星期六

晴,夜九时大雨达旦。上午六〇,下午六四。(六五. 五—四六. 九)

依时到公司办事,大部仍在赶写人名条子。

夜归无聊,沽酒小饮,饭后购票命汉、漱、润、滋四儿往百老汇大戏院看嘉德魔术,九时归来,已值雨矣。因命人持伞往候之。

4 月 14 日(庚申)星期日

阴雨。上午六六,下午六一。(七二. 九—五五. 四)

午前预备董事会各项事宜,午后冒雨出,出席会议,司纪录。计到雪村、雪山、丐尊、圣陶、洗人、质均、达君七人,三时即毕事。予与丐尊、雪村闲谈至五时,乃辞归。无憀甚,因又沽酒小饮焉。

夜饭后与文权、濬华、珏人打牌四圈,十时就卧。

4 月 15 日(辛酉)星期一

早阴,旋晴。上午六二,下午六五。(六五. 五—四八. 〇)

依时入公司办事。接信二封,复信二封,校丁稿复样,又写索引条子三卷。

夜在家微饮,饭后濯足修爪,颇吃力。草草记日记讫即睡。

孟真书来,知陈述《金史氏族表》或可商量,当再去函也。

4 月 16 日（壬戌）星期二

上午阴，下午雨。上午六二，下午六五。（六二.六—四五.一）

依时到公司办事，赶作人名条。

夜归小饮，饮后与文权等打牌四圈，十时就卧。

幽若、漱石来，牌后幽若去，漱石则留住焉。

有信多封未复，事冗不及办，奈何！

4 月 17 日（癸亥）星期三

阴雨。上午六二，下午六三。（五八.一—五〇.二）

依时入公司办事，仍赶作人名条，并复叔谅。

晚往访乃乾，商《补编》阙书购求事，略有解决办法。七时许归，少坐乃进夜饭。饭后记日记，看振甫代作之稿。十时后始寝。

漱石下午五时去。

4 月 18 日（甲子）星期四

阴雨。上午六二，下午六三。（五九.九—五〇.九）

依时入公司办事，仍致力于《新元史》人名索引条。

夜过嵩山路洗人所饮，到丏尊、雪山、圣陶、调孚、晓先及予，雪村以身体不甚松爽未与焉。席间颇谈及公司大计，至九时三刻乃散，比乘九路公共汽车到家，已十时将半矣。

4 月 19 日（乙丑　望）星期五

晴。上午六一，下午六四。（六六.七—四八.〇）

依时到公司，作毕人名索引条，至快。

为《补编》,不得间,征集书稿,应答商略,在在需时对付也。人名条子甫开毕,而两《五代史》以下之参考书目又赶在背逵矣。大抵明日即须开手。但通信录之编辑又急于眉睫,诚有日不暇给之叹耳。

4 月 20 日（丙寅）星期六

阴。夜雨。上午六一,下午六五。（六八.四一四三.五）

依时到公司办事,编通信录。

振甫为亚细亚书局所撰稿今日送去。午后坚吾电话来招,因于傍晚赴之,同饮于马上侯。八时三刻散归。

4 月 21 日（丁卯　谷雨）星期日

晴。夜雨。上午六三,下午七〇。（七三.八一五〇.五）

午前未出,看《故宫周刊》。午后与珏人同往大千世界看昆剧,五时散,即归。沽酒小饮,藉苏积疲。

4 月 22 日（戊辰）星期一

阴,闷。浓雾竟日不散。上午六九,下午七一。（六七.二一五七.七）

依时入公司办事,编完通信录,并办出复审公文一件。

夜饭后,与珏人同诣仲弟所,省问涵、淑、济诸孩,谈至九时三刻辞归,因挈同儿俱行,不能过晚以误其睡眠也。抵家后记日记,至十一时半乃寝。

4 月 23 日（己巳）星期二

晴。上午六九,下午七一。（六九.三一五五.八）

依时入公司办事,处理图书馆馆务。并集材作《五代史》参考书目。

夜饭后记日记,并作《清代朴学大师列传》跋一首,书之简末。

幽若来闲谈,十时许乃去。

4 月 24 日（庚午）星期三

阴晴乍见。上午六八,下午七四。(七六.——五八.一)

依时到公司办事。上午九时半与雪村、圣陶、索非往跑马厅国际饭店访适之,谈至十二时半乃别。话甚恳切,允为《补编》题辞。适之与孟真俱尚念旧,予向以阔人视之,不愿通问,遂致疏远。今因《补编》事勉与周旋,孟真则复信甚挚笃,适之亦接待至殷勤,予至此,不得不自恨过介,错怪他人矣。

饭时与洗人、雪村、圣陶、索非在杏花楼聚餐。饭后回梧厂,出席会议两局。散班后与圣陶、晓先同赴觉林、诚之之约。至则诚之、其掌珠、其友姚君俱在,未几,廉逊至,精武至,乃聚饮。谈甚邕乐,至十时许始散归。吕小姐明艳端雅,而又倜傥豪饮,巾帼中仅见之材,可念也。

4 月 25 日（辛未）星期四

晴。夜雨,即止。上午七五,下午七八。(八一.五——五六.七)

依时入公司办事,拔校姚海槎《隋书经籍志考证》,外来函件只得暂搁矣。

今日滋儿随校友旅行漕河泾,予令汉儿往伴护之。下午三时许返,始帖然释念。

夜饭后幽若来,因与打牌四圈,十时许始散,各归寝。

4 月 26 日（壬申　下弦）星期五

晴。凌晨雨即止。上午七四，下午七六。（八〇.二—六一.二）

依时入公司办事，校《隋志考证》，并作书应付外来函件。

接中舒函介绍谢刚主（国桢）编《丛书子目类编》在开明出版，予与丏、琛、圣诸公之意俱认为可行，即复书承印，如得成功，亦一快事也。

日来公司中人，颇有外间将股票贬价求售之传闻，大抵杜系捣乱，故欲不利于公司耳。姑静以待之。

夜记日记，听书自娱。

4 月 27 日（癸酉）星期六

晴。燠。上午七二，下午七六。（八一.七—五九.七）

依时入公司办事，校书及写信为多。

散班后与晓先同赴子敦马上侯之约，畅谈至九时半乃各归。子敦出其兄雪苏先生遗著《清史大纲》序文示予，属刊入书中，盖前托赶撰者。

也是园之图志审会电话约雪村去商谈，露意欲收审查费。时至今日，可谓极束缚之能事矣，既予出版界以种种之不便，复科收不必要之浮费，直等养虎自害，百姓尚有路可走乎！

4 月 28 日（甲戌）星期日

阴霾，时有雨意。上午七一，下午七二。（六七.三—六一.二）

晨九时，与文权同往外滩中国银行故址参观古物预展会。遇洗人、晓先、调孚。今日星期，又值展览将终，故场内挤甚，几无法使人依次欣赏,充量走马看花而已。予涉历一周,除书画另致评骘外,最可爱的为瓷器,最可笑者是古版书,大概选择之人程度有高下耳。十二时半出,与晓先、调孚同往邑庙随便吃面点。二时许往大千世界看昆剧,珏人等俱在,又遇柏丞、子敦。昆剧班将离沪远出,故特别认真。沈传芷《击鼓》、《堂配》及王传淞《活捉》为尤出色。五时散,柏丞邀子敦、晓先、调孚及予小饮于吕班路洁而精川菜馆。八时半散,予仍往大千世界看昆戏,及见倪传钺之《寄子》,马传菁、周传瑛、张传芳之《姑阻》、《失约》,朱传茗、周传瑛、施传镇之《跪池》,十一时散,唤汽车以归,抵家已将十二时矣。

4 月 29 日（乙亥）星期一

晴。透寒。上午七〇,下午七二。（七八.三—五〇.〇）

依时入馆工作,校《隋书经籍志考证》及为《补编》写信。

夜赴晓先宴,十时乃散归,到同光、颂华、幼雄、立斋、雪村、调孚诸人。

颉刚来,住麦家圈惠中旅馆,谈移时去,约明晚请吃夜饭。同时约诚之诸人作陪。

4 月 30 日（丙子）星期二

晴寒。上午七〇,下午六八。（七七.〇—五一.四）

依时入公司办事,仍为写信及校书。四时许,与雪村、调孚、晓先同过惠中访颉刚,同到觉林,振铎甫于今晨到此,亦邀到。至七时,客到齐,计两席。一席坐杨劳民夫妇及小孩、均正、云彬、愈之、洗人、雪村、雪山、丏尊、晓先,一席坐颉刚、诚之、柏丞、良材、冀野、乃乾、振铎、调孚、东华及予。惟圣陶以返苏未与。八时许散,予与云彬、调孚、晓先、洗人、冀野同往大千世界看昆戏,盖今晚为最后之一场,明日即须离此也。至则诸眷毕集,幸留座位,否则无法插足矣。计看到沈传锟、华传浩之《山门》,周传瑛、朱传茗之《偷诗》,施传镇、马传菁之《别母》,周传瑛、朱传茗、张传芳之《跳着》、倪传钺、沈传芷、施传镇之《荣归》、《诰圆》。十一时半散,唤车遄返,已十二时许矣。

5 月 1 日(丁丑)星期三

晴。上午六七,下午六八。

休假,盖沐国际劳动节之赐也。竟日未出,午后假寝片晌,反觉疲惫。

夜饭后看《故宫周刊》,九时许即睡。

幽若厂工将停,不久便须返苏。一般景象,殊不佳也。

5 月 2 日(戊寅)星期四

晴。上午六四,下午六六。(七一.六—四九.三)

依时入公司办事,写信及校书仍占大部。

下午四时半出,往道始事务所会晴帆,盖先期约之者。道始则陪眷游杭尚未返,竟未之晤,傍晚与晴帆同过马上侯小饮,遇良材,八时许散,乘车径归,抵家已九时矣。

《二十五史补编》事冗而任重,几于日不暇给。而第一期预约已满,迄无多大去路,甚忧之,其竟一堕无救乎!

5 月 3 日(己卯 四月朔 月建庚辰)星期五

晴。上午六五,下午七一。(七二.一—四九.八)

依时到公司办事,仍写信及校书。

夜饭后本拟与珏人同过乃乾所,以珏人身子不爽,遂未果。前遇乃乾,谓书已不成问题,当可取得;觉林之会却言有三种无法罗致。是使予最放心不下者,故拟抽空再与一商。今又前却,益或阢陧矣。无聊既甚,就灯看新买之《广群芳谱》。

5 月 4 日(庚辰)星期六

晴。上午六七,下午七二。(八〇.四—五二.五)

依时到公司办事,作《五代史》参考书目,仍校清样。

夜饭后与珏人同往仁和里九号访乃乾夫妇,挈复儿自随。乃乾适宴客,匆匆谈话即去。予等留坐至九时许亦归。欲言事仍未得解决,殊怅怅也。

归后翻阅《广群芳谱》,并偶读《疑雨集》三四章。《疑雨集》亦最近购入一折书之一种,为中央书店所出,大氐平襟亚之流主其事,排校、版式、纸张俱较前此流行之新文化、大达两书社为胜。非可一概斥之也。

5 月 5 日(辛巳)星期日

晴。上午七二,下午七五。(八三.三—五五.四)

晨九时出席业务会议,前次修订章制事告一段落,已交卷定事矣。馀案俱重大,未可一时决定,多保留者。十一时许散会,予与晓先同过坚吾,盖芝九来沪参观古艺展览会,先期电约在坚吾处相晤也。因饭于其所。饭后辞归本总店,遇冀野,大谈,并约雪村出谈。至六时,各散,予与晓先往冠生园晤芝九及达夫,略进点心后即行,共饮于晓先所,比散归,已十一时半矣。

5 月 6 日(壬午　立夏)星期一

阴。上午七二,下午七三。(六九. 三一五八. 五)

依时入公司办事,续作《新五代史》参考书目,并校清样。下午又出席业务会议常务会,至晚方散,不得要领。盖昨日未决之事,匆匆一商,未必遽能解答也。

雪村又发流火,饭前便回,近来疾作甚勤,殊非佳事也。

幽若来,下榻于此。

今日为英王乔治即位廿五年纪念,沪上英侨张灯结彩,庆祝此典,士女倾巷而观,遗钗堕舃,如醉如狂,诚可笑也!

5 月 7 日(癸未)星期二

晴。上午六八,下午七四。(八四. 一一五六. 八)

依时到公司办事,作完新旧《五代史》参考书目。

张乾若自平来书,于《补编》收书有所增益,不图此事为老辈注意如此也。

道始电话来,谓丁仲祜亦极赞开明,其所营事业有转让之意也。傍晚归,看雪村已转好,即以张、丁事告之。渠甚乐闻焉。

夜饭后看画,记日记,珏人与幽若、文权、濬华打牌。

5 月 8 日(甲申)星期三

晴热。上午七二,下午七二。(八八. 七一五八. 五)

依时到公司办事,预备作《宋史》参考书目并校《隋书经籍志》排样。下午三时到福州路总店,候廉逊谈,四时晤之,为《开明本国地图》版税率增高事有所恳商,惟同人之意志难一,恐亦无法接近耳。谈至七时,始各归。

幽若昨宵陡发胃病,中夜叩门延天然来,为之打针,至一时半乃得睡去。以是予等遂未能安眠矣。今日告知怀之,夜来省视,幸已减轻不少矣。

5 月 9 日(乙酉)星期四

晴燠。上午七五,下午七九。(九四.五—六二.一)

依时到公司办事,校《隋书经籍志考证》。

雪村下午三时来公司,盖已略痊矣。

散馆后予往访坚吾,因同过大世界附近锦江山餐社共饮。伊定十二日出门收账,大约须过端节始可返沪也。谈至九时许乃散,乘九路公共汽车以归。锦江社系蜀人所办,室小而精洁,殊雅称谈心,视洁而精尤胜矣。

振甫稿费前收一百元,今找八十元,了却一事,亦甚快也!

幽若已大好,热势已退矣。

5 月 10 日(丙戌　上弦)星期五

闷热,阴雨。上午七七,下午八一。(八四.一—六五.三)

依时入公司办事,续校《隋志考证》。

夜饭后补记三日来日记。

幽若已痊,定十二日返苏矣。

日来气候剧变,珏人又感冒不适,至感苦痛也。

5 月 11 日(丁亥)星期六

晴热。夜半狂风撼户作声。上午七七,下午八二。(九一.

九一六七. 一)

依时入公司办事。校毕排样一批,续作《宋史》参考书目。散班后往总店晤洗人、雪山、晓先,因同饮于马上侯。九时许乃散,走爱多亚路乘九路公共汽车以归。

修妹与静鹤来,家中陡见挤塞,每值休假,必感热闹,虽厌苦之,而无如之何也。

5 月 12 日（戊子）星期日

晴凉。上午七八,下午七九。（八〇. 六一六六. 九）

午前怀之来,午后幽若去,晚饭后修妹、静鹤亦去。

饭后一时半出,往总店任董事会纪录。只到店中诸董事,未及四时即散。与圣陶徜徉于国货商场,五时许便归。无僇甚,沽酒饮之。

5 月 13 日（己丑）星期一

晴和。夜雨。上午七二,下午七二。（七七. 四一五五. 四）

依时入公司,竟日校书。

夜归饭。饭后闲谈,至十时乃睡。

《教育杂志》近出"读经问题专号",收集各家意见至夥,有极端主张读经者,有极端反对读经者,有相对的反对或赞成者,于现在一般思想界之混乱状况大堪领会。可谓近日学术界文献之所归。柏丞主编以来,此为出色之结撰矣。

5 月 14 日（庚寅）星期二

晴。上午七三,下午七四。（七八. 八一六三. 〇）

依时到公司办事。办清第八次董事会分送案，并校王颂蔚《明史考证擕逸》及张鹏一《隋书经籍志补》。

雪村未来，士敹谓又在发病，夜归过访之，则偶感不适，非发流火症也。为之稍慰，否则日发日近，其何以堪耶！

达人妻黄心勉女士病肺卒，今日书一联挽之，饬金才送去。

乃乾处又有信催，迄未得复，不审究何似也。

5 月 15 日（辛卯）星期三

晴。上午七一，下午七四。（七七.九—五〇.七）

依时到公司办事。校毕张鹏一《隋书经籍志补》，并续校姚振宗《隋书经籍志考证》。

雪村下午来，谓上午即出，访道始，总店房屋已解决，只须细目讲定，便可交割矣。计价银八千三百元。

乃乾书来，告书本已函催，当可无虑，顺告中华书局将影印《六十种曲》，因邀集雪村、丏尊、圣陶、晓先、调孚商对付，遂决即日准备样本，将已排之十种先行发售预约，定自七月起，每月出书十种，年内出齐。否则彼先发布，开明又落后手矣。

夜饭后听书自娱，珏人则与天然、文权、潈华打牌。

5 月 16 日（壬辰）星期四

晴。夜半雨。上午七二，下午七三。（七七.四—五四.七）

依时到公司办事。校排样两批，办出呈文两件，一致教部请审定，一致内部请注册。并为《补编》事写出三信，积件清矣。

散班后与圣陶、调孚往总店，晤洗人、晓先，候振铎，盖先期约定同饮于马上侯也。至则尚未来，良久，乃偕青崖至，遂同往酒楼焉,谈至十时乃散归。

5 月 17 日 (癸巳) 星期五

阴雨。上午七二,下午七三。

依时到公司办事,仍校排样。

吴卓信书,乃乾为向汤济沧之子购致之,价一百六十元,书已饬人取来。惟其它诸书尚有未得即致者,至为悬悬,不识能免偾事否也?

夜饭后濯足看书,十时后寝。

今日清儿在梧厂附近看得永亨坊房屋一所,明日将由珏人往复勘,如合宜,当谋迁也。

5 月 18 日 (甲午　望) 星期六

晴。夜半雨。上午七六,下午同。(八二.四—六二.二)

依时入公司办事,校毕排样多批。接觉明信,介绍陶元珍《三国世系表补遗》并《订讹》,稿入《补编》。又接何章钦函,谓《唐书》表志部分实贫乏,无可再补。

散馆后径至福州路访晓先,晤洗人、良才。未几,与晓先、良才共过马上侯小饮,谈至九时许,各归。

5 月 19 日 (己未) 星期日

晴。上午七六,下午七八。(八五.六—六二.六)

午前十一时,晓先来。饭后与之共游沪南半淞园。此园已多年不履其阈,树木已长茂而屋舍已就败,实无快感之可言。啜茗而出,过文庙及动物园,匆匆一巡,乘车北返,仍饮于马上侯。九时各归。

工作繁忙,心又悬悬于书本之征集,而星期复多集会,弗得休息。今日乃能作半日之郊游,似是乐事事矣。

5 月 20 日(丙申)星期一

晴。上午七九,下午八〇。(九三.〇—六〇.八)

依时入公司办事。下午出席业务常务会议,六时半始散,归家夜饭已七时矣。

复颉刚、觉明信,俱为《补编》事。

今日支薪,到手即尽,盖已预亏不少矣。

《六十种曲》决赶出,今日常会已有办法商定之。

5 月 21 日(丁酉)星期二

晴。上午七八,下午八〇。(八六.二—六五.七)

依时到公司办事,校书,写信,并编毕通信录。

夜归饭。饭后闲翻架书,兼听书自娱。十时许就寝。

振铎来,知乃乾为寄售书折扣事颇感不快,明日当拉主管者晓先同往一解释之。处世真难,无论如何,终不免使人有反感也,为之奈何!

5 月 22 日(戊戌　小满)星期三

晴。上午八〇,下午八一。(九一.四—六六.四)

依时到公司办事,校书,写信。

午后三时半到福店,晤冀野。旋与晓先同访乃乾,送吴卓信书价及解释代售折扣事。五时半返店,偕冀野、晓先、雪英同过聚丰园,盖勖成自蜀来,晓先、良才、世璟公宴之,邀予及冀野作陪也。谈至近十时散,复过会文堂楼上冀野寓所小坐,至十一时许乃归。

5 月 23 日（己亥）星期四

晴。上午七九,下午同。（八六.九—六〇.一）

依时入公司办事,校书半日。

午后径赴福店,与晓先同往徐家汇土山湾苦儿院访徐允希司铎,谈接受所著《辽金元三史国语解汇编》事。予初与方外人交涉,印象殊不恶也。

四时许仍驱车返福店,因过道始谈。至五时许,与偕到店,晤振铎,遂合洗人、晓先、道始、振铎共饮于马上侯。八时半散,道始约明晚在聚丰园小叙。

5 月 24 日（庚子）星期五

霾闷。上午七六,下午八〇。（八五.一一—六三.五）

依时到公司办事,为《补编》书稿写信。

道始晨至,谓即晚有事,昨约改为午间举行。旋去。至十二时,予与雪村同赴聚丰园晤之。振铎已先在。未几,晓先、洗人来,原约晴帆、乃乾则一以奉差赴镇江,一以高卧未及至,故仅主宾六人耳。二时许散,予仍返梧厂。

夜归饭。饭后补记五日来日记,并补记账目。

5 月 25 日（辛丑　下弦）星期六

晴闷。夜半风雨。上午八一,下午八五。（八四.〇—七〇.三）

依时入公司办事,校书,写信。

振铎来,捉为《六十种曲》题辞,散馆时写毕。渠明日即须北行,或云将南返,或云久住北,其实举未定局也。予以积日困倦,不能陪之一饮,甚歉如矣。

夜饭后看缪莲仙所集《文章游戏》。

5 月 26 日(壬寅)星期日

阴雨,夜雨尤甚。上午七七,下午八〇。(七九.〇—六八.五)

竟日未出,傍晚予与珏人、文权、濬华出,冒雨至靶子路合利俄菜社晚餐。过饱而返,雨仍未止。亦可谓豪兴也矣。俄菜丰盛异常,较之英法,奚啻倍蓰,故特饱。归后难即眠,因再打牌四圈,挨延至十一时乃睡。

5 月 27 日(癸卯)星期一

晴。上午七三,下午同。(七五.六—六一.〇)

依时入公司办事,校书,看稿,并写信。

连日闷热,不减盛夏,一雨新凉,便同深秋,以是颇兴衔杯之思。约洗人、晓先共饮,以事未果。夜归,遂沽酒自遣,饮后看《故宫》近刊,至九时许乃就寝。

5 月 28 日(甲辰)星期二

晴。夜雨。上午七五,下午七四。(八一.五—五七.二)

依时入公司办事,校毕排样一批,作《元史》参考书目。

散班时,雪村语予,丐尊坚示欲去,今日与洗人言之,当然不能听。盖丐去圣陶必继之,公司将受大影响也。予维干部失继,罅漏外见,终非前途之福,此举严重,恐不能忽视焉。虽然,事态渐展,殆亦难于旋转耳。奈何!

夜饭后与珏人闲步附近街坊,在老野荸荠购得小食数事而归,听书自娱,正亦不愿多作闲想也。睡前漫笔记数语于乃乾所辑《元人小令集》之首,藉志付印之因缘云。

5 月 29 日(乙巳)星期三

阴雨。上午七二,下午七一。(六四.二—五八.八)

依时入公司办事,校覆样并续作《元史》参考书目。

硕民来梧厂访予,盖新自苏返嘉善,过圣陶饭,遂便道来晤也。年馀未见,老态益增,不觉喟然。谈至四时,辞去,乘车径赴车站矣。

美成将有风潮,雪村竟日对付,虽说话之隙亦无之也。

乃乾书来,谓杨守敬《汉书地理志校补》及练恕《多识录》均可致之,甚欣。惟介徐行可诸书恐难应之耳。

夜在家小饮,并听书打牌,杂念萦心,务欲割去之,故出此也。十时许就卧。

5 月 30 日(丙午)星期四

晴。上午七〇,下午七四。(五七.二—八二.八)

依时入公司办事,作完《元史》参考目及《新元史》参考目。

午间与晓先、调孚到三马路美丽川吃饭,盖晓先有话与愈之谈洽,特电约在彼聚首也。至一时,始晤愈之,谈移时,二时三刻乃散。予即至福店签到,赶作参考目。四时半往访乃乾,谈洽甚快。六时返店,与洗人、晓先及梦岩过饮于马上侯,先时电约梦岩来会店中也。九时许散,各归。

5月31日(丁未)星期五

晴。上午七五,下午七六。(八二.六—六一.二)

依时到公司办事,校书,写信,并作参考书目。

晚归饭。饭后听书自遣,且看《词苑丛谈》。

日军阀又在华北平、津一带捣乱,形势甚恶。据外电所传,河北省政府且为之延迁,向保定暂避矣。日政府一面以使节升格相饵,其军人则极意在长城以南造成恐怖局势以遂其得步进步之欲。国势阽危至此,尚忍之哉!事态扩展,将不知所届,彼衮衮者惟权位金钱是攘,岂直待衔璧舆榇再图自强乎!

6月1日(戊申　五月朔　月建壬午)星期六

晴。夜半雨。上午七三,下午七九。(八一.一—六三.五)

依时入公司办事,作《宋史》参考书目,并校《明史考证攟逸》。散班后径赴麦家圈马上侯,坐待晴帆、翰才。至六时许,晴帆来。又有顷,翰才至。翰才初识面,恂恂儒雅,殊不恶,较卫玉、仰尧诸人高出多多矣。谈至八时,翰才先去。九时,酒散,别晴帆而返。

美成事,徐锦坤已去,而雪村、仲盐之间又闹别扭,丐尊周旋其间已两日,不知如何始得圆满解决耳。

6月2日(己酉)星期日

雨。上午七六,下午七七。(七一.一—六六.六)

晨八时冒雨到公司,出席业务会议,十一时许散。

晓先约勖成、良才吃饭,招予往陪,遂偕返其家。十二时半,勖成、良才始来,长谈至四时始别。挈士秋归,俾偕珏人、文权、澹华、清华同往友司登吃立斋喜筵酒。予午间已饮,且不嗜西餐,遂未赴,在家督诸儿同饭。十时三刻,珏人等雨中返,据云,宾客尚盛,且极热闹焉。

6 月 3 日（庚戌）星期一

晴。上午七八,下午七七。（八二.二一六五.七）

依时到公司办事,仍校书及作参考书目。

闻吉子病剧,颇轸惜之,午饭回家说与珏人知之,伊亦为之减膳叹息也。予昨晚受凉,今日颇觉不舒,为此刺激,更见头重。丏尊身丁其间,不知复当如何难堪耳。

傍晚接晓先电话,知楚材已来,约予于散班后往会于马上侯。予扶病强往,冀借谈兴,祛此采薪。至则勖成、良才、世璟、楚材俱在;未几,晓先至,卫玉至,洗人至。九时散,予复过旅舍与勖成等谈,十时半乃归。

6 月 4 日（辛亥）星期二

晴。上午七三,下午八〇。（八六.六一六二.一）

依时入公司办事,校书兼作参考书目。

午间请勖成、楚材在三马路美丽川吃饭,拉雪村、晓先、良材作陪。二时散,予往总店一转,然后径返梧厂。夜归饭。饭后无憀已甚,盖衡虑近状,不能不作杞人之忧也。

今晨倒闭银行四家,曰江南,曰香港国民,曰宁波实业,曰大沪;又一公司,曰上海国货公司。市况之劣,前此未之见。而江南银行与开明关系尤切,不但公司受损二千金,即丏尊个人,几整个倒进矣。吉子既病危且殂,金融风潮又卷及其身家,丏尊不幸甚矣! 奈何!

6月5日(壬子　端阳节)星期三

晴。上午七八,下午八三。(八九.六—六四.四)

依时到梧厂办事,仍理杂务为多。

夜归小饮,亦庆节之意也。万方多难,鱼游釜中,乃不能不强忍须臾,勉图慰藉,堪笑亦堪怜矣!

立斋电话询良才稿费纠纷事,意气甚盛,竟不待终言而挂断话线,至可怪诧,其人认识不清如此,岂新饮狂药耶。

6月6日(癸丑　芒种)星期四

晴。上午七七,下午八三。(九〇.——五六.八)

依时到梧厂办事,仍校书及处理杂务。

报载昨夜十一时四十分大世界发生跳楼惨剧,有不知姓名之人合家母子六口,同时奋身自杀云。谓有遗书为包探所得,以恐有别情,不许报纸发表也。以意测之,殆为经济压迫所致耳。社会阢陧至此,前途何堪闻问耶!

夜归小饮,盖昨日之馀酒也。

6月7日(甲寅)星期五

晴。上午八〇,下午同。(八九.六—六〇.六)

依时入公司办事,校书及写信。

散班归后往访坚吾,知已出,与良材同饮马上侯。因迹之,晤焉。谈出外收账甚不佳,叹惋而已。九时散,乘九路公共汽车东归。

昨报所载大世界一门六口跳楼自杀者之遗书已披露,主者名张月鑫云。其人家世素封,近为伙友亏倒所累,无以自拔,遂出此下策也。惨哉!

日军为华北事提最后通牒,平、津大震,日内或将悍然一逞也。为之奈何!

6 月 8 日 (乙卯) 星期六

晴。上午七九,下午八三。(九〇.九—六四.四)

依时入公司办事,校《精忠记》及《隋经籍志考证》。

心南有事过沪,公司今午宴之于聚丰园,雪村、丐尊、圣陶、晓先、调孚、均正及予往主之,并邀颂久、寿白、君立同与焉。午后二时四十分复归梧厂。散班后有倪君者携画轴及手卷来,予与同光共观之,至晚乃归。

雪英来饭,晚饭后晓先来接,因谈移时。

夜补记五日来日记。

6 月 9 日 (丙辰 上弦 入霉) 星期日

晴。上午八一,下午八三。(九〇.七—六六.七)

上午未出,下午二时往福店出席董会,司记录。四时许散,与雪村、雪山、晓先至国货商场,各购草帽一顶。旋偕洗人、雪村、晓先同赴林子硕致美楼之约,晤冀野,九时许乃散。比归,已十时矣。

会时晤丐尊,据云吉子疾稍好转,同为引慰。

6月10日（丁巳）星期一

阴闷,有雷雨。上午八三,下午同。(九三.六—六九.六)

依时入公司办事,校书,写信,整理董会记录。

夜归小饮。饮后梓生来访,承赠廿四年度《申报年鉴》一册,谈移时去。

丐尊未来,闻吉子病转沉重,恐凶多吉少,至为叹惋。

6月11日（戊午）星期二

晴闷。傍晚雨,即止。上午八二,下午八〇。(八〇.六—七〇.九)

依时入公司办事,校书写信,且印发董会通告。

雪村病泄,昨今俱未来,惟不甚剧烈,休息自痊耳。

吉子日趋危境,今日诸医束手矣。夜饭后同光来告,谓今晚不得度也。闻之惨然,谈移时去。

夜校《东郭记》,以倦,未能毕事,馀尾当于明晨了之。

6月12日（己未）星期三

晴。上午七八,下午八〇。(八四.四—六九.三)

依时入公司办事,校书写信如恒。

吉子病危笃,其家已为之筹办后事矣。惨极。

接坚吾电话,知立斋事已发,律师唐豪代表董之学去信诘责矣。予于下午四时出,先晤道始,继到总店,良才亦为坚吾事来访,相值焉。六时,予偕洗人、晓先、良才同过坚吾,同饮马上侯。由良才起草复唐律师,予辈亦略参意见也。十时许乃散归。

6 月 13 日（庚申）星期四

晴。上午八〇，下午七九。（八六. 三—六二. 六）

晨七时往夏宅，访丐尊兼省吉子疾。吉子正在临危，已不能语矣。不忍久留，即辞出，入公司办事。至十一时三刻，同光来告，吉子顷已逝世。是日下午五时半，用上海殡仪馆柩车送尸往斜桥绍兴会馆殡殓，梧厂同人几全体前往执绋，共乘汽车十五辆。本拟当晚成殓，以尸有馀温，丐夫人坚弗欲，遂改定明晨入木。予等送者于夜饭后在灵前行一告别式，九时许仍分乘汽车各归，予与清儿、雪村夫人、士敫、连坤、澜生同乘云。

柏丞来访，告已允就暨大校长职，各院长人选亦已内定，振铎将南返主持文学院。谈至五时乃辞去。

6 月 14 日（辛酉）星期五

晴。上午七八，下午八三。（八八. 七—六七. 一）

依时入公司办事。

散班后与圣陶、墨林、同光、调孚、雪村同乘往霞飞路觉林蔬菜馆，盖今日为丐尊五十寿辰，同人为之称庆，兼以塞其夫妇之悲也。至七时，洗人、雪山、晓先始偕丐夫妇及满子来，遂合坐欢饮，十时许散，予与雪村车送丐夫妇回振华旅馆，然后归。

6 月 15 日（壬戌）星期六

晴。上午八四，下午八六。（八九. 一—七二. 一）

依时入公司办事。校书写信外，办杂事不少。

夜挈同儿出，过访洗人、晓先，复约世璟、修权，同饮于马上侯。

且饮且谈,至十一时始散归云。世璟神态销沉,前此遇之,激使复饮,今乃大豪,依旧当年本色矣。

倭迫平、津,气氛日恶,何应钦既南行,北方遂喧传倭将扶植孙传芳、吴佩孚、石友三诸人组"华北国",使为"满洲"之续,瞻念前途,殷忧曷极!

6月16日(癸亥)星期日

闷热。傍晚阵雨。上午八三,午后八七,夜八〇。(八七.——七四.八)

竟日未出,饭后理发,偃息闲翻,遂过一日。

业熊来,晚饭后去。

文杰约其子昌颐来文权处会,其子以久别生疏,竟大哭,未几即送归其家。离婚之结果如斯,诚堪浩叹矣。吾想此儿之父母苟一存念及之者,亦当愧悔莫名耳。

6月17日(甲子　望)星期一

晴风。上午七七,下午八〇。(八六.二一六五.三)

依时入公司办事,校书及写信。

午后振铎来,盖前晚已携眷返沪矣。谈及日前柏丞过访,实欲邀予帮忙,即不任教亦拟以秘书相属也。予力辞之。

三时许开业务常务会议,决定去几人。丐尊忽提裁员加薪案,雪山、洗人和之,一唱三叹,颇有成议矣,予以尚未至结账期不能悬断为辞,力辞之,遂寝阁。

夜归饭,百无聊赖,坐至十时就卧,竟失寐。

6 月 18 日（乙丑）星期二

晴。上午七八,下午八二。（八八. 九一六四. 六）

依时入公司办事,送出《背影》等九种请内政部注册。下午三时出席临时编审会议,决定造货方针。散班时接家中转来电话,谓仲弟全家卧病,予急归,见有仲弟之信陈桌上,叙自上月十五以来全家老小错落害病,现济侄仍患痎嗽云。予即偕珏人往仲弟处省视之,谈至九时乃归饭。大约风寒所致,不日或当见痊也。

6 月 19 日（丙寅）星期三

雨。闷湿。上午八二,下午八一。（八四. 二一六八. 七）

依时到公司办事。午间接冀野电话,约出午饭,予赴福店会之,因与洗人、晓先及冀野共饭于杏花楼小食部。二时许,偕洗、晓返梧厂,出席人事委员会。决议裁去数人。予部季林去职,即以趾华升保管课主任,调乃敏来收发课及文牍课服务。

夜饮雪村所,洗人、晓先、调孚诸人俱往,盖其尊人生日又适值雪舟三十初度也。"游王和"班底俱在,只闻长头、短四、总将等等术语,竟无它语可插谈焉。九时即散,归坐未久便睡。

6 月 20 日（丁卯）星期四

上午雨,傍晚放晴。上午七八,下午七九。（七五一六八）

依时入公司办事。散班时往福店会振铎,遇俊生及允臧。入暮与振铎、晓先同过马上侯小饮。有顷,冀野亦至。谈至九时许,散归。

柏丞近有出长暨大之说,约予往任秘书,予谢不往,而丏、圣俱有劝驾之意，其殆预备饯行乎。予自循省，岂在开明为赘疣，无所用而糜厚廪耶！抑有所冲突见憎老友耶？予维自持其素，坐以待之，可为则为之，不可为则掉头而去耳，不屑为凶终隙末也。

6月21日（戊辰）星期五

闷湿，夜雨。上午七七，下午八〇。（七七.〇—六六.二）

依时入公司办事，办出呈文、布告、公函等甚夥。并校书。

夜归饭，饭后补记日记。觉无憀，竟亦末由遣之也。

外孙昌顯前昨两日感冒特甚，延医服药，今日稍痊矣。儿女事拂之不去，真莫可奈何也。

漱石来，知昨自苏返，幽若病已好，翼之新生之女甚肥硕也。惟慧若太欠慧，仍不免时常淘气耳。

6月22日（己巳　夏至）星期六

阴霾。上午七六，下午七八。（七五.二—六七.八）

依时入公司办事，校书及处理杂务。

昌顯已痊，甚慰。

夜归无聊，小饮遣之。饮后听书，代牌一圈，十时睡。

丏尊力劝同光就春晖中学校长，至再至三。一若不容再在开明逗留者，极为诧愕。渠等近日为倒款事刺心，动止皆失态，殊可笑也。

6月23日（庚午　下弦）星期日

阴雨。上午七七，下午同。（七七.〇—六八.七）

上午未出，墨林来。饭后珏人邀天然及章师母来，与墨林打牌，予遂出。先过来青阁购得《国朝文汇》一部。旋访坚吾，知方紧缩,楼上且腾出住眷也。薄暮,同过马上侯饮,至八时三刻乃散归。坚吾为《基本知识丛书》事,颇受损,至以为歉,虽寥况使然,而予始事之际,曾参谋议,实不得委之矣。良才虽非予举荐,晓先实主之,事终不臧,奈之何哉!

6 月 24 日(辛未)星期一

晴。上午七五,下午七七。(八三. 三—六二. 六)

依时入公司办事,校书为主。

午后四时往访道始,兼晤丕成,接洽代印丕成所著《武德论》事。谈至六时许,乃别,往赴廉逊善元泰之约。至则震平在焉,谓廉逊适患病,不能来,特属渠代表云。未几,洗人、雪山、晓先至,遂共饮。至八时半乃散归。

珏人偕清华往东海看《国风》,以气闷逆呕,未终局即归。伊近来绝不能看电影,灯暗室闭,便觉难过,予劝其试往数次,历次皆然,以后万不能再蹈此失矣。

6 月 25 日(壬申)星期二

晴。偶夹细雨,有风。上午七七,下午七八。(八二. 八—六六. 三)

依时到公司办事。知同人中有不慊于晓先者方有所谋,拟再演去年之活剧,幸明白者不甘为人作伥,无甚结果。但怨毒中人,恐匿而益深,发且无救耳。独惜当事多迷,有进无退,忠言不入,虽为担忧,亦属无裨也。

孚白被辞,噜苏特多,殊不漂亮。

夜归饭,饭后记日记,且听书为娱。

6月26日(癸酉)星期三

晴雨乍忽，夜雨绵延。上午七八，下午八二。（八七.——七一.一）

依时入公司办事，作《宋史》参考书目毕。

散班后赴总店，约同雪村、雪山、洗人、晓先前往聚丰园，盖今晚公司宴谢道始，遂及周邦俊等也。九时许席散，予与道始、洗人、晓先同过乃乾谈。移时乃辞归，抵家已十一时矣。

6月27日(甲戌)星期四

晴雨乍忽。上午八一，下午八三。（八六.二——七二.一）

依时到公司办事，作《辽史》参考书目毕。

季林事昨已分别交与乃敏及趾华，当妥洽，此后或可稍新耳目乎。虽然，怨毒中人深矣！晓先不之省，馀人从旁睨而笑之，危哉！

夜饭后听书自娱，十时就睡。

6月28日(乙亥)星期五

闷燠，夜雨。上午八二，下午同。（九〇.五——七四.三）

依时到公司办事，作完《辽》、《金》两史参考书目。

散班归，接总店电话，谓俊生、廉逊约在同宝泰候予，因径赴之。晤俊生、廉逊、云六、洗人、雪山、晓先，谈至九时散归。晓先不利群口，势日加剧，只以雪村见任，暂无问题，长此展开，恐终不免也。

倭逼平、津、张口，处处得利，在我已不成话说，近更嗾使无聊游勇石友三、白坚武之徒，在丰台劫车袭击北平，虽经宪警击退，而来日大难方兴未艾，前途正不堪设想也。

6 月 29 日(丙子)星期六

风霾阴雨。上午八一,下午八七。(八三.八一—七六.一)

依时到公司办事,办出呈文二件,信二件,校样一批。

傍晚挈复儿雨中出,赴晴帆马上侯之约,直待至八时半未至。乃返。抵家,缄三、伯庄正与文权大谈,方以《新生》被封及日军嚣张为题材,予因大发牢骚,阐述近况一番。十时三刻就寝,气愤犹填膺也。

6 月 30 日(丁丑)星期日

雨。上午八〇,下午七七。(七二.五—七〇.二)

竟日未出。上午怀之、业熊来,下午与文权、业熊打牌四圈,输十千文。傍晚道始偕丕成、晴帆来访,托撰丕成所撰《武德论》出版预告广告。入暮,拉往大西洋晚餐,击賤徵花,十一时乃散归。彼等自谓乐甚,予则踟蹰难名,非以道学自持而遽斥为非,其实悲悯不遑,无暇取乐耳。

7 月 1 日(戊寅　六月朔　月建癸未)星期一

阴雨。转冷。上午七六,下午七一。(七四.七—六四.八)

依时入公司办事,办呈文及校书。

午后为丕成撰广告,即送道始许。

夜为坚吾撰广告词五则,十一时乃寝。

7 月 2 日(己卯)星期二

晴。上午七五,下午八〇。(八四.六—六三.九)

　　依时到公司办事,写信数件,并决定登报征求《补编》所缺之罗文谦《三国宰辅年表》、孔尚质《十六国年表》、胡德琳《南北史表补》三书,因撰广告一通。

　　修妹挈静甥来,谓须小住数日,盖静甥转学于华德路小学已考取准予入学矣。

　　夜归无聊,沽酒独酌,酒太劣,饮后至不舒也。

　　调孚今日丧中子,八岁矣。其夫人甚悲之。予唯致唁而已。

7 月 3 日 (庚辰) 星期三

　　晴。上午七七,下午八一。(八六. 九—六六. 二)

　　依时到公司办事,校书两批。

　　振铎电约往南京路友司登饭店午餐,告柏丞长暨大已发表,仍申前议,欲予分一二日担任教课若干时。予仍力辞,盖事实上无从帮忙也。

　　夜饭后听书闲谈,并补记日记及记账。

7 月 4 日 (辛巳) 星期四

　　晴。上午七七,下午八一。(八四. 二—六八. 〇)

　　依时入公司办事,准备《补编》发排各事。

　　夜六时在高长兴三楼集会,商公司进行事,至琛、珊、丏、洗、圣、调、晓及予八人。定下年度招股十万元,董监各任二千,聘任各员各任五百,馀再招外股,十一时散归。

　　研因有信与晓先,介绍至成都长实验小学,彼方努力于此间公司之建设,当然不去也。

7 月 5 日(壬午)星期五

阴雨,上午八二,下午八一。(八一.一—七〇.七)

依时入公司办事。议定《补编》各表重排格式,并约定明日令汉儿来钞书。

夜六时,赴聿修马上侯之约,盖渠电话约谈,方自苏来沪也。谈至八时三刻散归,九时许到家。雨中往还,颇难受也。

7 月 6 日(癸未)星期六

阴雨。上午七九,下午八一。(八四.〇—七一.八)

依时入公司办事,督人钞书。汉儿今日入抄,坐予侧,时时教之。

接振铎、斐云电话,知将来访,予因约五时在福店相候。至时去,先晤斐云,继晤煦先,振铎未至。六时半同过小有天待之。未几,渠来。有顷,吴文钊(冰心之夫)来。最后愈之来。且吃且谈,至十时乃各散归。

7 月 7 日(甲申)星期日

阴雨。上午七九,下午八二。(八三.三—七三.四)

竟日未出,傍晚雨中出,挈同、复两儿以行,小饮于马上侯。盖闷苦无聊,不得不急求一松也。

修妹及静甥今晚归去。说定月贴费用,不复搬来矣。静甥仍在原校读书,校中可免费至中学,将来只须留校服务三年耳。如此甚好,故有此决定也。

7 月 8 日 (乙酉　小暑) 星期一

阴雨。上午八〇,下午八二。(八六. 九一—七三. 六)

依时入公司办事,校书外颇多杂事。

夜归饭。饭后闷损甚,开电扇记日记。

去年闹旱魃,今又频告水患,江、河并泛,决堤淹没之事时见。山洪暴发,偃师全城宵没。武、汉、宜昌、芜湖、南京一带亦在在可危。目下又霪雨不止,将不知伊于胡底也。而倭势方张,威胁不已,平、津之事甫告段落,《新生》事件又掀大波,故作惊人之笔,务抑中华之气,当局一味屈从,民间亦复自安,是诚国亡无日之机先,不待血刃而后沦没矣。思之愤然。

7 月 9 日 (丙戌　上弦) 星期二

晴。上午八二,下午八六。(九一. 四一—七五. 七)

依时入公司办事,依然多校钞工作。

是日复儿生日,夜买酒一瓶归酌之。尽两杯,恐有三日可饮也。

7 月 10 日 (丁亥) 星期三

晴。上午八三,下午八七。(九五. 五一—七五. 四)

依时入公司办事,校书及督钞。

夜归小饮,饮后听书自娱,十时寝。

潘华挈昌顯及袁珍今晨偕文杰夫妇乘特别快车返扬州,拟住两月,秋凉始返沪云。

7 月 11 日（戊子）星期四

晴闷。下午雷雨。上午八四，下午八八。（九四.五—七六.五）

依时入公司办事，校书之外，督钞史表。

下午四时，叶长青持道始介绍信来晤，商《文史通义注》稿让渡版权于开明事，雪村、丐尊俱不在，予允代洽，约期回音而去。商之圣陶，彼颇蔑视旧籍，以为无足用，不必出高价以促成之也。予颔之，不与较。

夜归小饮，饮后听书自娱，十时后就卧。

7 月 12 日（己丑）星期五

晴。上午八五，下午八九。（九八.一一—七八.六）

依时到公司办事，校书及督钞。办出呈文两件。

长青电询稿事，丐尊意出五百金嫌贵，雪村以二千部版税率折定六百元，遂函复之，想必不满意也。予为中介之中介，本不负何等责任，然意颇不平耳。

夜归饭，热甚，坐电扇下不凉，至十时许，仍浴汗而寝，苦莫大焉。

接濬华扬州来信，知已安抵家园，昌显亦甚好，至慰也。

7 月 13 日（庚寅　初伏）星期六

晴。上午八六，下午九〇。（九七.五—七八.一）

依时入公司办事，仍校书并督钞。

叶长青于午前十一时复来，于稿费事有增加二百金之议，予允为转达，十五日上午递确信与之。平心而论，此稿撰集不易，非洞

知此中甘苦者不能晓;在以抒写创作自高之徒看之似不值一文者
然,此主观之见,实太谬于事实也。

雪村昨又与云彬之流打牌,通宵至今日下午始停,恐流火旧疾
又将发作,不知何所耽而甘于尝试也。

夜归小饮,饮后听书自娱,而机不甚灵,只索就寝。

7 月 14 日(辛卯)星期日

晴。上午八六,下午九一。(一〇〇.八—七八.六)

是日炎热甚,上午在家预备董事会议案。怀之来。

饭后冒暑出,径赴福州路总店出席董事会。除公司原有各董
事外,到胡愈之、夏质均二人,监察人陈济城已死,递补之章守宪亦
未到。四时五十分散,予与丏尊、洗人、雪村、圣陶、雪山往王宝和
小饮,八时许各归。

7 月 15 日(壬辰)星期一

晴。上午八五,下午九四。(一〇〇.四—七七.〇)

依时到公司办事,校书督钞之外,杂务甚多。

下午因天暑,室内温度上午十一时已达九十二度,遂布告照去
年例放假,看此热势,恐须接连停半天也。

苦热已甚,汗流不止,卧榻上看吴研人《廿年目睹之怪现状》
以为消遣。此书前在北京任教时客中曾看一过,今日重翻,愈见亲
切,竟不忍释手也。

7 月 16 日(癸巳　望)星期二

晴。上午八六,下午九三。(九八.一—七六.五)

依时到公司办事,下午依然停公。

热甚,只看《二十年目睹之怪现状》。夜不能寐,苦极!

7 月 17 日 (甲午) 星期三

晴。上午八九,下午九三。(九八.六—七七.〇)

上午到公司,下午仍放假。

畏热惮出,把吴书看之,颇快也。夜仍闷热,难睡。只索冥坐,若挑灯观书,又嫌光焰逼人也。

7 月 18 日 (乙未　出霉) 星期四

昙。上午八八,下午九一。(九八.六—七七.七)

依时到公司,下午未停,将逐日所积扫办一空。

晚归饭罢,仍看《二十年目睹之怪现状》,无他法自解也。

7 月 19 日 (丙申) 星期五

昙,午后大雷雨。上午八七,下午九一。(九八.一—七九.五)

依时入公司办事,下午仍停。归饭后大雨即至,倾盆之势沛然莫之能御矣。听雨看书,为之一快。是夕始获好睡。

教部为《新生》事,传各书局分店经理今将已审定各教科书缴进,听候抽换推行教材。各分店向中枢请示,以为如不送,显属违抗,如送,既无明令下来如何不明不白地随便乱改,为此,各同业将有表示云。政府无耻至此,不亡何待,犹靦颜高居人上耶!

7月20日（丁酉）星期六

晴。夜雨。上午八五，下午八八。（九六.八—七七.九）

今日较数日来大和，仍全日办公，校书、督钞、写信之外又会客二次。

达人暨大事不稳，特来托我向振铎设法，我允写信关说，然不能保有效也。

夜归，仍看《二十年目睹之怪现状》，已过半矣。

7月21日（戊戌）星期日

晴。上午八六，下午八七。（九二.一一—七五.六）

竟日未出，傍晚时始过坚吾同饮于马上侯。谈至九时乃归。仍续看《二十年目睹之怪现状》，至十一时许乃就卧。吴氏此书移人实深，时下名家小说，何能望其项背耶！乃颇有故作偓促之徒，托体欧化，高唱普洛，以妄自位置，其实中不足耳。

7月22日（己亥）星期一

晴。上午八五，下午八七。（九一.九一—七七.五）

依时入馆办事，督钞，写信，校书。

夜归饭。饭后澡身纳凉，看《廿年目睹之怪现状》。十时后乃寝。

天气自前天大雨后，迄未加热，中伏行将开始，反较初伏为凉，恐秋老虎又将违时肆虐也。

7月23日（庚子　下弦　中伏）星期二

晴。上午八四，下午八七。（九〇.九一—七九.五）

依时入馆工作,写信,督钞,校书。

漱儿忽患疰夏,又呈颓唐之象,予甚怜之。

夜归饭。饭后听书为娱,九时许即寝。

晨间看《二十年目睹之怪现状》。

振铎来,知校事尚未大定,惟住宅已搬好,布置且就绪云。

7 月 24 日（辛丑 大暑）星期四

晴。上午八五,下午八八。（九三. 九—七八. 八）

依时到公司办事,写信,校书,督钞。

万季野未刊稿今日始由道始在张咏霓处取来,当即分头饬人影钞,并撰广告预备明日登出。

散馆后往道始处,与丕成会,接洽承印《武德论》之装订、纸张等条件。至八时始各散,予就近在王宝和饮酒两壶,晚餐而后归,抵家见达人两片,知曾坐候予同访柏丞、振铎为之说项,且云明晚当再以车至,迓予同去也。殊为怅惘。

7 月 25 日（壬寅）星期四

晴。上午八六,下午八九。（九五—七七）

依时到馆办事,杂务甚忙。午后五时赴道始、丕成约,径往大陆商场,谈至七时,辞出,独走马上侯沽饮,邀坚吾共谈。盖达人约今晚车迓往谒柏丞、振铎,为之说项,予觉事太乏味,特在外避之也。十时归,询悉未来,或晨间函复之故有效耳。

7 月 26 日（癸卯）星期五

晴。上午八八,下午九〇。（九五. 九—七七. 七）

　　依时入馆,仍督钞及校书。洗人介胡瑞卿来,谓可钞书云。予见之,一钱庄人物也。属渠明日来。

　　同儿随予到馆,及晚乃携之返。

　　夜归袒衣纳凉,听书为娱,至十时乃寝。

　　晨夕俱看《二十年目睹之怪现状》,毕之。

7 月 27 日（甲辰）星期六

　　晴。上午八六,下午八八。（九六.一——八七.一）

　　依时到公司办事,仍督钞及校书。携复儿自随。

　　胡瑞卿今日来,属为《补编》钞书。

　　晓先今日自济南归,此次公出凡两星期。

　　夜归,小饮高粱酒半小盏,九时半即寝。

　　振铎过谈,移时去,达人事决无望矣。

7 月 28 日（乙巳）星期日

　　晴。上午八六,下午八九。（九四.一——七四.三）

　　晨八时,接振铎电话,谓将来访谈。俟至十一时许,渠与予同偕到,予同此来,本应暨大之招,振铎力主之,不审肯来否也。振铎属予劝驾,而予同颇陈为难之状,或再三敦促之后可成事实耳。午间三人偕出,共饭于大马路友司登饭店。饭后,振铎以事先去,订夜会其家。予与予同共访圣陶、丏尊,圣陶适偕其夫人往吴淞省其少子,独晤丏尊。谈至四时,予同以事去,至六时,待圣陶不及,即与丏尊共乘以赴地丰里振铎之居。八时乃饭,同席有予同、一岑、仲达、望道等,直至十一时始散,转两度电车以归。

7 月 29 日（丙午）星期一

晴。上午八六，下午九〇。（九四.一——七八.三）

依时到馆，校书、督钞外仍理杂务。

夜归饭，饭后澡身就凉，听书自遣。

7 月 30 日（丁未　七月朔　月建甲申）星期二

晴。上午八六，下午八八。（九二.五——七八.三）

依时到馆，杂务纷集，竟日大忙。

夜归休，百事惮为，晚饭后偃卧取凉而已。

暑中客过，酬酢亦应有之义，然仆仆于道，酒食征逐，颇感倦乏耳。乃有不通世情之人发为矫枉过正之谈，自身既不肯显然示绝于人，事后却百般批谤，一若所有往还之迹俱为好事者所构成以害之者，吁，可笑已！

7 月 31 日（戊申）星期三

晴。上午八六，下午八八。（九二.七——七七.九）

依时到馆，校书督钞外兼理杂务。

夜七时，赴予同八仙桥青年会食堂之约，至则诸客俱集，独予后至耳，歉甚！同坐皆开明同仁，无一别客，故谈极畅。十时三刻乃散归。

8 月 1 日（己酉）星期四

晴。间有雨霾。上午八七，下午八八。（九四.一——七八.一）

依时到馆，办杂务。

夜归饭。饭后纳凉听书,十时就卧。

8月2日(庚戌)星期五

晴雨间作。上午八六,下午八八。(九四.三—七七.二)

依时到馆办事,竟日栗六,至感劳倦也。

夜归休,晚饭后澡身招凉,兼听书。十时许寝。

8月3日(辛亥)星期六

晴雨间作。上午八六,下午八八。(八九.六—七八.八)

依时到馆,日常事务之外,写信多通。

夜七时,公司在三马路小有天宴振铎、予同,共两席,同仁外特邀煦先、心如、愈之、仲持等作陪。愈之以事未到。谈至九时许即散,盖雪村、云彬、煦先等急欲辟室打牌,大游王和也。予等亦遂返。

8月4日(壬子)星期日

晴,闷热,时见云翳。上午八六,下午八八。(九〇.四—七八.八)

晨起,为振铎出中外地理试题十二则,备暨大招生之用。九时出席业务会议,十一时半散。十二时,与雪村、丏尊、均正、调孚同赴八仙桥青年会参加中国语言学会成立大会。聚餐时晤振铎,以题付之。兼晤子敦、东华诸稔友。下午四时,与雪村、振铎先退,同往振铎寓所,展玩其藏书,至六时,仍与雪村同车归。

8月5日(癸丑)星期一

晴。上午八六,下午八七。(九三.四—七七.二)

依时到馆,办日常事务。

夜归小憩,酌酒自遣。晚饭后开机听书,至十时后始寝。

8 月 6 日(甲寅)星期二

晴雨间作。上午八六,下午八八。(八二.六—七七.九)

依时到馆。上午出席人事委员会,下午四时,与晓先同往土山湾天主堂访徐允希神甫,还其稿件,盖接洽条件中变,为公司所不能受也。顺道为图书馆购得《欧亚纪元合表》一帙归。归途邀洗人同饮于马上侯,并电约道始来谈。至九时乃散归。

8 月 7 日(乙卯　上弦)星期三

晴雨间作。上午八四,下午八七。(九二.三—七七.〇)

依时到馆办事。

夜六时,在小花园聚丰园宴请伯英、予同、振铎等。道始、介丞、洛耆等适在邻室,因过谈,并饮啤两杯。九时三刻散,各归。

8 月 8 日(丙辰　立秋)星期四

阴雨。上下午均八六。(八五.五—七四.七)

依时到馆办事。编完通信录。

觉敷来访,知甫自温州出,后日即须离沪赴粤也。予同今晚上船归皖,在铎所吃夜饭,因告敷,俾届时往晤之。

陈述《补南齐书艺文志》稿今由邓文如寄来。《补编》稿已齐,惟吴向之《唐方镇年表》未来耳。因快函催取。

8 月 9 日(丁巳)星期五

阵雨闷湿。上午八三,下午八六。(九〇.〇—七六.一)

依时到馆办事。

夜饭后得电话,知觉敷在晋隆饭店,因与雪村往会之。至十时许,雨中归。

8 月 10 日(戊午)星期六

晨午夕大雨,馀时晴。上午八四,下午同。(八八.九—七五.六)

依时到馆办事,雨中往返,甚苦。

雪村流火疾作,未到公司,恐又须多养几日也。

8 月 11 日(己未)星期日

晴,傍晚雨旋止,夜又雨。上午八二,下午八七。(九五.○—七三.四)

是日祀先,未出。怀之、业熊来。

夜小饮,饮后澡身听书,九时许便寝。

8 月 12 日(庚申　末伏)星期一

晴,饭后大雨。上午八四,下午八八。(九四.一—七七.○)

依时到馆,处理杂务。

《武德论》平装本已见,想不日便可交货于丕成矣。

子如以店亏胁丐尊,丐尊故态又作,不可终日。洗人来商,谓帐款不应如是结算,且草数不能凭。当厘正之,事态始缓,可笑也。

夜归饭,饭后听书为娱,十时就卧。

8 月 13 日(辛酉)星期二

晨大雷雨,午后晴,傍晚复雨。上午八五,下午八七。(九一.

八一七五.六）

依时到馆,校书,督钞,写信。

晓先为分店印鉴自误事来书亲琐,甚厌苦之,据理驳复。

雪村来,偕李莼客侄孙在山以稿事接洽,无所成。

夜归饭,饭后无所事,听书而已。

8 月 14 日（壬戌　望）星期三

上午晴,午前后雨,下午晴,入夜又雨。上午八三,下午八七。
（八七.三一七五.六）

依时到馆办事。

傍晚出。会洗人、晓先同饮马上侯,晤良才、良效兄弟。谈至
九时许乃散归。

8 月 15 日（癸亥）星期四

晴。上午八三,下午八六。（八九.一一七五.九）

依时到馆办事。

今日清儿生日,夜间其女同事翼君、蓉娟、椒生、文辉来吃面,
士敩、士敢兄弟亦来,天然亦来。

六时出,赴守己约,与晓先共应季康之招,饮得和馆。九时散,
复过守己旅邸谈,十时三刻乃归。

丐中子毒,大愁,傍晚包围洗人、雪山密谈,不知云何?

幽若自苏来,言翼之近状甚悉。

8 月 16 日（甲子）星期五

晴。上午八五,下午同。（九〇.九一七二.一）

依时到馆,办出内政部注册文。

午到美丽川吃饭,与晓先、洗人、雪山、元俊、关通共陪守己谈。三时到福店,遂未入厂。傍晚径归。

怀之忽病痢,今晨入海格路红十字会医院就诊。

店事前途,殊难乐观,意见纷歧,而多数狭小不任艰巨。其尤不可救者,为一"私"字,处处打算,终不离乎裁抑它人而已则不可或损。予本寄食,旅进旅退可也,然已愤懑难任也。

8 月 17 日 (乙丑) 星期六

晴,饭后雨即止,较闷。上午八二,下午八五。(九〇.九一七四.五)

依时到馆办事,为《补编》事写信三通。

幽若往省怀之,据云尚有热度未退,热虽不猛,恐一时不能即痊也。

夜在家小饮,饮后澡身听书,盖日间八小时工作已极感紧张,晚间实不敢作事,以诱致失眠,况店事如麻,亦不犯着空想白急也。乃张妈请假外出,说明三时必归,结果终宵不见回来,甚恨,因失寐。

8 月 18 日 (丙寅) 星期日

晴。上午八五,下午八九。(九二.八一七六.八)

业熊来,与同、复诸儿往虹口游泳池闲游,午后始归。

饭后三时,打牌四圈。夜小饮,业熊晚饭后去。

8 月 19 日 (丁卯) 星期一

晴,闷热,夜雨即止。上午八六,下午八九。(九二.五一七三.九)

依时到馆办事,宿件尽了,大松。

夜与珏人及清儿过饮雪村家,盖涤生大女与胡雨岩君订婚也,除媒人外,都为亲戚,别无外客,十一时归,稍坐即寝。

8 月 20 日 (戊辰) 星期二

晴闷,午后阵雨,傍晚霁,夜半又倾盆雨。上午八八,下午八六。(九四.八—七四.五)

依时到馆办事,督钞校书外,写信。

夜与廉逊、俊生、洗人、雪山、晓先共饮于善元泰,九时许乃散归。

潘华今日挈昌顯自扬州返沪。

8 月 21 日 (己巳　下弦) 星期三

上午晴,午前后大雷雨,阴霾达晚。上午八八,下午八六。(九〇.九—七四.七)

依时入公司办杂务,傍晚归休。

冀野自白下来,电话约往谈话,以倦,谢未去。

珏人因天气关系,又兼时有酬酢及女客往来,因以欠爽,所幸未曾卧倒耳。

8 月 22 日 (庚午) 星期四

晴,午后雷雨即止。上午八八,下午同。(九七.七—七四.三)

依时入馆,督钞校书外,作《明史》参考书目。

午后冀野、振铎来。振铎未久即去,送聿修约书至。冀野约吃酒,因与共饮马上侯,拉洗人参加。饮三壶又三分之一,大有醉意矣。九时许归,即卧,幸未吐也。

8 月 23 日(辛未)星期五

晴热。上午八四,下午八八。(九五.九—七七.〇)

依时入馆,仍作《明史》参考书目。

五时往道始所会丕成,谈《武德论》登广告事。七时往孟渊旅馆访鞠侯,盖方自杭州来,电话通知者。乃竟不晤,怅然去,独饮于王宝和。九时乃归。

8 月 24 日(壬申　处暑)星期六

晴热。上午八四,下午八八。(九五.四—七六.六)

依时入馆,仍作《明史》参考书目,未毕,以材多不胜收故,累甚。

夜六时,与振铎、鞠侯会福店,偕琛、洸、晓共过马上侯饮,有许志行者来参加。饮后复过鞠侯旅舍谈,九时许乃归。

8 月 25 日(癸酉)星期日

晴,闷热,夜雨未果。上午八五,下午九〇。(九六.七—七六.八)

竟日未出。业熊来。

饭后打牌四圈。

夜小饮自遣。听书未久即就卧。

8 月 26 日(甲戌)星期一

晴,午后大雷雨,移时开朗,夜半又大雨。上午八五,下午八六。(九四.一—七六.六)

依时到馆,处理杂事外,仍续作《明史》参考书目。作辍靡恒,依然未能毕事也。

下午出席业务会议常务委员会。

夜在高辉堂公饯同光,盖同光已就杭州师范事,不日即将离此矣。九时散,与祖璋同乘归里。

8 月 27 日（乙亥）星期二

晴,午后霾,未雨。上午八四,下午八五。（九一·六—七五·二）

今日以孔诞放假。晨九时,出席高辉堂,参加练习生谒师典礼,并为士敫、沧祥、声济三人行毕业式。十一时毕,遂与洗人、圣陶、晓先同乘赴南翔。先饭于吴家馆,饱唉虾蟹馒头,饮郁金香酒,至适也。饭后游镇东之古漪园,茶于合在瑶台,俗所谓梅花厅也。从容半日,久未有此胜事矣。谈次,知圣陶在苏构屋已将落成,浩然有去志。年甫四十许,已赋归隐,诚与其平日之论为不侔,然实其素志也,无足讶。六时返沪,圣陶赴新亚之会,予与洗人、晓先饮马上侯,八时三刻乃归。

8 月 28 日（丙子）星期三

晴,午后雨,旋止。上午八一,下午八七。（九四·——七五·〇）

依时到馆办事,作《明史》参考书目,下午出席编审会议,以故仍未毕。

夜归休,饮绿豆烧一小杯。

开明景象大非,云彬感于丏尊裁员减薪之论,陈书试探,雪村留之。晓先则别有所怀,凡编审会议托故规避者屡矣。长此以往,破灭可企而待也。

8 月 29 日（丁丑　八月朔　月建乙酉）星期四

晴,有风。上午八三,下午八五。(九二. 三—七三. 二)

依时入馆,备文呈教育部汇送英文教本请审定,馀俱赶写《明史》参考书目,肩胁为之酸楚,然仍未能毕工也。

夜归休,九时即寝。

8 月 30 日（戊寅）星期五

昙,午后雨,旋止。上午八二,下午八五。(八九. 一—七〇. 七)

依时到馆,午前作完《明史》参考书目,付排,心为一舒。午后雪村综检《二十五史补编》页数,达六千四百馀页,超出原定页数五分之二,甚窘。若令定户加价,一无可说,若听其自然,须加装两册,费用不赀,竟大耗蚀矣。事虽不决于予一人,而定议之际,予持之最力,一般责难,其将焉逃,闷损极矣!夜归,为此牵萦,终宵未得安睡也。

8 月 31 日（己卯）星期六

昙,午前后雨。上午八二,下午八四。(八五. 五—七四. 五)

依时入馆办事,赶校排样。

致书经协理及三处所主任,为《补编》溢量事引咎自劾。午后因开二十五史刊行委员会,议定补救办法,全书加装为七册,惟一律改排版,免铸锌版。一转移间,尚可拉平,惟出版不免延迟,而校对亦须加工进行耳。

夜与同光、云彬、雪村、雪山、洗人、煦先、叔含、仲盐、晓先饮高长兴,八时三刻散,复过东方饭店看村、盐、彬、煦游王和,十时半乃归。

9 月 1 日(庚辰)星期日

晴。上午八二,下午八五。(八七.八—七一.六)

竟日未出,补作前数日日记。

缄三来。岳斋夫妇挈永年来。业熊来。

夜饭后欲听蒋、朱书,适已停播,未果愿,闷极。

9 月 2 日(辛巳)星期一

晴,午后雨,旋止。夜又雨,淅沥达旦。上午八〇,下午八二。(七九.〇—七〇.三)

依时入馆办事,校书督钞,遂复弥日。

夜归休,九时即寝。

气候忽变,影响身体殊甚,至感不舒也。

9 月 3 日(壬午)星期二

阴霾,午前后及夜雨。上午七九,下午八〇。(八九.六—七一.六)

依时入馆,督钞校书而已。

接长青电话,约明日来谈,盖已由闽来沪,预备交稿取款矣。

夜就圣陶饮,重语以辞职归休事。谓新屋即将落成,旧历十月后当可返苏云。予维无方贮积,依然羁旅,止有健羡已。谈至九时,乃辞归。

9 月 4 日(癸未)星期三

昙,夜雨达旦不休。上午八〇,下午八二。(八六.九—七三.四)

依时入馆办事。午前长青来，将《文史通义注》稿交予，因约午后会道始所。并得刚主电话，亦约下午在福店晤见。饭后径出，先往福店晤刚主，长谈至五时乃去。旋往道始所会长青，将酬稿费八百金交付之，订约持之归福店。

夜与丏尊、洗人、雪山饮杏花楼小食部，谈近事甚悉。冲雨归，已九时。

9 月 5 日 (甲申) 星期四

晴。上午八〇，下午八二。（八七.八—七二.五）

依时入馆，为《补编》改排印事通函各定户。盖截至目前，已溢出七千页以上，增加一册亦难容纳，为顾全成本计，不得不一律改为排版也。荷荷！

夜七时，赴乃乾一枝香宴。到姚石子、商笙伯、高君定、谢刚主及瞿良士之子等，又有人文社之白蕉等。谈至十时，始散归。

9 月 6 日 (乙酉　上弦) 星期五

晴雨兼施。上午八一，下午同。（八七.三—七二.五）

依时入馆办事，督钞校书外，为云彬作启事一则，介绍夏莘夫行医；又为洛耆撰命苑启事，俾开砚取润。医卜星命一日参之，自取江湖气分沾深矣。

夜出，与洗人、雪山、晓先饮马上侯，还讫酒账。九时后始散席各归。

9 月 7 日 (丙戌) 星期六

风霾，傍晚大雨即止。上午八三，下午八五。（八九.六—七

五. 四)

依时入馆,校书督钞外,出席业务会议常务会,决定诸事。

予同、振铎来馆,以开会,少谈即去。

六时往访道始、晴帆,俱不值,恚甚。独饮王宝和,七时许乃归,与家人闲争。

9 月 8 日(丁亥　白露)星期日

晴,早雨。闷热,夜尤甚。上午八一,下午八六。(九〇. 五一七六. 一)

怀之来饭。予同约来,不至。

饭后出席董事会司纪录,五时乃返。

夜墨林、至美来饭,谈至九时半始去,知其移家返苏之志决矣。墨林善家计,相厥夫甚得,朋辈俱称之,至是益征其能力之强焉。

9 月 9 日(戊子)星期一

晴,炎热如蒸,天殆自忘其时矣。上午八四,下午八八。(九五. 四一七二. 九)

依时到馆,归已倦甚,晚饭后早睡,胸腹饱闷,左胁尤觉隐隐作痛,殆将作疾矣。大概天气影响,能少凉,当不致卧床也。

9 月 10 日(己丑)星期二

晴。上午八五,下午八七。(九五. 七一七二. 七)

依时入馆,校毕文稿多件。

夜归小饮,饮后略事翻检,即就寝。连日体中不爽,无心作事,责任驱迫,勉撑终日,到夜即大感疲劳也。稍凉后不识能转好否?

9 月 11 日（庚寅）星期三

晴。上午八五，下午八七。（九四. 五—七六. 一）

依时到馆办事，督钞校书。散馆归，车至茂海路转角，但见人行历乱，若有祸事，为之一惊，举头望去，人安里中黑烟直冒，急驱车入里，知左邻顾氏失慎，予全家眷口已安全逃至章宅矣。予寻踪至，询悉狼狈之状，大为愤叹。幸救火迅速，予家前后门窗虽俱焦损，而室内书物迄未殃及，惟水渍纵横，不堪闻问耳。是夕，予全家饭雪村所。珏人、幽若及清、汉两儿坚不肯离家，仍住破屋亭子楼中，予则挈同、复及澹华、漱华、文权、昌显、女佣袁珍住附近宝发小旅馆，情况殊不减"一二八"前夕也。丐、圣、晓、子等诸同仁均临问，可感！

9 月 12 日（辛卯　中秋节）星期四

雨。上午下午俱失记，下同。（九五. 〇—七七. 五）

是日未到馆，料理家事。雨中奔走，看定房屋于宝安路祥茂里廿一号，在晓先寓所之东隔壁。午后又赴汇山巡捕房报火险。火险行今日封关，不派员莅视，虽有他屋不得搬，上又大雨，恚甚。

是夜，予挈两儿住晓先所，竟得酣睡。

洗人过存，假百元为予备搬家。感极！

9 月 13 日（壬辰　望）星期五

阴。（七二. 七—六一. 七）

是日草草搬家，至晚始毕，诸物杂积，须稍俟然后整理矣。保险行至饭时始莅看，讲定赔洋壹佰元。惟该款取到尚须有待也。

潜华、文权亦迁同里六十号,与张宅同住。火险损失赔得三百二十元。深夜尚未搬好,予饬役帮同然后了。文杰尝来照料,然未晚即去矣。

9 月 14 日 (癸巳) 星期六

晴。(七七.〇—五六.一)

依时到馆,料理积件。仍督钞校书。

夜归,整理杂物。然书架未好,须待下星期三始能装置,故书籍仍捆置箱中不能丝毫搬动也。

9 月 15 日 (甲午) 星期日

晴。(七七.九—六二.六)

竟日整理杂物,卧室与其他各室什具大致楚楚矣。楼上为诸儿卧室,楼下仍为予夫妇卧室兼起居间。亭子间则作为书斋。分配尚合,他日布置妥贴,或大可满意也。

9 月 16 日 (乙未) 星期一

雨。(七〇.二—六五.三)

依时到馆,督钞校书外写信数封。

夜归,仍整理杂物。

9 月 17 日 (丙申) 星期二

晴。(八〇.〇—六四.四)

依时到馆办事,督钞及校书。

夜归,仍整理杂物。

9 月 18 日(丁酉)星期三

晨微雨,旋晴。(八一.五—六一.三)

依时到馆办事。

书架已做好,今日木匠蔡馀聚来装,以太笨重,竟未合拍,须明晨再添匠人帮做矣。

夜仍理杂物。

9 月 19 日(戊戌　下弦)星期四

晴。(八二.四—六三.〇)

依时到馆办事。

夜六时,晓先、梦岩、雪村、洗人、雪山、坚吾、良才、云彬诸公设宴予寓,为予压惊,至感。予买酒一坛以饷之,尽欢乃散,时十时半矣。

书架已装好,然书籍仍不能理也。但乘匠人之力,取捆置之箱箧俱发之,杂置斋中,诚有乱叠青山之观。

9 月 20 日(己亥)星期五

晴。(八三.一—六〇.三)

依时入馆办事。

夜归欲理书,然头绪纷淆,无从下手,至苦。须乘星期之暇始得理好矣。

昨有馀酒,足敷独饮多时,夜乃小饮焉。

9 月 21 日(庚子)星期六

阴晴兼施。(八〇.一—六二.一)

依时入馆办事。

夜归小饮。饮后略事理书,然大部者无法取得完帙也。振甫约明日来助予,只索待之矣。

9 月 22 日(辛丑)星期日

晴。(八二. 四—六一. 九)

振甫凌晨便来,助予理书。感极。至夜,已大致就绪矣。微振甫力不及此,仓卒中得奏此功,何可忘耶!

夜小饮,饮后小坐便寝,盖困疲极矣。

9 月 23 日(壬寅)星期一

晴。(八五. 六—八二. 六)

依时到馆办事。

夜归小饮。饮后仍理书,一切上架,左右采获矣,快甚。因思此间亭子间形折如磬,而予量壁为架,移图籍实之,偃仰其间,亦大堪容膝自安矣,欲颜之曰"曲斋",示欣之也。将为说以张诸壁,倩圣陶一书之。

9 月 24 日(癸卯 秋分)星期二

晴。(八三. 七—六一. 七)

依时到馆办事。写信告乃乾,述被灾移居状。

夜六时,与洗人、晓先同赴廉逊约,饮于新民村寓居,谈社中经过甚悉,云六诸人确对不起廉逊也。九时半乃散,十时抵家。知乃乾、毓英来存,盖接书后即来,而予偏以事相左,失晤为歉,甚耿耿也。

9月25日（甲辰）星期三

阴晴兼施。上午七四，下午七六。（七八.八—六三.五）

依时入馆办事，呈催市府迅予《词学季刊》注册。复出二信，为《补编》改版事有所答辨。

夜归，与调孚约走香烟桥路、全家庵路以返，藉觇市况。其地亦甚热闹，惟乡气殊显，宛然甪直、木渎、南翔也。抵家后，六时许即小饮。饮次，有同里慎君来访，出减租运动信属加签。予以初至，尚未取得东客关系，暂拒之。

饮后，梦岩来，出聿光画幅四帧属题，顺谈至八时半乃去，予亦稍坐即寝。

9月26日（乙巳）星期四

晴。上午六九，下午七二。（七九.○—五六.一）

依时入馆办事，校《汉志条理》。

夜归小饮，饮后登楼作记，并闲翻架书，九时后听书为娱，十时许就寝。

《补编》改为排印，外间颇有来书反对者，殊苦疚心也。最近结算应付版税须一万三千元馀，周转殊艰，设世界大战陡起，大事糜烂矣。为此之事，至感不宁，强饮使速忘而已。

9月27日（丙午）星期五

晴。上午六九，下午七二。（八二.八—五三.六）

依时到馆办事，校姚氏《汉志条理》竟。

夜归小饮。饮后晓先来，略谈即去。

9 月 28 日(丁未　九月朔　月建丙戌)**星期六**

晴。上午七一,下午七四。(八二.九—五五.〇)

依时到馆办事。

夜归小饮。饮后晓先来谈,良久乃去。来此安住已多日,但夜间不断客至,颇厌苦也。欲效颉刚揭条谢客,又病不能,真为难矣。

9 月 29 日(戊申)**星期日**

晴。上午七〇,下午七五。(八一.〇—五五.六)

晨与珏人、文权及同儿往北四川路吃点心,旋返。修妹、静甥来,怀之来,十一时三刻即饭。饭后往访圣陶,同游邑庙,徜徉于所谓内园者久之。内园旧属邑城隍神寝宫,为钱业公所所占有,向不开放。近由市府令饬解禁,然仍止星期上午八时至下午五时可以任人入览耳,馀时不听进内也。故每届星期,士女如云,肩摩肘击,略无隙地。其实园景亦至寻常,花色多而地位窄,宛然明人所作行乐图也。出园后茶于得意楼。傍晚共饮于马上侯,八时半归。

9 月 30 日(己酉)**星期一**

晴。上午七二,下午七六。(八三.一一—五九.七)

依时入馆,校姚海槎《后汉艺文志》,并作书分复诸方。

夜归小饮。饮后晓先来谈,九时始去。

日来颇可安坐,而宾客难屏,亦仍随人俯仰而已,至用自恚也。若能宁静独坐,多少可以读书以自益,否则依然坐观逝光耳!

10 月 1 日（庚戌）星期二

昙，夜雨。上午七四，下午七六。（八一.〇—六四.八）

依时到馆，校《后汉艺文志》。上午与丏、琛、珊、调、晓商《中学生》接办问题，未有结果。下午接冀野电话，约出谈。散馆后径赴福店晤之，遂邀洗、珊、晓同往马上侯与冀野饮。冀野有事先行，予等至八时半乃散归。

予归后复登楼闲翻，婆娑久之始就睡。

10 月 2 日（辛亥）星期三

阴雨晚晴。上午七五，下午七六。（八一.一—六七.五）

依时入馆办事。校《后汉书艺文志》并写信数封。

夜归小饮。饮后方登楼谋有所读写，晓先、兆昌来，长谈至九时许乃去，遂未果。客去，予亦就寝矣。

10 月 3 日（壬子）星期四

晴。上午七三，下午七六。（八二.九—六〇.八）

依时入馆办事，上午出席业务会议常务会，于决算及股东会诸事均有所决定，《中学生》问题亦得解决，仍由圣陶在苏遥编。下午校书写信，傍晚在里口小理发馆剪发。夜归小饮。饮后晓先来谈，至八时半乃去。予赶作日记，九时后乃罢，下楼听书，十时始睡。

10 月 4 日（癸丑）星期五

晴。上午七三，下午七六。（八五.三—六〇.八）

依时入馆办事,督钞外校毕《后汉艺文志》一批,续校钱塘《史记三书释疑》。

午后四时出,先过福店晤洗人、晓先、雪山,至六时,雪村来,因同往三马路美丽川候道始,盖昨日约定,有要事面谈也。七时,道始至,有顷,丏尊亦至。谈至九时散,同乘过道始新居,又纵谈至十时三刻乃雇车归。抵家已十一时,悉志才来访,并为予购得两几,费省而合用,甚可感也。惟未晤谢为歉耳。

意大利侵略阿比西尼亚,今日正式施行攻击。

10 月 5 日(甲寅　上弦)星期六

昙,闷热,夜雨。上午七五,下午七七。(七九. 九—六五. 八)

依时入所办事,校《史记三书释疑》,毕之。

夜与云彬赴章仁山子汤饼宴于福州路会宾楼,坐惟雪村及人安里之旧邻数人尚稔,馀则概未之见,盖仁山之同事及戚友耳。八时许即罢,到家未及九时也。

10 月 6 日(乙卯)星期日

阴霾,早暮细雨。上午七五,下午七三。(七七. 九—六四. 六)

晨,珏人仍挈诸儿往天福楼吃点心,予与同儿在家,晓先过谈,调孚继至。十时许,圣陶来,十一时,均正来。少顷,予与圣陶、均正、调孚同乘往赴振铎约。十二时许,雪村到。又有顷,云彬亦至。乃共饮,午餐。餐后略谈,同游兆丰公园。垂暮乃乘车返,比抵家,知致觉曾来访,以为予等在铎所,追踪来,乃竟相左,甚歉也。暇日当过大同大学一访晤之。

墨林来,谈至九时去,予与清儿送之登车。

明季冯梦龙辑《山歌》一册，今日在铎所得之，内容至秽亵，然实天地间至文也。可宝之。

10 月 7 日（丙辰）星期一

晴。上午七二，下午七五。（八三.三—五九.九）

依时入馆办事，校黄逢元《补晋书艺文志》，并为图书馆购得曾廉《元书》二十册。

夜归小饮。饮后晓先来谈，谓公司主计政者太可恶，账册上竟匿存货不报者值六万馀元。似有意为此，故示成绩特劣者。予觉前途如此，诚不堪闻问矣。为之浩叹不止。

10 月 8 日（丁巳）星期二

昙。上午七三，下午七五。（八〇.二—六〇.八）

依时到馆办事，仍校黄志，并写信两封。

夜归小饮。饮后晓先夫妇仍来谈，八时半始去。如此，以后恐难宁坐有所事事矣，颇患之。

《二十五史》参考书目单行本颇有人来询，因是营业处方面时来催动，予维在馆络绎，无法增订，拟携回于夜间作之。然牵动太多，恐终不免坐阁耳。

10 月 9 日（戊午　寒露）星期三

阴雨。上午七一，下午同。（七二.七—六〇.一）

依时到公司办事，校黄志并督钞。

是日晓先之母夫人十周忌日，午饭晚饭俱过饮其家。晚间世璟预席，稍得饮宴之乐。九时归，为振甫看所撰芷芬父养正先生传略。又看《山歌》,至十时许乃睡。

明日放假,晓先夜半赴宁,有所接洽。予则约圣陶同返苏州,看其新屋。

10 月 10 日(己未)星期四

阴雨。上午七二,下午七五。

清晨七时到圣陶所,偕其夫妇同往北车站,八车〔时〕特快车行,已微雨。九时五十分到苏,乘车入城,径赴卫前街硕民家,已十时半,适开霁,因与圣陶等莅看新居。其地处衮绣坊之北,醋库巷之南,地僻而静,建筑又合适,至佳。惟户外荒秽弥甚,蔓草弗径,出进颇苦也。一时复返硕民家,午饭。饭后硕民由嘉善归,未几,彦龙亦来,久不晤,叙谈甚欢。乃转瞬三时三刻,不得不强离以去,冒细雨径奔车站,甫抵站而大雨至,幸未濡首也。有顷,东行快车至,相将登,七时半乃到北站。雨又集,亟雇车归,已八时,双履湿矣。

10 月 11 日(庚申)星期五

晴。上午七三,下午七五。(八〇.六—六三.〇)

依时入馆办事,校毕黄木父《补晋书艺文志》。

夜归小饮。饮后开唱机自娱,九时记日记,十时许乃寝。此机遭水渍后迄未试过,今拨动试听,果较前逊矣。

皖教厅长杨思默来,明日公司午宴于新亚,邀予作陪,届时或须坐毡刺一二小时也。虽厌苦之,而身当其冲,不得不强颜为欢耳。

10 月 12 日（辛酉　望）星期六

晴。上午七三,下午七五。（七七. 九一五九. 三）

依时到馆。十一时三刻与丏、琛往新亚,有顷,洗、易至。又有顷,杨思默及其秘书罗公陶来。因共餐。思默气息尚不恶,似与想象中不同,可见人言亦难信也。饭后到馆,赶写快信与晓先,盖往见雷儆寰及顾荫亭两司长须凭琛具名之信也。夜归小饮。饮后看月于廊前,甚快。临卧濯身,尤得轻松舒适之感。

10 月 13 日（壬戌）星期日

晴。上午七一,下午七四。（八一. 〇一五九. 四）

是日祀先,仲弟挈涵、淑、济归来参拜,业熊来。

饭后往梧厂,参加公司第六届股东常会。通过盈馀分派及增资五万元两案。选举结果,邵仲辉、曾仲鸣、范洗人、孙道始、章雪村、夏丏尊、郑晓沧、章雪山、朱达君当选董事。何五良、夏质均、章守宪当选监察人。五时散,道始、洗人过予,因小酌。道始以事先去。洗人则至九时乃行,予送之登车然后返。

10 月 14 日（癸亥）星期一

阴,夜大雨。上午七二,下午七五。（八一. 五一六一. 七）

依时到馆办事,筹备第七届第一次董监联席会。督钞写信之外校出清样一批。

散馆后,如道始约往福店候之。六时半来,因与丏、洗同饮高长兴。八时出,已雨,乘道始车同过汕头路吟梅家小坐,至十时,与丏尊同乘北归。

10 月 15 日（甲子）星期二

晨雨，阴。上午七五，下午同。（七六.六—六六.二）

依时入馆办事，校书外，与芷芬、振甫商定表式，俾将来排印时归于一律。写信与昌群，托钞国外学术机关名称地址，盖将以《廿五史》及《补编》向国际推广也。

觉明来访，五年未晤，一旦叙谈，乐也何如！有顷去，约即晚再叙。饭后振铎电约予在福店候之，谓将偕觉明同来也。散馆后出，径赴福店，已俱先至，因笺约鞠侯同会于麦家圈马上侯，洗人与焉。初食蟹，尚鲜美。八时散，同过来青阁，遇乃乾，谈至十时乃归。

10 月 16 日（乙丑）星期三

晴。上午七二，下午七四。

依时到馆办事，办出呈请内政部注册书一批。

夜归小饮。饮后晓先来谈，又研摩良久始去。兆昌复来，闲说至八时许乃去。如此兜搭，空费时间，甚以为苦，当设法改善之。

开明事甚纷淆，环境日劣，能摆脱最好，无如牵掣太多，殊难如志耳。

珏人忽于晚饭时腹中觉发动，恐临盆，即电话邀天然来，守候达旦，未见动静，恐须再延一日也。

10 月 17 日（丙寅）星期四

晴。上午七二，下午七四。（七五.六—五八.八）

依时到馆办事。上午出席业务常务会议，决定雇员薪水只能照加。午刻，偕洗、圣、调往赴振铎午饭之约，至则予同、文祺、鞠侯已先在，堉干继至，柏丞旋来，最后觉明到，已一时许矣，乃开饮。谈至三时，始散出，径到福店，预备开第七届第一次董监联席会事。候至六时半，到道始、晓沧、守宪、洗人、达君、丐尊、雪村、雪山，遂开会。决定专任洗人任营业处主任，各处所副主任裁撤。晚饭后归，已九时三刻，甫入门，知珏人方于九时半产一男，母子俱健，甚忻慰也，十一时就睡。

10月18日（丁卯）星期五

晴，夜雨。上午六八，下午七〇。（六八.九—五七.九）

依时到馆办事。夜应洗人之招，与琛、珊、晓、调吃蟹于马上侯。因晓提出辞职，洗为置酒释嫌也。晓已约良才、楚材、世璟在坐，致无由谈及之。会邻坐有逞凶殴一女子者，群为不平，呵止之，声色俱厉。事后思之，大可笑也。十时散归，晓又过我谈，其症结盖在子如与广、平、汉各分店耳。以予度之，此事非一时所能办得了也。

晨为幼儿定名曰湜华，望其将来在恶俗之世能干干净净地做人，如水清之可以见底也。小字曰盈，盖此儿之来实已溢望，极愿即此为满结顶矣。志此，所以见不能免俗，世网难穿云尔。

10月19日（戊辰　下弦）星期六

晴。上午六七，下午六九。（七三.六—五五.四）

依时入馆工作，办出第七届第一次董监会纪录分发信。午间在虬江路口新雅酒家宴请觉明，柏丞未到，派杜佐周为代表，鞠侯则先在矣。陪客为雪村、洗人、振铎、圣陶、调孚、予同及张耀翔与程泽霖，主客凡十二人。二时半散，予同偕予到厂小谈，四时去。

散馆后往会晴帆于道始所,因共饮于王宝和。谈至八时许乃各归。夜睡至翌晨四时,失眠,即起。

10 月 20 日（己巳）星期日

晴。上午六七,下午七〇。(七六.三—五〇.七)

晨未出,在家看报。十一时,与文权、潇华、清华、润华、滋华往人安里章宅,盖雪村之女士文十岁生日,昨日特约前往吃饭也。一时半开宴,三时散。旋与幼雄、梓生、仲盐、雪村打牌两圈,四时许即返。

怀之来,饭后去。

夜饭后以昨宵睡眠不佳之故,颇倦,眼涩不任多看,少坐便寝。

10 月 21 日（庚午）星期一

晴。上午六七,下午七三。(七八.八—五五.〇)

依时到公司办事,写信三封。

午间接晓先电话,约出吃饭,十二时出,先过福店,遂偕琛、珊、洗、晓同饭于美丽川。本日大周堂,各旅舍酒菜馆俱有喜事礼堂四五局,不得不仍烧冷灶耳。晓先言辞多日,正图挽留,尚无结果,不识究何答也?

夜调印泥,兼写字为娱。

傍晚聿修来告,暨大风潮作,暴动篡夺,正不知伊于胡底也。吾不暇为诸友之供牺牲愕,直为中国民族前途发沦亡不复之惧耳。

10 月 22 日（辛未）星期二

晴,夜归雨。上午七〇,下午七三。(七四.八—五七.〇)

依时到馆办事，校毕《读史记十表》。

晓先今日未到公司，事愈闹僵，一时正未有办法也。散馆后，往晤之，坚询办法，彼提消极、积极二方案。予明日当代陈当局，惟恐无法照行耳。

电话询振铎以暨南事，接不通，而报端又阂而不载，恐背景不小，事态严重也。聿修未审见及之否？果成拆台之局，予同、鞠侯、文祺辈又将何如。

10 月 23 日（壬申）星期三

阴。上午七〇，下午七五。（七六.一一六五.八）

依时入馆办事，校书两批，写信三封。

晓先与子如已成对垒形势，昨日之言今告雪村，亦以情状复杂，牵动太甚，无法解决。且如子如亦已告假两星期，是局面日益展开，竟至不可收拾地步矣。公司前途大可虑也。

晚归，晓先坚邀吃蟹，无可却，就饮焉，八时即返。

振铎于午后四时来，询悉暨大风潮已压平，聿修已返校矣。深为引慰。

10 月 24 日（癸酉　霜降）星期四

晴。夜雨。惯昏未记。（七二.七一六六.二）

今晨未晚三时许，左邻日人乘醉撞门，厉声叫骂，非复人理，幸对门日人阁岛夫劝拉去之，始免于难，否则殆矣！予恨无柄，坐受迫辱，脱可以稍伸公理者，我必首锄此兽性人矣。

依时入馆，督钞校书外，写信数封。

夜归小饮，预备抵触生事也。志才来，谈久之乃去。

晓先约予往看同里章介堂,托其向本里日人保安会长长谷川氏理论,未晤,不果。恨恨! 然晓先以雪村、洗人之劝今日午后销假入店矣,似亦一转机也。

10 月 25 日(甲戌)星期五

阴雨。上午七三,下午同。(七六.三—六六.二)

依时到馆办事,校书外无所事事。夜出饮马上侯,晓先约与倪祝华共叙也。至则洗人亦在,各饮四壶乃罢,乘车归家已九时半,心绪愤愤,不能有所事事也。

子玉书来,谓外间生活难,恐须搬回兰溪也。月内当可出此,届时或可得一畅叙耳。

梦岩所托题画事,已屡催,今日转托圣陶题之,午前送出,亦一松快事也。

10 月 26 日(乙亥)星期六

晴。上午六九,下午同。(七〇.九—五九.〇)

依时到馆办事,赶校排样。夜出饮聚丰园,盖店方请戴应观及史佐才,由汪孟邹及丐、琛、珊、晓、索与予作陪也。八时许即归。

昨晨往访长谷川,允代达逞凶人,今晨回话,谓已说明。乃午后四时,日领馆派员会同公安局来调查,一若受侮者反为逞凶之人,而黍夜闯祸者反为被侵害者然。日人不足责,公安局之无耻极矣! 予意已决,此间不可一日居,觅便迁移为宜。

10 月 27 日(丙子　十月朔　月建丁亥)星期日

晴。上午六七,下午六九。(七三.九—五〇.四)

连日为邻左不逞凶徒所扰，不胜忧愤。欲留不安于心，欲迁又不能立得适当住所，进退都非，恚恨极矣！如坐针毡，如芒刺背，不足方近日之心境也。

午到公司，公宴圣陶全家，并摄景留念，盖圣陶不日即须返苏也。出席者丐、琛、珊、云、诵、仲、挺、冰、璋、盐、晓、洗、调、均、索及予凡十六家，多者四人，少者二人，共五十二人云。二时半散，予与晓、珊乘人力车往市中心游览，绕运动场一周，并历市府前后一瞻孙文遗像而后归。

夜闷坐小饮，八时许即睡。

10 月 28 日（丁丑）星期一

晴。上午六六，下午六九。（七六.一一五〇.九）

依时入馆工作，校毕《补汉兵志》。

午后三时出席业务会议常务会，决定多案，与予最有关系者厥为圣陶去后编所主任室秘书仍由予兼云。

夜归，家人告知，公安局又有人来调查，似撞门事件日益扩大，诚不堪贴枕矣。

仍小饮，饮后少坐便寝。

10 月 29 日（戊寅）星期二

晴。上午六七，下午失记。（七八.八一五二.〇）

依时到公司办事，校书督钞写信如恒。圣陶返苏后编所事复归予兼，弥觉繁忙矣。

为居宅不安事与雪村商量，蒙分屋三间转赁于予，俾速移，甚感。其地在经纬里第一家，后门可以通总厂，出入极便。告知珏人,亦甚欣慰也。

夜与洗人、晓先、道始饮马上侯,先于午后四时偕洗往访道,约时晤谈者也。九时三刻归,志才适在,谈近日事甚详,彼初劝不必搬动,继经详告经过,伊亦赞予速迁矣。十一时半,志才去。

10 月 30 日（己卯）星期三

晴。忙乱失记。（七七.〇—五一.八）

晨起,家人告予,昨晚予归之前不久,又有公安局人员来言,邻右日人告诉,竟谓予家大孩子亦敲壁詈之。予闻大恚,因决立时搬迁。匆匆到公司告假,即属茶役为予移家。予则往人安里章宅达故,并一告天然,盖又结邻同住矣。天然已决移寓予故庐人安里廿一号,予益得向雪村多求住屋。午后四时,悉移竣,独图书无地展陈耳。因原箱寄存开明图书馆,且俟异日再会之。

夜在新寓小饮,饮后以积倦故便睡,较前数日为远舒矣。

10 月 31 日（庚辰）星期四

晴。瞀乱失记。（未详）

依时到馆,处理杂务。归后帮同整理,大致楚楚矣。此次搬家,可谓神速,自悯亦堪自笑也。设一年中有此三回者,殆矣。

夜归小饮。饮后少坐,便起挂画,盖已决定暂不发箧,故亟谋补壁耳。摸索至十一时,即寝。

11 月 1 日（辛巳）星期五

晴。依然未记。（七六.五—五〇.九）

依时到馆办事。午间接适之电话,告住沧州饭店三一四号,因于饭后偕雪村往访之,谈三小时乃别,《补编》之序赖去矣。四时到福店,旋与晓先同访刘季康,坐久之。夜与洗、琛、晓共饮马上侯,遇坚吾、云彬、君松,因合席。晓、云俱醉,云与琛去寻打牌局,晓则坚不肯坐车,与之强步至沈家湾,始各唤街车以归,予到家已将十一时矣。

汪精卫于六中全会开幕后摄影时遇刺,创甚。道路传言至不一,有谓已死者,有谓无甚变化者,莫可悬揣。总之,政局至此,国已不国矣。

11 月 2 日（壬午）星期六

晴,傍晚雨,旋止。上午六九,下午七三。(七五.六—六〇.六)

依时到馆,仍赶校书,吴卓信《汉地理志补注》已校出一批,计二十页。夜与丏、琛、云、盐饮江湾路公园坊心如家,煦先、予同、耘庄、叔含均在,九时散归。

时局消息仍混沌,汪病势无变化,日方却又得一机,大肆播弄。以此谣诼朋兴,搬迁载道,“一二八”之形势复见今日矣。予甚为忧愤,然莫可奈何也。

文权、濬华挈昌顯来,组青来,静鹤来住焉。

组青荐一奶妈来,姑留试之,请志才验看,谓尚无病云。

11 月 3 日（癸未）星期日

阴雨,下午止。上午七二,下午七〇。(六八.〇—六三.一)

晨九时出席业务会议,十一时半散。

汪病势已好转,政局混沌如故,不识究作何状也?

饭前怀之、业熊来,饭后文权、濬华来。

连日闷损,今日颇拟出游,而天雨不果。傍晚强出,闲步于虹口小菜场、吴淞路、汤恩路、嘉兴路而返,夜小饮,饮后闲坐少许,即睡。

怀之饭后即去。静鹤、文权傍晚去。瀋华、昌顯晚饭后去。

11 月 4 日(甲申　上弦)星期一

晨晴,夜雨。上午六七,下午六八。(六八. 九—五八. 一)

提要:通货膨胀开始。

依时入馆办事,校毕《史记月表正讹》及姚振宗《后汉艺文志》一批。为图版事写信与廉逊。明光破产逃走,其图版已抵押他处,近方托由何五良查取回厂也。

今日财政部通告,纸币停止兑现,即以中央、中国、交通三行之钞票为法货,硬币不准使用,藏匿及偷运现银皆有禁。兑价步跌,米价即时飞涨五角云。但财政部长孔祥熙发布宣言,谓此次通告遂行之政策,既非通货膨胀,亦非纸币政策,亦极滑稽可叹也。从此,民生日瘁,必致无法维持而后已耳,可叹!

11 月 5 日(乙酉)星期二

昙。上午六四,下午六三。(六四. 四—五五. 〇)

依时到公司办事,校出夏燮《校汉书八表》一批。

夜小饮,组青、业熊先后至。谈至九时,先后去。

盈儿以换肚故,颇哜嘈,且下青粪,不识能即痊否? 如真不服奶者,则亦辞去之耳。

中日开战谣言日甚,厂中竟有听信而送眷回籍者,虽慎防善处未始非计,然究嫌过听轻动也。且万一坐实,何处真能安托耶!

11 月 6 日（丙戌）星期三

昙。上午六三，下午六四。（六三.九一五〇.〇）

依时到公司办事，校毕刘文淇《楚汉疆域志》及复校《史记月表正讹》。写信复圣陶，告近状。夜归小饮，饮后志才来，士敩来。志才以病家迳往诊疾，即去。士敩九时去。

谣诼日盛，一若弯弓持满即待发矢者然。实则故作惊人，无非诿过卸责耳已。惟人心因以动摇，送眷回籍者日多矣。雪村二老及寡妹亦定明晨由雪舟伴送归绍，是则万一之防，亦题中应有之义也。

11 月 7 日（丁亥）星期四

阴霾。上午六二，下午仍之。（六二.六一五二.〇）

依时到公司办事。为编所写信外，赶校吴卓信《汉书地理志补注》。

夜小饮。饮后往访志才，谈至九时乃归。

谣言稍戢，不识葫芦中究卖何药也？

珏人大发乖气，令人中宵数起，愤甚。

11 月 8 日（戊子　立冬）星期五

晴。上午六一，下午六三。（六四.二一五二.〇）

天未明即起坐，为珏人发气也。似此乖戾，病态日增，难乎其为一室之人矣。

依时到公司办事，校吴卓信稿一批，送出。

谣言日甚，沈家海尤为播送之一人，以故，同人中不无动摇者。

予四时出,到福店与雪村、晓先同饮马上侯,各吃蟹两枚。九时许即归。

11 月 9 日（己丑）星期六

晴。上午六〇,下午六三。（六六.六—四七.七）

依时到公司办事,校王元启《汉志正讹》及吴卓信《汉志补注》,其间签出《史记月表正讹》及《楚汉疆域志》清样。午后振铎、豫才来。入暮,雪村约吃蟹其家,丏尊、仲盐、云彬、愈之、洗人、晓先、冀野、振铎及予往参之。酒并不多,而云彬、仲盐俱发风,云骂晓先而盐詈洗人,几乎决裂。予劝晓,洗行,自身亦随归。由是观之,开明前途至黯默,演化所届,正不知伊于胡底也。

八时半到家,记日记,闲翻《西青散记》,十时寝。

11 月 10 日（庚寅　望）星期日

晴。上午六一,下午六三。（六九.八—四六.〇）

晨起移动居室什物,盖后日章氏须搬来,我家已决定专住楼下两间两厢也。十时许,往访雪村,拉之共访洗人,解释昨日饮酒扫兴事。因饭其家。饭后二时到福店,出席董事会。到丏、洗、琛、始及守宪,四时散。晓先、调孚俱来,谓昨晚十时窦乐安路有一日水兵被杀,情势特转紧迫,虽胆大亦须谋迁家矣。

五时许归,仍小饮。时局摇摇至此,心理自见偷堕,一似吃得一顿是一顿者,可叹甚矣!九时即寝。

11 月 11 日（辛卯）星期一

昙。夜雨。上午六一,下午六二。（六六.六—四七.七）

依时入公司办事,校毕王元启《汉律历志正讹》。

夜赴丕成、道始约,小饮于正兴馆。此店名大,震于一时,"一二八"后予未尝一履其地,今复过之,顿觉有无限沧桑之感也。八时半散,即雇车返。

谣言甚炽,其实依然如故,并无若何新发展也。但虹口北部之搬家者纷然矣。据闻宝山路上已不准箱笼等件通行,盖禁遏谣言,当局谓有苦心耳。虽然,小民进退失据,啼笑皆然,亦大苦矣!

今日招木匠蔡馀聚来装书架,以本人不暇,特转雇一人任之,虽当日毕工,而手段欠佳,殊不惬意也。

11 月 12 日（壬辰）星期二

阴霾时雨。上午六三,下午六五。（六一.〇一五四.一）

今日放假,雪村乘此搬家,人手众多,未暮即停妥矣。

予于午后三时半出,先访乃乾,尚未起,因退出,过仲弟之居,仲弟夫妇挈诸儿有松江之行,只晤涵侄及奶妈。至五时,复过乃乾,始晤之,谈予所遭近事及时局大势,并看所获僧淳册页及木刻《历代君臣像》（明刻本）。七时半辞归,到家晚餐。怀之、业熊均在,八时乃去。

昨晚七时许,南京路之日比野洋行忽遭投石之殃,日报又藉此掀澜,大放厥辞,于谣言之煽动更助不少凶焰也,奈何!

11 月 13 日（癸巳）星期三

阴,午后转晴。上午六五,下午六六。（七三.四一五四.九）

依时入公司办事,校出复样三批,并校出吴卓信《汉书地理志补注》一大批。散馆归,本待在家小饮。晓先电话至,谓洗人将以割疣戒酒,今夕须畅谈一通,约予外出。予本怵于局势,不愿远饮,以洗故,勉应之。六时半到马上侯,谈至八时许始散,雇祥生车以返,先送洗返,继送予至家,然后送晓到其寓所也。

道始电告白尔部路太和里有屋出租甚便宜,劝予与文权合赁之,甚感其意,需明日潘、权来始决之。以予现状论之,万无再迁之必要耳。

11 月 14 日(甲午)星期四

阴霾垂雾。上午六六,下午六八。(六六.二一五九.四)

依时入公司办事,赶校书稿及为编所写信。

据日文报夕刊所载,情势似稍缓和,然闸北一带之搬家者仍多,且有种种无稽可笑之谣言,谓中山路已安置大炮,横浜桥且置电网云。

翼之久无信,今忽来,谓曾有信寄祥茂里,已付洪乔矣。当晚作答,兼告此间近状。

11 月 15 日(乙未)星期五

竟日沉霾。上午六七,下午六二。(六二.六一五八.一)

依时到馆办事,除办出注册呈文一件及编所一信外,仍赶校《补编》排样。

昨夜谣言最炽,有谓十一时开火者,有谓三时开火者,一若双方军事秘密俱专告造谣者,可笑甚矣!坐是之故,彻夜搬场,法租界之二房东及大小旅馆均利市三倍,各项车辆亦乘危要索,直较平时突增数倍也。尤冤者,公安当局为维持秩序故,竟拘无知妄语者五人直送龙华警备司令部,陡加以造谣之名,科以不知何条之罪罚耳。

夜小饮。饮后丐尊、家海先后来，谈久乃去。

11 月 16 日（丙申）星期六

风雨，陡冷。上午六〇，下午五六。（五四. 五—四八. 二）

依时入公司办事，校排样不辍。

散班后往晤仲弟，因饭焉，谈至八时三刻乃归。归则天然、幽若、仲盐老太太及雪村夫人正打牌，两家小孩拍乒乓，雪村、仲盐、云彬、家海复别组王和局，热闹甚，安从知世潮濒洞邪！可慰亦可笑也。

今日起，公安局禁止搬场，力镇浮言，谣诼自平息矣。日方亦感非计，窦乐安路事件之戍兵已自动撤除，且由总领事出面辟谣，要求工部局方面亦同样禁阻云。中国人心反因敌之谜而自解，可耻哉！

11 月 17 日（丁酉　下弦）星期日

晴寒。上午五五，下午五七。（五八. 五—四一. 〇）

晨十时，全家赴文权所，会组青、业熊等同饭于悦宾楼，凡十四人。一以庆同十龄，一以志盈弥月也。二时许散，珏人等仍返文权所，听书于湖园。予则挈同游邑庙及内园，并茶于得意楼。垂暮归，遇冀野，因与雪村共饮，九时后乃去。珏人等亦于予抵家后半小时内归来。

11 月 18 日（戊戌）星期一

晴寒。上午五六，下午五五。（五六. 七—四二. 八）

依时到公司办事，校复样三批，仍赶校吴卓信《汉地志补注》。

《新闻报》载圣陶在苏受匪人觊觎，投函吓诈。予快信相问，冀得真相，乃信甫发而圣陶至，知情形尚不十分严重也，稍慰矣。

昌群来，盖由平到杭，今晨甫过此耳。谈移时去，约傍晚晤福店。予四时即出，先过道始，继往福店晤之。未几，圣陶亦至，电约振铎亦应时来，道始参焉。因共小饮于马上侯。饮后，予同至，谈至十时半乃散，予与雪村同归。就卧已十一时半，睡因不好。

11 月 19 日（己亥）星期二

晴。上午五五，下午五八。（六〇．四—三九．四）

同儿今日始，仍赴华德路小学读。

依时入馆办事，出席十周纪念筹委会。

下午三时出，往省洗人疾，知割后经过甚佳，至慰。少谈即辞出，返福店，候晓谈。五时归，小饮。饮后，晓先复来谈，八时半去。予以昨晚欠睡，九时即寝。

11 月 20 日（庚子）星期三

晴。上午五五，下午五七。（六四．九—三九．二）

依时到公司任事，赶校书稿。

廉逊约予往饮高长兴，散班后赴之，座有由垦、越然昆弟，无它客，不禁陡忆曩日大醉景象，自然戒严矣。乃主宏饮而客善劝，予又陶然薄醉，几蹈前辙。十时散出，唤车便行，到家已不支，幸清儿急进八卦丹，始免于哇吐。睡至二时，竟失寐，以至于旦。

11 月 21 日（辛丑）星期四

晴。上午五八，下午六二。（七〇．〇—四〇．六）

依时到公司任事,赶校书稿。

邀圣陶归饭。

夜未出,在家食蟹,以地道不正,颇不惬意,明日将谋所以补偿之。

中央书店所出《珍本文库》确较其它类似诸辑为胜,今日已决定预约之。价仅四元八角,当先取书六种凡七册,嗣后每周出一册,共四十册云。

11 月 22 日(壬寅)星期五

晴。上午六三,下午六五。(七六.——五三.六)

依时入公司办事,为编所处稿事外,仍赶校书稿。

作书六封,清宿逋矣。

下午四时与珏人挈复出,游豫园,进点于桂花厅。傍晚走马上侯拟吃蟹,而柜头寂如,盖断期也,甚叹徒行。因往杏花楼小食部小饮,七时许即归。

晓先为孑如调查单据事又形诸笔墨,大肆抨击。予与雪村商,两解之。

夜看《小窗幽记》,至感松爽。

11 月 23 日(癸卯　小雪)星期六

晴。午后转阴。上午六三,下午六〇。(五八.——四八.九)

依时入公司。上午十时,出席业务会议常务会,即在福店午饭,且食且议。午后二时毕,径返梧厂。赶校书稿,并结束胡瑞卿钞书事。

散班后,与丐、琛、圣、云、调、煦共载以赴铎、同、愈之约于铎寓所。晤东华、雁冰。久不作盛会,今日真快然也。谈至八时许,即归。

文权、濬华挈昌显来,晚饭后去,携复俱往,谓须小住一周也。予为其心活,颇弗善之。

11 月 24 日(甲辰)星期日

晴。上午六〇,下午六三。(六四.四一四七.八)

晨起,嘱茶役取寄存图书馆之书以来,发开整理,逐一上架。士敫、清华、汉华为助,半日即毕。午间饭雪村所,盖渠今日为迁屋请客也。饭后,再事整顿,四时已完全舒齐,从此,取携复便,不禁又得一快慰矣。傍晚出,过访志才,未值,缓步归饮。

怀之、幽若来,朱夫人来。怀之饭后挈同往福店游,及暮送归,晚饭后与幽若同去,其间珏人曾与幽若及朱夫人等打牌八圈云。

夜随意翻看《夜雨秋灯录》。

11 月 25 日(乙巳)星期一

晴。上午六〇,下午五九。(五七.二一四九.五)

依时到公司办事,校毕谭季龙《新莽职方考》。

华北问题岌岌多日,今见报,谓殷汝耕已组"冀东防共自治会"于通县,率二十二县公然叛离中央云。倭心无厌,肆其贪饕如是,吾恐实逼处此,虽死狮亦将蹶然以起矣。第执政之心或与民异,终不免妥协求成耳。呜呼!

夜小饮。饮后读《冰雪携》自遣,强抑闷怀,无甚意味也。

11 月 26 日(丙午 十一月朔 月建戊子)星期二

阴。上午五八,下午六一。(六八.〇一四三.三)

依时到公司办事,校毕吴氏《楚汉帝月表》,又熊氏《补后汉书年表》二卷。写信与翼之、子玉。

组青来,为装收音机。夜饭后九时许乃去。

夜小饮。饮后与雪村闲谈,九时罢。予再记日记,并听书自娱。十时许乃寝。

11 月 27 日 (丁未) 星期三

阴。上午六三,下午六四。(六一.九—五五.二)

依时入公司办事,赶校书稿。

夜归小饮。饮后志才来,谈至十时乃去。

《补编》急矣,然年内恐难如期出第一册也。奈何!

11 月 28 日 (戊申) 星期四

雨。上午六三,下午六一。(六〇.一—五七.六)

依时入公司办事,校毕熊方《补后汉书年表》,接校钱坫《新斠注汉地理志》。议定集中力量赶《补编》,明日起尽力校对,芷芬、瑞璇俱移席于经室合伙办事矣。

夜归小饮。饮后听书自娱,并记日记。十一时就睡。

11 月 29 日 (己酉) 星期五

阴晴兼施,夜细雨。上午六〇,下午六一。(五九.二—五二.三)

依时入公司办事,校毕谷霁光《唐折冲府考校补》。并校出钱坫《新斠注汉书地理志》二十页。

芷芬、瑞璇俱搬来集中,椒生、翼君已早移入矣。往后或可赶速进行乎?加倍努力之馀或能如期出第一册也。

散馆后理发。夜小饮,饮后与雪村长谈,九时始已。即就案记日记。随后听书自娱,十时许乃寝。

11 月 30 日(庚戌)星期六

雨,昼晦。上午六二,下午六五。(六三.一一五二.七)

依时入公司办事,集中校对者于一室,工作稍稍见紧矣。予校出钱坫《斠注汉志》二十馀页。

夜送房金三十五元于雪村。

文权、澹华、幽若、昌顯及琭珍俱来。文权于晚九时返去,馀止宿焉。

晚饭后校吴卓信《汉志补注》,至十一时半乃寝。时雪村方与云彬辈游王和,牌声正酣也。眠不甚安,时时醒。

12 月 1 日(辛亥)星期日

阴寒。上午五九,下午五六。(四九.八一四四.六)

晨兴,续校吴卓信《补注》至十时。俊生来,仍言《开明本国地图》事,坚托再向当局声说之。十一时许,与共出,渠归而予径赴致觉功德林之约也。从四川路缓步往,致觉已在,少顷,晓先至,谈且食。至二时,同乘往游兆丰公园,风紧而气寒,游人大少矣。四时半出,过福店一巡而归。

业熊、文权、澹华等今晚晚饭后去。

夜听书,并记日记。

日来体中不安,腹泻而右耳时鸣,已两日戒酒矣。

12 月 2 日(壬子)星期一

阴。上午五四,下午五五。(五一.八一三九.四)

依时入公司办事,校钱坫《新校地理志》。

夜归小饮。饮后就灯下校吴卓信《汉志补注》,至十一时乃寝,以翻书多而费时,仅校出十页而已。吴书舛错太甚,几难卒读,不发箧陈书以对勘之,竟莫能下笔也。

12 月 3 日(癸丑　上弦)星期二

霰,寒。上午五一,下午五五。(五四. 七—三五. 八)

依时到公司办事,校出钱《志》一批,下午续校吴《注》。

夜归小饮。饮后校钱《志》,虽有误字,较吴《注》便多矣。至十一时许,已二十页,稍稍收拾,即就卧。

12 月 4 日(甲寅)星期三

寒,霰。上午五一,下午同。(四四. 八—三八. 五)

依时到公司办事,校吴《注》。

夜与雪村对饮,长谈至十一时乃各就卧。

仲华已离开明,其夫人亦将于年内结束,同人定于明日下午六时在我寓为之饯宴。

12 月 5 日(乙卯)星期四

晴寒。上午四八,下午四九。(五一. 八—三一. 三)

依时到公司办事,校吴《注》,垂暮仅及十许页耳。

夜集寓所宴仲华夫妇,到丏、琛、珊、调、洸、晓、均、璋、云及予。八时毕。丏、琛、洸、华打牌,予仍续校吴《注》。十一时许,牌散客去,予亦就寝。

---

12 月 6 日（丙辰）星期五

晴。上午五〇，下午五四。（六四.二—三七.〇）

依时到公司办事，仍校吴卓信《汉书地理志补注》。

夜小饮。饮后与珏人过志才家，省其夫人，少坐即返。记帐目及补作日记后校汪士铎《汉志释地略》。十时许便寝，以倦眼大涩，不任看书也。

12 月 7 日（丁巳）星期六

晴。上午五八，下午六一。（六七.五—四八.二）

依时入公司办事，校毕《汉志释地略》，并校出吴《注》一大批。午后振铎来，旋去。聿修电话约晤，因于四时半出，往会于福店，五时辞去。六时，予与晓先同过马上侯小饮，偶遇陈让之，亦由聿修约来者。但至八时半，聿修卒不至，想为云六所邀，已他往矣。自马上侯出，乘电车径归。

12 月 8 日（戊午　大雪）星期日

阴雨。上五九，下五七。（五二.三—四九.六）

上午未出，看报。知冀、察已定别设政务委员会，罗致曹汝霖、王揖唐等为委员，宋哲元为领袖；冀省主席商震及平市长秦德纯、津市长程克均加入，实为日军多田骏指挥下之变相自治，明为弃置，却强绷面子耳，可叹！

饭后挈同、复到福店，出席董事会。邵力子、孙祖基、朱达君、夏丏尊、章锡琛、章锡珊诸董事俱到。谈至四时许始散，乘车冒风以归。夜小饮，饮后闲翻架书，至十时许乃寝。

12 月 9 日(己未)星期一

阴寒,晚微雪。上午五七,下午五五。(四一. 九一三九. 九)

依时到馆办事,校吴《注》。

四时出,赴商务书馆访俊生。谈地图事。旋同往马上侯,并电约廉逊共饮。予告以实况,公司中不拟接受。彼等仍嘱再商,并示最低额三千金云。此甚为难,然不得不转再一度矣。八时半归。

灯下校梁玉绳《人表考》三页。

12 月 10 日(庚申　望)星期二

见冻,阴寒。上午四五,下午四六。(四二. 四一二七. 九)

依时到公司,校《人表考》并复看吴《注》。

夜归小饮。饮后续校《人表考》。十一时寝。

日来赶校《补编》,焦灼甚,默观情势,年内万不及出版矣,奈何!

12 月 11 日(辛酉)星期三

阴寒,晚雪。上午四五,下午四四。(三五. 六一二九. 八)

依时入馆,校《人表考》,毕一批。

夜归,与雪村、晓先小饮。饮后谈至九时许始散。

予仍续校《人表考》。十一时始寝。

12 月 12 日(壬戌)星期四

阴寒。上午四三,下午四四。(三三. 八一三〇. 六)

依时到公司,上午校出《人表考》一批。下午续校吴《注》。

傍晚，圣陶来。因邀饮于家，并约雪村同饮。谈至九时，圣陶辞去，仍住红蕉所。

灯下校杨守敬《汉书地理补校》十一页，全部毕，甚快。十一时半就卧，两足冰冷欲僵矣。

12 月 13 日 (癸亥) 星期五

昙。上午四三，下午四二。（三二.〇一二六.六）

依时入公司办事，仍赶校吴《注》。

上午开业务会议常务会，决定人事处分及新书定价诸事。午间晓先夫妇及梦岩夫人来饭。夜与雪村、洗人、圣陶、晓先同饮同宝泰，十时许始散归。

12 月 14 日 (甲子) 星期六

晴。上午三九，下午四一。（三九.四一二二.五）

依时入公司，仍赶校吴《注》。散馆后，与圣陶同过道始，晤晴帆，盖电约叙谈者。七时，予与晴、圣小饮王宝和，至九时乃散归。

归后本拟续校，以倦眼饧涩而止，稍坐即寝。

聿修有电话来，约明日来访我。

12 月 15 日 (乙丑) 星期日

晴和。上午四一，下午四三。（四五.五一二三.九）

晨十时，聿修来访，谈暨大事及新中国事甚悉。饭时，具酒面饷之，盖今日适值盈儿两周月也。饭后与之同出，往南站大同大学访致觉。至则圣陶已在，谓致觉适出，不审何时归校也。于是三人同游半淞园，天寒，游人几绝迹，清旷宜人，不禁大喜，爰坐湖心亭茗话，负暄三小时，傍晚乃行。复过大同，则致觉已归，因共诣觉林晚餐。餐后复纵谈，九时许乃散。返家已十时半矣，少坐即就睡。

12 月 16 日（丙寅）星期一

雨。上午四七，下午四八。（四七.三—三四.七）

依时入公司办事，办出注册呈文一件，赶校吴《注》，以事务纠缠并查书过多，只及十页。

夜归小饮。饮后记日记，续校吴《注》。至十一时始睡。

12 月 17 日（丁卯）星期二

阴。上午四九，下午四八。（四三.七—三六.〇）

依时入公司办事。仍校吴《注》。

夜归小饮。饮后续校吴《注》，至十时许，仍只十页而已。然倦眼已涩，只得就卧。

12 月 18 日（戊辰　下弦）星期三

晴。上午四四，下午四二。（三九.六—二八.九）

依时到公司，处理杂务。

校吴《注》，发书多而费时，仍不能快。焦甚。

夜归小饮。饮后校汪远孙《汉书地理志校本》，至十时许，仅得六页，然倦甚矣，即睡。

12 月 19 日（己巳）星期四

晴。上午四二，下午四四。（四七.五—二五.七）

依时入公司,杂务甚多,仍赶校吴《注》。

夜归小饮。饮后续校汪远孙《汉地志校本》。十一时就卧,仍未毕。

12 月 20 日(庚午)星期五

阴雨。上午四七,下午四六。(四五.九—三五.六)

依时到公司办事,仍赶校吴《注》。

颉刚书来,《补编序》已寄到,甚好。快慰之至。

夜在寓聚餐,到丏尊、雪村、圣陶、东华、仲华、振铎、予同、煦先、调孚、云彬及予凡十一人。雁冰未到。餐后分叙王和及马将,各通宵,予虽处局外,而睡眠大受影响矣。校样既不能看,寝处复不得安,甚矣酬应之为害大也。

12 月 21 日(辛未)星期六

阴雨。上午五〇,下午四九。(四四.一—四一.二)

依时入公司办事,校毕汪校《汉志》。

夜饭雪村所,其家冬至祀先也。诵邺、家海、仲盐、熙洲同席。饭后为仲盐所拉,入局打马将,甫过一牌,幼雄至,遂撤去,改由雪村、家海、仲盐打王和,予如获赦矣。十时,补作三日来日记及记用账。

12 月 22 日(壬申)星期日

晴寒。上午四五,下午四三。(三八.一—二八.四)

晨起,依然到馆,并约振甫、芷芬同作星期工,他事一切不问,亦只校二十许页吴《注》耳。良以吴《注》舛错至多,几乎每行有问题也。

夜以冬至夜祀先,祀毕,邀云斋、业熊、怀之、雪村父子共饮。饮至九时乃散。予本欲续校,以积倦不任,竟遂阁寝矣。

12 月 23 日(癸酉　冬至)星期一

晴。上午四一,下午四三。(四一.九—二四.四)

依时入馆,仍校吴《注》。办出《新少年》及《中学生文艺季刊》登记文,于午后四时,携与道始商定即发出。六时,与道始同赴福店,会洗人、晓先共饮马上候,晤良才。谈至八时许散归。

抵家小坐,即寝。以久不出饮,被酒远归,又冒寒风,不觉微醉,故不复能再有所事也。

12 月 24 日(甲戌)星期二

晴。夜雨。上午四一,下午四三。(四〇.五—三九.七)

依时入馆,校吴《注》。仍只十许页,焦甚。

夜归小饮。饮后校翟云升《校正古今人表》。至十时许,仅了八页,然倦极矣,只得就寝。

12 月 25 日(乙亥)星期三

雨。上午四五,下午四九。(四〇.八—三四.五)

依时入馆,仍赶校吴《注》,傍晚出,仍止十五页耳。

夜归小饮。饮后续校翟云升《校正古今人表》。至十一时,毕之。

12 月 26 日(丙子　十二月朔　月建己丑)星期四

雨。上午四六,下午四八。(四七.三—三七.八)

依时入馆，仍赶校吴《注》，以杂务纠缠，终不能专一为之也。

夜归小饮。饮后续校钱、徐《斠注汉地志》至十一时许，毕之。又下一部，尚得少慰，惟吴《注》劳心，殊难贴枕耳。

12 月 27 日（丁丑）星期五

雨。上午五一，下午五三。（四五.七一四二.一）

依时入馆办事，仍校吴《注》，前后统计已达三百二十页矣，然甫过半也。无论年内不及出书，即明年一月亦未必遂能顺利出书耳。

夜归小饮。饮后续校梁《表考》。十时许就寝，又校出十四页。

12 月 28 日（戊寅）星期六

雨。上午五一，下午同。（四七.三一四一.四）

依时入馆办事，仍只校吴《注》十页。乃敏今日交代，即将收发课副主任事属趾华兼之。下星期一起，将重行分配事务于琴君、迪康、德馨也。

夜方独酌，雪村与诵邺来，因共饮。

子玉有来沪讯，未之见也。

子良今日自粤来，住麦家圈惠中旅馆。

12 月 29 日（己卯）星期日

阴，细雨。上午五一，下午四九。（四四.三一四〇.六）

晨九时，出席业务会议，十一时即散。

饭后，予与珏人同过元芳里闻宅偕其老太太共往徐家汇省永年。四时返,珏先归,予则在福店晤晓先候子玉,及晚不至,乃同过马上侯,约雪村、子良、洗人来舍,不久,同至,仲盐、家海亦来。九时散,复过子良旅舍小坐,彼等打牌,予与晓先先行,抵家已十时许矣。

12 月 30 日(庚辰)星期一

阴霾。上午四三,下午四四。(三六.〇—三二.四)

依时到公司办事,仍赶校吴《注》。

午后二时得子玉电话,知已送眷归兰溪,刻方自杭到沪也。予掫挡各事讫,四时即出,晤之于福店。不叙首者又将三载,一旦把谈,别有忘言之快。因约晴帆共饮马上侯。六时与子玉、晓先、晴帆同往,至九时乃散。又过二马路卫生旅馆少坐。归家就卧已十时二十分矣。

12 月 31 日(辛巳)星期二

雨。上午四五,下午四四。(四〇.五—三〇.六)

依时入馆办事,上午召开文书处理改善会议。到晓先、颂周、趾华、士敫、兆昌,大旨决定,细则再商。

午间家海宴子良,邀予作陪,即在雪村所举行。洗人、晓先、调孚、雪山俱到。

仲弟挈济侄来。具道日下紧迫之故,因措五十金与之,傍晚去。

夜在家小饮,饮后看新得《故宫周刊》。

书籍目录

书名	著作人	出版处	册数	价目
世界历史大系(廿二卷)	山胁重雄	日本平凡社	一	二.五三
又　（十七卷）	高市庆雄	又	一	二.六四
清代朴学大师列传	支伟成	泰东书局	一	〇.八五
世界历史大系(十三 B)	井野边茂雄等	日本平凡社	一	二.三四
中国近百年史资料	左舜生辑	中华书局	四	一.六二
佛学大纲	谢无量	又	一	〇.九〇
广群芳谱	清康熙敕撰	商务书馆	四	一.七〇
疑雨疑云集	王彦泓	中央书店	二	〇.二〇
天真阁艳体诗	孙原湘	又	一	〇.二〇
小石山房印谱、御批通鉴辑览	来青阁购来		六；一六	九.〇〇
世界历史大系(七)	有高岩等	日本平凡社	一	二.二二
世界历史大系(18)	大类伸等	日本平凡社	一	二.二八
二十年目睹怪现状等八种		世界书局	七五	一.六〇
世界历史大系(11)	稻叶岩吉等	日本平凡社	一	二.四六

收信表

日期	人名	地址	事由	备考
1 月 4 日	周予同	安徽大学	复告近状。	
1 月 4 日	王鞠侯	浙江图书馆	寄地理稿来。	

续表

日期	人名	地址	事由	备考
1月5日	王翼之	苏州横溪小学	告近状，并言将入城小住。	
1月7日	詹聿修	又 护龙街	告返苏，并托谋事。	
1月8日	郑振铎	北平燕京大学	告近状，并托转信。	
1月10日	詹聿修	苏州护龙街	寄填就之登记表来。	
1月14日	郑振铎	北平燕京大学	告十八当至沪。	
1月19日	谭廉逊	本市马浪路	对地图销数致不满。	
1月26日	邱晴帆	又 霞飞路	托减折《廿五史》预约事。	
1月30日	王鞠侯	杭州省立图	告亚细亚书款系期票，乞换现。	
1月31日	邱晴帆	本市霞飞路	寄四十元托代订《廿五史》。	
3月8日	王翼之	苏州横溪小学	托购新书。	
3月10日	詹聿修	本市永安旅社	告离沪赴杭转苏。	
4月12日	王翼之	苏州横溪小学	告慧若已到横溪。	
6月18日	又	又 桃花坞25	告生女。	

发信表

日期	人名	地址	事由	备考
1月4日	周予同	安徽大学	复谈近事。	
1月4日	王鞠侯	杭州省立图	复告稿件已到。	
1月7日	詹聿修	苏州护龙街	寄登记表属填送。	
1月7日	郑振铎	北平燕京大学	为坚吾催件，并谈近事。	
1月10日	詹聿修	苏州护龙街	嘱即来，可望成就。	

续表

日 期	人名	地 址	事 由	备考
1 月 14 日	孙鉴平	又　因果巷	寄登记表属填送。	
1 月 14 日	又	又	快函嘱即来。	
1 月 15 日	吕锦珊	又　养育巷	快函谢不能赴贺。	
1 月 19 日	谭廉逊	本市马浪路	复函示遗憾。	
1 月 26 日	王鞠侯	杭州浙省立图	告亚细亚款事已办妥。	
1 月 30 日	又	又	告已由亚细亚换交现款。	
1 月 30 日	邱晴帆	本市霞飞路	复告预约《廿五史》可通融。	
4 月 12 日	王翼之	苏州横溪小学	复慰一切。	
6 月 18 日	又	又　桃花坞 25	复告近状,并贺添珠。	

收支一览表

月	日	摘要	收入额数	支出额数	结存额数
1	1	上年转存	8.80		8.80
1	2	输雀		1.00	7.80
1	2	付清车夫		2.00	5.80
1	2	送章母寿酒份		1.60	4.20
1	2	补昨车力		0.15	4.05
1	3	输雀		0.55	3.50
1	5	上月下半薪水	87.50		91.00
1	5	扣旷班一天		5.83	85.17
1	5	家用		60.00	25.17

月	日	摘要	收入额数	支出额数	结存额数
1	7	车夫先支		2.00	23.17
1	7	邮票		0.10	23.07
1	7	送灿庭礼及觍仪		14.00	9.07
1	7	前昨点心小吃		0.57	8.50
1	8	收缪还车运力	1.15		9.65
1	11	《世界历史大系(22)》		2.53	7.12
1	11	香烟		0.50	6.62
1	11	杂耗		0.40	6.22
1	15	借珏人	4.00		10.22
1	15	付车夫(4元)并预借(4元)		8.00	2.20
1	15	邮票		0.30	1.90
1	15	一周来杂耗		1.00	0.90
1	15	上页转存	0.90		0.90
1	19	上年下半年升工	105.00		105.90
1	19	本月上半薪	87.50		193.40
1	19	扣欠薪		25.00	168.40
1	19	陈望道弟婚礼		2.00	166.40
1	19	家用		60.00	106.40
1	19	还讫珏人积欠		24.00	82.40
1	19	漱、润、滋学费找		24.00	58.40
1	19	预存诸儿及外孙押岁		10.00	48.40

续表

月	日	摘要	收入额数	支出额数	结存额数
1	19	昨车力、火箱仓物		0.90	47.50
1	25	捐浦江旱灾赈		4.00	43.50
1	26	还同宝泰		10.00	33.50
1	26	请幽若等看戏汽车		1.20	32.30
1	26	杂耗		1.54	30.76
1	27	还马上侯		10.00	20.76
1	27	买物送巽君		2.00	18.76
1	27	安乐园咖啡		0.50	18.26
2	1	上月下半薪	87.50		105.76
2	1	特储		8.80	96.96
2	1	照片		1.25	95.71
2	1	家用		60.00	35.71
2	1	上页转存	35.71		35.71
2	1	杂耗及公役		1.31	34.40
2	2	给金才		2.00	32.40
2	2	车夫付(二)借(二)赏(一)		5.00	27.40
2	5	输雀		2.60	24.80
2	6	枇杷膏		1.00	23.80
2	6	轧见杂耗		1.60	22.20
2	9	还讫杭州买物		3.40	18.80
2	10	坚吾家押岁		4.00	14.80
2	10	《沪战纪》版税	0.97		15.77

续表

月	日	摘要	收入额数	支出额数	结存额数
2	10	杂耗及输雀		1.17	14.67
2	16	车夫付(四)借(一)		5.00	9.67
2	16	朱子云诊费二次		2.40	7.27
2	17	王宝和小饮		1.10	6.17
2	18	《世界历史大系(十五)》		2.64	3.53
2	18	补14《故宫周刊》		0.96	2.57
2	18	另用、杂耗		1.47	1.10
2	20	本月上半薪	87.50		88.60
2	20	家用		60.00	28.60
2	20	昨王宝和小饮		1.00	27.60
2	20	车夫借		2.00	25.60
2	20	上页转存	25.60		25.60
2	20	送文杰婚礼		10.00	15.60
2	21	《中学生》稿费	11.00		26.60
2	21	输雀		0.40	26.20
2	21	放照及配架		1.70	24.50
2	27	送彦龙嫁妹礼		1.80	22.70
2	27	代禹贡收会资	2.00		24.70
3	1	访吕汽车		1.20	23.50
3	1	菜馨楼晚餐		4.00	19.50
3	1	买书		0.50	19.00
3	1	请鞠侯等车力、杂耗		4.00	15.00

续表

月	日	摘要	收入额数	支出额数	结存额数
3	4	车夫(三)预支(二)		5.00	10.00
3	4	《故宫》及《朴学大师传》		1.49	8.51
3	5	上月下半薪	87.50		96.01
3	5	特储		8.80	88.21
3	5	家用		60.00	28.21
3	6	杂耗		0.51	27.70
3	11	房屋保火险		6.00	21.70
3	11	香烟三听		1.00	20.70
3	11	补前日王宝和小饮		1.70	19.00
3	11	失记		1.40	17.60
3	11	上页转存	17.60		17.60
3	14	一折书十九种		1.67	15.93
3	16	车夫找给		4.00	11.93
3	16	公送冀野曾祖母礼		1.20	10.73
3	16	补十三日家宴		5.50	5.23
3	17	王宝和小饮		1.60	3.63
3	18	买《故宫》及儿书		0.52	3.11
3	18	乡亲礼物		3.00	0.11
3	20	本月上半薪水	87.50		87.61
3	20	家用		60.00	27.61
3	21	小儿片放大		0.60	27.01
3	22	烟嘴、车力等		0.60	26.41

续表

月	日	摘要	收入额数	支出额数	结存额数
3	22	还丐尊保险找头		1.00	25.41
3	23	车夫预借		2.00	23.41
3	27	马上侯小账、车力		0.60	22.81
3	28	输雀		1.00	21.81
3	28	杂耗		1.81	20.00
3	31	支活存	30.00		50.00
3	31	珏人返苏用		40.00	10.00
4	5	上月下半薪	87.50		97.50
4	5	特储		8.80	88.70
4	5	上页转存	88.70		88.70
4	5	家用		60.00	28.70
4	5	两次聚餐及小账		6.80	21.90
4	5	《世界历史大系(16)》		2.34	19.56
4	5	红买司干三听		1.00	18.56
4	5	补一日车夫,三月下清		4.00	14.56
4	5	一星期来杂耗		1.56	13.00
4	7	盘香、儿饵等		0.80	12.20
4	7	车力、杂耗		0.40	11.80
4	9	为山、盐和宴公份		2.20	9.60
4	9	送彦龙母吊礼		1.20	8.40
4	9	古物预展目录二本		1.00	7.40
4	11	马上侯小账及车力		0.60	6.80

续表

月	日	摘要	收入额数	支出额数	结存额数
4	12	《碑帖集成》样本		0.20	6.60
4	13	借珏人	10.00		16.60
4	13	先付车夫(6)并预支(3)		9.00	7.60
4	13	诸儿看魔术		1.20	6.40
4	13	连日点心、酒另用		1.00	5.40
4	16	《佛学大纲》等		3.08	2.32
4	17	另用、香烟等		0.22	2.10
4	20	本月上半薪水	87.50		89.60
4	20	上页转存	89.60		89.60
4	20	家用及还珏人		70.00	19.60
4	20	买书		2.25	17.35
4	20	车夫又支		1.00	16.35
4	20	朱元若夫人吊礼		1.40	14.95
4	22	二日来点心、杂用		1.65	13.30
4	23	缎鞋一双		1.60	11.70
4	26	香烟及输雀		1.50	10.20
4	30	连日汽车、杂用等		5.00	5.20
5	1	漱、润两儿旅行		1.60	3.60
5	3	买《广群芳谱》		1.70	1.90
5	3	杂耗		0.30	1.60
5	4	上月下半薪水	87.50		89.10
5	4	特储		8.80	80.30

续表

月	日	摘要	收入额数	支出额数	结存额数
5	4	家用		60.00	20.30
5	4	《疑雨集》等三书		0.30	20.00
5	5	付清车夫(2)又借(4)		6.00	14.00
5	5	酒及杂用、《故宫周刊》等		1.80	12.20
5	7	茶叶六斤		5.40	6.80
5	8	送立斋贺礼		4.00	2.80
5	9	借珏人	5.00		7.80
5	9	上页转存	7.80		7.80
5	9	锦江小餐		4.00	3.80
5	10	阿司匹灵一瓶		1.20	2.60
5	10	三日来车力、点心等		0.60	2.00
5	14	送达人夫人挽联		1.10	0.90
5	14	四日来点心、杂耗		0.40	0.50
5	16	支活存	10.00		10.50
5	16	马上侯小账及烟嘴		1.50	9.00
5	16	车夫找付		2.00	7.00
5	19	郊游及小账等(内车夫预支1元)		4.00	3.00
5	19	汗衫		1.00	2.00
5	20	本月上半薪	87.50		89.50
5	20	家用		60.00	29.50
5	20	还珏人		5.00	24.50

续表

月	日	摘要	收入额数	支出额数	结存额数
5	20	衣料		10.00	14.50
5	20	香烟三听		1.00	13.50
5	23	马上侯小账及杂用		2.80	10.70
5	24	聚丰园往返车力		0.40	10.30
5	27	《故宫周刊》五期		0.50	9.80
5	27	酒菜		0.50	9.30
5	28	车夫支		2.00	7.30
5	28	上页转存	7.30		7.30
5	31	支活存	50.00		57.30
5	31	还讫来青阁		9.00	48.30
6	1	还讫马上侯		34.00	14.30
6	1	补前天香烟四听		1.00	13.30
6	1	买预约书两种		2.00	11.30
6	1	小账杂耗		1.30	10.00
6	3	上月下半薪	87.50		97.50
6	3	扣特储		8.80	88.70
6	3	家用		60.00	28.70
6	3	车夫(2)又支(2)		4.00	24.70
6	3	《世界历史大系》		2.22	22.48
6	3	清儿饭及予车		0.60	21.88
6	4	金才(2)公役(1)		3.00	18.88
6	4	谢周医		2.00	16.88

续表

月	日	摘要	收入额数	支出额数	结存额数
6	4	美丽川饭及车		5.40	11.48
6	4	杂用		0.58	10.90
6	7	访唐车力		0.20	10.70
6	8	车夫又支		2.00	8.70
6	9	草帽一顶		1.20	7.50
6	10	香烟及添菜		1.60	5.90
6	9	上页转存	5.90		5.90
6	13	吊吉子花圈份		1.00	4.90
6	14	公请丐夫妇份		2.50	2.40
6	14	来往汽车夫		2.40	0.00
6	14	借珏人	8.00		8.00
6	15	借清儿	5.00		13.00
6	15	付汽车夫		2.00	11.00
6	15	漱、润、滋留额费		6.00	5.00
6	16	理发		0.40	4.60
6	16	儿饵		1.00	3.60
6	16	六日来杂耗		1.10	2.50
6	20	本月上半薪	87.50		90.00
6	20	家用及还讫珏、清		73.00	17.00
6	20	车力及酒店小账		0.40	16.60
6	21	车夫支借		2.00	14.60
6	21	《沪战纪实》版税	1.65		16.25

续表

月	日	摘要	收入额数	支出额数	结存额数
6	21	五日来杂耗		0.65	15.60
6	28	一周来香烟、另用		1.40	14.20
6	29	汗衫两件		3.50	10.70
6	29	车力、小食		0.60	10.10
6	29	补前日火腿		1.00	9.10
6	29	上页转存	9.10		9.10
7	1	复闽教厅电报		2.00	7.10
7	1	昨输雀		3.00	4.10
7	1	车夫找讫		2.00	2.10
7	2	吊调孚子		1.00	1.10
7	2	收退汗衫	1.55		2.65
7	3	香烟		0.20	2.45
7	5	上月下半薪	87.50		89.95
7	5	扣特储		8.80	81.15
7	5	家用		60.00	21.15
7	5	《世界历史大系》		2.28	18.87
7	9	绍酒一瓶及火腿		0.90	17.97
7	11	车夫付讫(6)并支(2)		8.00	9.97
7	11	买书、国画等		1.60	8.37
7	11	还珏垫付车夫		2.00	6.37
7	11	冰淇淋、香烟		1.00	5.37
7	14	另用、车力、杂耗		1.57	3.80

月	日	摘要	收入额数	支出额数	结存额数
7	15	《故宫周刊》459—462		0.32	3.48
7	18	火腿、鲞干、书		1.90	1.58
7	20	本月上半薪	87.50		89.08
7	20	家用		60.00	29.08
7	20	上页转存	29.08		29.08
7	20	车夫又支(连前共4)		2.00	27.08
7	20	香烟、杂耗		1.28	25.80
7	23	桂圆		1.00	24.80
7	23	汗衫一件		1.60	23.20
7	27	借给珏人		10.00	13.20
7	27	鞋子一双		1.40	11.80
7	27	振铎借去		1.00	10.80
7	27	香烟、杂耗		2.00	8.80
8	18	总结下同　上月下半薪	87.50		96.30
8	18	特别储蓄		8.50	87.80
8	18	《世界历史大系(19)》		2.46	85.34
8	18	禹贡会费		3.00	82.34
8	18	代王耘庄会费		3.00	79.34
8	18	雪茄半匣		2.50	76.84
8	18	车夫(透支三元)		9.00	67.84
8	18	借珏人	5.00		72.84
8	18	火腿、白台		1.55	71.29

月	日	摘要	收入额数	支出额数	结存额数
8	18	蓉初子婚礼		1.60	69.69
8	18	作兴父吊礼		1.62	68.07
8	18	家用		60.00	8.07

1936年(民国二十五年)

1月1日(壬午　上弦　元旦)星期三

雨。上午四七,下午四五。

晨八时出,九时参加本公司创立十周纪念式,十一时摄影,十二时聚餐。

午后子良、诵邨等打牌,拉予入局,予浼索非合伙,由索出手,垂暮收场,输去五元。夜就雪村饮,座有子良、丏尊、家海、索非、诵邨、超仑、子如、云彬、晓先及幼雄,八时许散。

文权、潜华、昌顯、业熊、静鹤俱来,夜饭后去。

竟日霪雨缠绵,心神大为不快,开新年如此,朕兆之不佳可知。

1月2日(癸未)星期四

霁。上午四三,下午四二。

依时入公司办事,仍校吴卓信《汉书地理志补注》,因假日酬应,多所耽延,又添急矣。至暮,仅及十二叶。

夜归小饮。饮后校王绍兰《汉书地理志校注》,十时许睡,亦仅十叶耳。

云斋来饭,渠近就事于大振轮船公司,托予为保证人,为填具保证书。

1 月 3 日（甲申）星期五

晴。上午四三,下午四二。

依时入公司,仍赶校吴《注》,抵夜,送出十八叶。

今夜六时,陈超仑请客,予为赶校《补编》事,谢之。夜小饮后即续校王《注》,至十时半睡,得十四叶,犹有十一叶须明晚毕之矣。

1 月 4 日（乙酉）星期六

晴。上午四一,下午同。（四〇.八—二三.九）

依时到公司办事。接内政部公函,属查复《新元史》有无别刊本,盖中谭天之诉,须彻问一过也。此人藉端欺人,骗款远飏,滥放毒素,贻祸社会,真不复能以人视之矣,昔尝识之,愧恨何似。

校吴《注》十五叶。写信与燕舲属即查复《新元史》事。

夜小饮。饮后校王《注》,旋写信三封,分致颉、圣及季龙。

《丛书集成》第一批已于今日取到,躬为开箱检点,勉强插入架上。书虽多而有用者殊罕,且占地广,保存亦成问题也。

1 月 5 日（丙戌）星期日

阴。上午四三,下午四四。（四二.一—三二.二）

上午校王《校》毕,已十一时许。

怀之、业熊来。

饭后往福店,出席董事会司纪录,到丏、琛、珊、达君、质均、洗人、道始,四时半散。予与道始、洗人到荣宝斋看纸样,约丏、琛、珊共饮高长兴。六时毕集,八时许罢,予与晴帆共乘至道始家,盖晴亦招来与饮者。在道始所谈至十时,即雇祥生车遄返。

1 月 6 日 (丁亥　小寒) 星期一

阴。上午四五,下午同。(四二. 一——三二. 〇)

依时入公司办事。仍赶校吴《注》,然以董会纪录分发及收发诸杂务所纠,只校出十二叶耳,焦灼之极。

夜小饮。饮后续校《人表考》。至十时许,仅校十叶,然倦矣,只得就卧。

1 月 7 日 (戊子) 星期二

阴雨。上午四四,下午四五。(四〇. 八——三五. 一)

依时入公司办事,校出吴《注》二十叶。

聿修来,知遭母丧,甚为悯之。

夜小饮。饮后续校《人表考》。十时许睡,了十叶。

岳斋来,饭后去。知云斋已登舟开闽矣。

1 月 8 日 (己丑) 星期三

晴。上午四四,下午四五。(四六. 八——三〇. 六)

依时到公司办事。校出吴《注》二十叶,已毕四百四十叶矣。惟尚有七十馀叶未校,不审本星期内能毕之否也?

夜归小饮。饮后续校《人表考》十二叶,已至第八二叶,然亦尚有三十馀叶也。必二者胥竣,《补编》第一册始有出版之望耳。但全书凡例未动手,欲写好亦至匪易易也。十一时就卧,心犹耿耿已。

1 月 9 日（庚寅　望　月全食）星期四

晴。上午四四,下午四五。（四六.六—三一.二）

昨宵半夜后,爆竹声喧,予从睡梦中惊起,盖邻右循俗护月也。予向未见全蚀,然惮于冲寒,竟未出视,不审究作何状耳。

依时入公司办事。仍赶校吴《注》,已逮四百六十叶矣。

贝琪来访,谈移时即去。

夜小饮。饮后方欲校书,而晓先来。谈至九时许,去。予仍续校《人表考》四页,至十一时乃睡。

1 月 10 日（辛卯）星期五

昙。上午四六,下午四七。（四六.一—三六.五）

依时入公司办事。函复内部警政司,为谭天捏词诉《新元史》不当注册据实验办事。仍赶校吴《注》,至暮,校出三十叶,已达四百九十叶矣。

夜小饮。饮后续校《人表考》。先毕第九卷。十一时寝。

1 月 11 日（壬辰）星期六

晴。上午四六,下午四七。（四七.三—三九.二）

依时入公司办事,仍赶校吴《注》。午间公司为俞颂华、娄立斋饯行于聚丰园,盖明日便有粤桂之行也。陪客为马荫亮、胡仲持、张梓生、孙道始,而予与雪村、洗人、晓先、丏尊与焉。饭后过福店,少坐便行,乘车还梧厂。

夜与雪村、仲盐饮,至八时许散,九时后续校吴《注》,至十一时,全部完矣,凡五百十五叶。心头快适,殆难言喻。惜《人表考》

尚有第七、第八两卷未校耳。

　　潚儿挈昌顯归省，下宿焉。

1 月 12 日（癸巳）星期日

　　晴。上午四七，下午四八。（四八.二—三一.七）

　　仍依时入公司工作。上午作成吴《注》校记一首。下午作全书凡例，草稿已完，修正须待明日耳。

　　浒关童筱岑夫妇寻到提篮桥，天然电话通知，因属汉儿往接之，夜与接谈，遂未能续有所事。

　　修妹、静甥来，晚饭后去。

　　夜怀之来，久谈乃去。

　　潚华、昌顯午后归去。

1 月 13 日（甲午）星期一

　　阴，垂暮雪。上午四五，下午四四。（四〇.三—三〇.二）

　　依时到公司办事。校毕《人表考》，于是第一册《补编》之校样全数送出矣。但凡例未成，终不能付印耳。焦甚。

　　浒关乡亲今日上午十时去。

　　夜小饮。饮后修改《补编》凡例。至十二时犹未能毕工。

　　圣陶昨夜来，仍住红蕉所。今晨到公司，晤之。

1 月 14 日（乙未）星期二

　　阴，仍见雪。上午四五，下午四四。（三八.五—三二.九）

　　依时入公司办事。上午写出《补编凡例》，第一册之编校工作完成矣，只欠印装耳。心头为之一松。

《词学季刊》、《中学生文艺季刊》、《新少年》之声请登记事,承道始之力始于今日接到市府证明核转书一件,于是忙于预备邮局挂号手续矣。下午办出编所积件一大批。

夜六时,与圣陶、雪村、云彬共赴洗人东方饭店之约,主客十许人,济济矣。除洪君外,俱为开明同人,纵饮甚欢。八时,珏人、同儿偕雪村夫人、士敫、士文来就浴,浴后看话剧。十一时,予乃伴同归家。

1 月 15 日 (丙申) 星期三

霁。上午四四,下午四五。(四六.三—三三.六)

依时到公司办事。办出编所接洽稿件函牍外,向邮局请求将《新少年》等三种挂号寄递来件亦办出。近日要事似亦告一段落矣。馀时校顾櫰三《后汉艺文志》十页。

夜归小饮。饮后续校姚振宗《后汉艺文志》。十时就寝。

1 月 16 日 (丁酉) 星期四

晴。上午四三,下午四〇。(三八.一—三二.二)

依时到公司办事,校顾稿及处理杂事。午出饭,与振铎、丏尊、洗人、晓先、子良偕。饭后即就福店校陈澧《汉志水道图说》。夜与子良、丏尊、晓先、洗人、诵邺、雪山、索非共饮马上侯,且还工印账,凡三十有二元。十时三刻归。

盈儿手脚发粒瘕,颇哜嘈。予与珏人大为致虑也。中宵二时即醒,遂以达旦。

1 月 17 日 (戊戌 下弦) 星期五

晴,大风,寒冱结。上午三六,下午三四。(二七.七—一八.七)

依时入公司,校顾櫰三《续汉艺文志》一批送出。

夜赴廉逊、俊生民乐园之约,谈至八时半归。是日最冷,冒风往返,手足俱僵矣。

盈儿不适,殊见哫嘈,天又狂寒,室凉如洗,不得不谋取温之计,因托仿游唤匠为予装一小火炉,以是归来尚暖,否则殆已。本拟续校姚稿,为盈儿所扰,无心贴坐,遂未果。

1 月 18 日 (己亥) 星期六

晴寒,冱结。上午三九,下午四〇。(三二.九——四.九)

依时入公司办事,校毕陈澧《汉书地理志水道图说》。

夜祀先,约志才、业熊并雪村家共吃年夜饭。

文权全家来,其老太太亦来。夜饭后去。

盈儿为乳妈所染生疥已证实,因延志才来治,除用药敷贴外,复为乳妈打针。近日以来,予家为此事深滋不安,盖轻易生人与苟延听受俱有不便也。

1 月 19 日 (庚子) 星期日

晴。上午四九,下午五五。(四一.九——八.三)

补记日记,闲翻架书,遂以终日。傍晚独步于香烟楼一带,阅年市,知旧历腊尾依然热闹也。夜归小饮,与业熊俱。盖业熊饭前来,饭后挈同、复往游大新公司,垂夕始返,故得与饮也。

夜十一时睡,盈儿幸安卧也。

1 月 20 日 (辛丑) 星期一

晴。上午四九,下午五三。(翌日无报,失考)

依时入公司办事,校吕吴调阳《汉书地理志详释》。其书逞臆附会,殊无足观,好写怪字,妄掫六书,甚可厌也。垂暮仅及十叶。

盈儿寒热已略好,手足疮痛依旧,极为担忧。乳佣可恶至此,诚无可恕矣。

夜小饮,饮后业熊来。谈至十时,去。

1 月 21 日(壬寅　大寒)星期二

晴。上午五二,下午五五。

依时入公司办事。为编所写出四信外,仍校吕稿,荒谬可笑甚至,不审当时何缘灾枣,《补编》亦缘何采入也。深悔甄录之初不及细勘矣。

散馆后,散步于附近,六时归饮。饮后濯足。闲翻《丛书集成》。偶读吴次尾《楼山堂集》,于当时南都政状,不禁欲哭,以今日中枢诸公方之,殆有甚焉,如之何不相偕即胥乎,恨! 恨!

1 月 22 日(癸卯)星期三

晴。上午四六,下午四八。

依时入公司办事,仍校吕《释》。

夜在雪村家吃年夜饭,共三桌。饭后予与雪山、晓先及刘震初驱车到天潼路新亚酒店访索非,晤宗融及河清、柳静等。浴而后返,已十一时矣。略坐便寝。

盈儿已稍好,然此疾甚偃蹇,不能立去也。

金银眼猫小白今日突然死,询悉误饮乳妈所留洗疮水之故。汉儿、同儿皆痛哭,予极恨之,一时无法逐去也。

1 月 23 日 (甲辰) 星期四

阴,下午雪。上午五一,下午五三。

今日为乙亥岁大除夕,仍入公司办事,校毕吕《释》。须校记完成始可发印也。

夜合家欢宴,邀怀之参加,予并再参雪村家小饮。饭后与家海、熙洲、雪村及诸稚斗牌为戏,十时即止,输去辅币券四角,铜元一百枚。十二时后就寝。

本拟于夜饭后往游邑庙,以雪未果。

1 月 24 日 (乙巳　朔) 星期五

雨雪。上午五四,下午五六。

晨起见雪,知不能出门,甚怅。少顷,章家客至,辄兼过我,肆应甚忙。饭前后随兴打牌九,昨宵输去之数全博还矣。

业熊来,夜饭后去。予未及送客即就卧,盖栗六累日,不胜其惫也。

1 月 25 日 (丙午) 星期六

晴。上午五六,下午五五。

文权、潘儿、昌顯等来,巽君、迪康、德馨亦来,怀之来。饭后予挈同、复两儿游邑庙,风寒拥挤,了无所得,而执役之巡警乃肆其虎狼之态,令人作恶,真不堪也。一转便出,乘车径归。

夜饭后,文权等先后去,汉、漱二儿随潘儿俱往。

1 月 26 日 (丁未) 星期日

晴。上午五〇,下午五二。(四〇.五—二三.〇)

上午十一时,予与珏人挈同、复两儿共过闻宅,晤岳斋等,永年壮硕可爱,惜太荏弱耳。饭后,予等辞出,往天然家。谈至傍晚乃归。

业熊来,幽若来。夜饭后去。

1月27日 (戊申) 星期一

晴。上午五一,下午同。(四七. 三—二三. 九)

今日起,公司照常办事矣,然到者仍极寥寥,且美成未开工,尤失事务之联络,故一般状态竟在停顿中也。予发出吕稿及校记,写出复江苏回教公会公函一件。

午间闻老太太、岳斋夫妇挈永年来,我家设酒款之,傍晚乃去。道始来,言《图书集成》已由梓生送到,所缺尚多,似难洽,予允为配补,谈久乃去。予即小饮,饮后闲看架书,随手跋尾,至十一时始寝。

1月28日 (己酉) 星期二

晴。上午四七,下午四九。(五六. 一一—二三. 八)

依时入馆,校卢文弨《续汉书志补》,毕之。

夜赴洗人宴,九时许即归。同坐有诵邺、索非、晓先、宋易、元俊及远客刘震初。

予同来,接洽《暨南学报》事,大致可以成约也。

1月29日 (庚戌) 星期三

晴。上午四九,下午五一。(四九. 八—三二. 〇)

依时入馆,办讫编所杂务外,仍校书。校毕钱大昕《后汉艺文志》及孙德谦《汉书艺文志举例》之太半。

夜在家小饮。饮后为诸儿就学事颇费周章,仍无办法,不识明日询过蓬路小学后有无眉目否?

中央书店所出之《珍本文库》已于今日出全,末种为《天下名山游记》,尚稍有交代,其它诸种,简直胡闹,究不逮施蛰存辈所弄为有意义也。

1 月 30 日 (辛亥) 星期四

晴。上午五八,下午五九。(四四.——三〇.七)

依时到公司办事,校毕孙《例》及续校顾《志》。

振铎电约予及调孚往福店谈,并谓已约定予同矣。散馆后,予与调孚往会之,因与洗人、晓先等六人共饮于三马路小有天。谈《暨大学报》事甚洽,当能成约也。明日应再一度商之。九时许即归。

1 月 31 日 (壬子 上弦) 星期五

晴。上午五四,下午五八。(三八.二—二九.三)

依时到馆,校出顾《志》一批,并再校刘光蕡《汉书艺文志注》。为编所写出信件数通。

散馆后,与调孚商定《暨报》条件,即携往廉逊所会予同,以为约底,俟渠商得校方同意即签定。有顷,俊生至,于是四人共酌,至十时始散。予距家较远,比归,已十一时矣。

潜儿挈昌显归宁,午间过饭天然所。

2 月 1 日 (癸丑) 星期六

晴。上午五一,下午五八。(四四.六—三四.九)

依时到馆,编出通信录。续校刘《注》,毕之。

散馆归,文权、潞华及雪村夫人与珏人正在打牌。夜饭后再连四圈,九时许,文权去,予等遂各偃息矣。予本欲校书,以是未果,仅以其间略翻程大昌《易原》而已。

晓先于今晨得一子,想甚怅慰也。

夜得予同快信,对《暨大学报》事有所商讨,当得大定矣。

2月2日(甲寅)星期日

晴。上午五三,下午五八。(四三.二一二三.九)

上午未出,午后三时,闲步于附近诸地,四时许即归。

夜小饮,饮后少坐便寝。

文权、业熊俱来,打牌多圈。文权傍晚偕潞儿及昌顯去。业熊晚饭后去。

晓先夜至,与饮而别。

2月3日(乙卯)星期一

晴。上午五八,下午六二。(六一.七一三一.一)

依时入馆,校华湛恩《后汉三公年表》,毕之。

颉刚午后来,甫自杭州到此也。谈久之,引抵吾家小憩。散馆后,予与雪村偕之同出,先过福店,邀洗人、晓先并约良才同过会宾楼,客满,即出,至马上侯小饮。九时散出,复过颉刚所寓惠中旅舍二一一号小坐。十时半,乃与晓先同乘一路电车北行,于老靶子路口转乘人力车归。

是宵失寐,竟未得安寝也。

办出《暨南学报》契约,寄予同。

2 月 4 日(丙辰)星期二

晴。上午五六,下午六〇。(四五.七—三六.一)

依时入馆,校毕练恕《后汉公卿表》及顾《志》之又一部。

散馆后,往晤颉刚,至六时,乃乾来,因共往会宾楼小酌,先邀雪村、洗人、晓先会饮焉。九时许散,与晓先同乘一路电车行,仍于老靶子路转坐人力车以归。

云章来,适缘出行,匆匆数语而别。

2 月 5 日(丁巳　立春)星期三

阴,午后雨。上午五九,下午六一。(四五.五—三四.七)

依时入馆。校毕顾《志》又一批。下午续校姚振宗《后汉艺文志》。本约颉刚在聚丰园吃夜饭,以雨及诸友俱有他约而止,电话知照颉刚,改为明晚举行。

夜在家小饮。饮后闲坐看《买愁集》,并记数日来日记及账目。十时后寝。

得暨大换文,送还契约。

2 月 6 日(戊午)星期四

晴。上午五四,下午五八。(三七.六—三三.八)

依时到馆,校汪梅村《汉志志疑》及全谢山《汉志稽疑》。

下午三时出配眼镜架,盖今晨偶折也。旋至福店,出席业务会议常务会。四时许,颉刚来。六时,同往聚丰园晚酌,到颉刚、予同、振铎、从文、健吾、巴金、鲁彦及丏尊、雪村、洗人、索非、晓先并予与调孚十四人。并晤梦周、鸣时、道始。九时三刻乃散,复过颉刚旅舍一谈,遇诚安。十时半辞归,颉刚明晨行矣。

2月7日(己未　望)星期五

雪。上午四八,下午四九。(三六.一—三一.六)

依时入馆,赶校书稿并处理杂事。

夜在家小饮。幽若来,天然来。珏人伴之打牌,十二时始寝。

幽若偶住予家,闻须过十天后回苏云。

2月8日(庚申)星期六

晴。上午五五,下午五八。(三六.七—三一.一)

依时到公司办事,赶校出全祖望《汉书地理志稽疑》。

散馆后到马上候,与晓先、世璟、洗人、梦周、良才及洗友胡、叶二君会饮。九时半散,十时到家。

潜儿明日搬家,漱儿今日已往帮忙矣。明晨当饬人前往搬物也。

2月9日(辛酉)星期日

阴,风。上午四五,下午五一。(四九.一—二九.七)

晓先本约今日午饭其家,已属予为之定菜矣。九时许,渠偕世璟来,谓其夫人不甚适,予力促撤销前议,电话四出,分别回却。渠亦旋去。

业熊、怀之俱来。怀之午饭后去。业熊晚饭后去。

饭后出席董事会,未几,子如挈同儿来,因于会后即挈之返。洗人约晚饮其家,却之。

珏人偕幽若、汉儿清晨即往潜儿所帮同搬家。直至夜九时许乃归。

2 月 10 日（壬戌）星期一

晴。上午四五,下午四九。(三二. 七一二八. 八)

依时到馆工作,似觉感冒风寒,百体不舒,恐将致疾矣。

2 月 11 日（癸亥）星期二

晴。上午四六,下午四二。(四○. 六一二三. 七)

依时入馆,赶校《补编》第二册稿。

身体大感不舒,晚归即未进餐,入睡后寒热作矣。

坚吾书来,属转知振铎不必再撰稿,索还前所支款。

2 月 12 日（甲子）星期三

晴。上午四六,下午四四。(四五. 九一二三. 七)

宵来寒热大作,胸闷不解,卧床未起。时时咳嗽,尤为难过。

调孚、晓先来视。

2 月 13 日（乙丑）星期四

晴。上午四六,下午四八。(五二. 七一二七. 三)

卧病在床。濬儿归视,傍晚去。

午后得大便,稍舒。是宵遂退热。

转信与振铎,申坚吾意。

2 月 14 日（丙寅）星期五

晴。上午四六,下午四八。(五五. 四一三二. 七)

今日强起到馆,目花腿软,不任事极矣。勉理积事,并校毕残稿一种。

夜卧仍不安,入睡多梦,苦极!

2 月 15 日（丁卯　下弦）星期六

晴。上午五四,下午同。（六二.六—三五.六）

依时入馆,校毕万《表》、黄《表》各三种,周明泰《三国世系表》一部分。

今日文杰之子昌颢作汤饼筵,珏人挈汉儿、润儿偕同潚儿、文权赴之,夜饭后始归。

予强起两日,今日雪村邀圣陶午饭,予竟在席饮两盅,反觉精神焕然矣。

2 月 16 日（戊辰）星期日

晴,晨小雨。上午五五,下午五八。（五七.二一四五.七）

午前未出,怀之来。午后文权、潚华及清、汉、润、滋诸儿往东海看电影,予则偕漱儿游邑庙内园。旋登得意楼凭栏啜著。有顷,丏尊、圣陶亦至,因同茶。又有顷,同过福店,小坐。至五时许,乃走饮于马上侯。半酣,世璟来,虽未同席,却代我付钞,甚以为愧也。九时前返,幽若、业熊正在打牌,予则就卧矣。询悉文权、潚华、昌颢一行已于晚饭前归去。

2 月 17 日（己巳）星期一

阴,大雾,夜细雨。上午五三,下午五二。（四四.一一四○.一）

依时入馆,仍校王伯厚《汉书艺文志考证》。

夜在家小饮,饮后濯足,作所属同人考语交人事科。十时许就寝,居然好睡。久不获酣眠,今得此,大慰。

2 月 18 日(庚午)星期二

阴寒,午后细雨。上午四七,下午四五。(三八.七—三五.六)

依时入馆,仍校王伯厚《汉志考证》,并为编所写信四通,且办稿二件,呈内部,一请注册,一补叙理由。

珏人往省潜儿,为伊所留,止宿焉。

夜在家小饮,饮后闲翻架书,至十时许乃拥同、复两儿睡。

2 月 19 日(辛未)星期三

阴雨,夜大雪。上午四八,下午四七。(四〇.八—三五.六)

依时入馆,校毕王伯厚《汉志考证》,并续校周之辅《三国世系表》一批。

散馆后,圣陶来邀,同出过福店。冼人、晓先俱已归,乃二人同过会宾楼小饮。饮毕出,甫八时,因共赴北平书场听大鼓书。中有刘月霞之河南坠子调,实为初闻,殊不恶。十二时散,天大雪,各乘车以归。予抵家,上衣及帽俱沾雪矣。

珏人饭后归,昨夜亦尝往湖苑听书也。

2 月 20 日(壬申　雨水)星期四

阴。上午四七,下午四九。(四一.二—三二.九)

依时入馆,校万《表》一种,又沈思斋《后汉匈奴表》一种。

圣陶今日下午一时归苏。

夜饭后看《图书集成》表文及凡例。

珏人、业熊早睡,盖亦感冒风寒矣。

2月21日（癸酉）星期五

阴。上午四七,下午五一。(四三.二—三四.九)

依时到馆,校姚海槎《后汉艺文志》,已剩十页矣。为编所写信两封。

夜在家小饮。饮后业熊来,以珏人卧床即去。托为担保租屋,允明日转托新艺盖章送还之。

2月22日（甲戌）星期六

雨。上午五一,下午五三。(四四.八—三九.七)

依时入馆。上午下午俱出席业务会议常务会。并校姚《志》八页。

今午本约定与雪村等到苏探梅,以大雨正在踌躇不决,圣陶打长途电话来,谓船可展期,且须后。得此,遂遍告同人中止之。大抵下星期始克成行矣。

散馆后出,过福店与洗人、晓先同饮于马上侯。十时始归。

2月23日（乙亥　二月朔　月建辛卯）星期日

阴。上午六○,下午六二。(四○.一—三四.二)

午前十时许,予偕珏人及雪村夫人、士敫、清华、润华同载赴潘华新居,在白克路怀德里十一号。少顷,天然及其甥女马小姐亦至,遂共餐焉。饭后,天然等打牌,予与珏人往牯岭路湖园听书。四时半复返潘华所,业熊亦在。傍晚牌毕,因同出,先过大新、新新两公司购物,继至悦宾楼聚餐。九时散,仍与珏人、清华等同乘而归。

珏人体尚未复，今日勉强出游，不免积劳，夜失寐，至为不适也。

2 月 24 日 (丙子) 星期一

阴。上午五〇，下午五二。（四二.八—三六.三）

依时入馆，办讫常会所遗各案。并校毕姚《志》及万《表》四种。

散馆归，缄三正候予谈，入晚去。业熊旋至，晚饭后八时许乃去。珏人精神欠佳，又兼喉痛，甚忧之。

《故宫周刊》已出至四百九十六期，大约五百期不成问题。此后则难言矣。

日报载杜月笙子被绑，沪报不敢登，且有否认新闻。事果有之，则"大亨"势力其亦动摇已乎！草莽匹夫而可以势倾朝野，变质已久，其势固不得永存也。

2 月 25 日 (丁丑) 星期二

风雨，霰雪。上午五五，下午五二。（三七.二—三三.六）

依时入馆，校沈思斋《前汉匈奴表》。

夜归小饮。饮后闲谈，风雨敲窗，殊鲜乐意，而珏人喉痛虽平，精神依旧不振，益见乏味。九时许即寝。

昨购《甲骨书录》于商务，查有缺误，今日令人持往调换，两往返皆错，明日仍须重换也。恚甚！商务近日但求速化，于核货诸端日见草率，数十年声誉终恐渐即沦亡耳，为之叹息！

2 月 26 日（戊寅）星期三

霁。上午四六，下午五四。（四八.〇—三三. 四）

依时入馆，校毕沈《表》，又周《三国世系表》一批，钱晦之《后汉书补表》一批。

挺生告予其女巽君将离开明别谋新生活，其志甚坚，似无由挽回，然甚惜之。

《甲骨书录解题》三易始不误，据云已向栈房中特别交涉而得，可见所谓科学管理者亦徒具文耳。

夜在家小饮，饮后看《集成》凡例。

雪村以出席教育部会议，今晚夜快车赴京。

2 月 27 日（己卯）星期四

阴寒。上午五四，下午五八。（四五. 七—三四. 七）

依时入馆，校钱《表》一批，周《表》毕，陶元珍《补表》毕，周两塍《三国大事表》毕。

夜归小饮，饮后看中央书店寄补印《词话》及《昭阳史》删文。《昭阳史》但极荒唐，无甚意义；《词话》亵词与普通所见之本大同，印布者矜为珍秘，其实不足观也。

2 月 28 日（庚辰）星期五

晴，寒冻。失记。（三七. 四—三四. 二）

依时入馆，校钱晦之《补后汉书表》，仍未毕。

写信与圣陶、雪村，告明日会苏州。

夜在家小饮。饮后翻架书自娱，十时就寝。

2 月 29 日（辛巳　上弦）星期六

晴寒。失记。（三六. 五一二六. 一）

上午仍到馆，校毕钱晦之《表》。处分杂事，交趾华。

饭后径到车站，先后与洗人、晓先、丐尊夫妇、雪山父母、调孚、云彬诸伴遇，且无意中遇到致觉，因同乘返苏。车中甚挤，幸尚得坐。二时五十分抵平门站，圣陶已在彼相候。遂相将入城，先赁定中央饭店落坐，乃往游怡园。啜茶至四时，又往沧浪亭一转。薄暮，同赴圣陶所，聚谈良久，合席饮酒。雪村已由南京赶到，与叔琴亦同来参与。九时许散，走归旅店，复与丐尊、云彬饮，十二时半乃睡，以明晨七时即须开船，且兼预约振铎未来，竟失寐。

3 月 1 日（壬午）星期日

晴寒。失记。（三六. 九一二四. 一）

黎明即起，唤醒同伴，振铎竟不至。六时三刻辞店，七时到胥门外大码头，圣陶亦挈至美、至诚至。遂登舟出发。汽艇行速，十时已抵光福镇。就大新馆饭店午餐，鱼虾甚鲜美，村酒亦至可口也。十二时入山，先至司徒庙看柏，守僧俗甚，语言无味，少坐便行。继至香雪海，登梅亭小憩，山抱平原，一望梅田，惜天寒未作花，殊负香雪二字耳。后至玄墓圣恩寺，登还元阁眺太湖，访郁泰玄墓。三时返，四时至船步，即开。归棹水顺，七时即抵胥门。因复入城，夜饭于观前松鹤楼。八时半与圣陶别，一行八人径赴车站，乘九时二十分快车还沪。车中挤甚，未得坐，立至北站，已逾十一时，乘人力车归，抵家已将十二时矣。

3 月 2 日（癸未）星期一

晴寒，冰仍未释。上午四八，下午四六。（三二.〇—二二.五）

依时入馆，校毕万《表》数种。

今日为旧历二月初九日，适值予四十七岁初度，因于晚间小饮食面焉。饮后雪村、仲盐、雪舟来谈，九时去，予亦就卧矣。

3 月 3 日（甲申）星期二

晴寒。上午四六，下午三八。（三四.七—二三.〇）

依时入馆，办出呈文及信件多件，并校万《表》又一种。

散馆后往访乃乾，谈至八时乃行，因去大世界附近吃面一碗，乘电车径归，补记数日来日记，至十时五十分乃睡。

天气失常，春寒砭骨，家人之感冒者几遍，清儿未痊，盈儿又及矣，急甚！

3 月 4 日（乙酉）星期三

昙，冻未解。上午四五，下午五三。（三七.九—二七.九）

依时入馆，处理杂务，并校万《表》三种。

赵廷为、戚叔含编《英文课本》送审事为沛霖所误，致稍延改出，备受方光焘之责备，当局从而和之，一若大不得了者然，殊可哂也。

夜归小饮。饮后校杨守敬补正吴增仅《三国郡县表》。十时睡，完二十叶。

3 月 5 日（丙戌）星期四

晴。上午五三，下午五五。（三九.二—二九.一）

依时入馆,续校吴《表》二十叶。上午出席编审会议,下午办理议案纪录各事。

夜归小饮。饮后校侯康《补后汉书艺文志》,仅及二页,倦眼已涩,十时即睡。

3 月 6 日(丁亥　惊蛰)星期五

昙。上午五〇,下午五二。(四一. 九一二五. 五)

依时入馆,处理庶事外,仍校《补编》稿。

接晓先电话,知建初来沪,因于散馆后往福店。至六时,与洗人、晓先同赴马上侯候之。有顷,建初偕慰元及苏州伯乐中学校长洪椿与陆寄社之子同来。且饮且谈至九时许乃散。予径归,抵家已十时矣。

3 月 7 日(戊子)星期六

晴。上午五二,下午五三。(四七. 七一二八. 四)

依时入馆,校书及写信等消磨竟日。

午间到福店,预备请建初吃饭。乃建初为科学仪器馆所邀,不果来,怅甚,遂与洗人、晓先同过吉陞栈下天津馆吃炸酱面及火烧。一时许返福店,少坐即行,遄返梧厂。

夜因叔琴来,饮丐尊所。饮后,分头游王和及打麻雀。八时许,予即返,稍稍坐憩,便就卧。

3 月 8 日(己丑　望)星期日

晴,时阴。上午五四,下午五八。(五一. 八一二八. 四)

九时出席业务会议,十二时散,午饮雪村所,洗人、丐尊、晓先、调孚、仲盐、诵郴、子如、叔琴皆会。饭后,牌局上,予遂与子如、调孚、晓先同游邑庙,陟降于萃秀堂假山及内园,旋茶于得意楼。傍晚各归。夜仍饮雪村所。饮后打诗谜为乐,予虽输钱二千,犹觉兴勃勃、意融融也。所惜王和至一时始罢,未免失寐耳。

3 月 9 日 (庚寅) 星期一

晴。上午四六,下午五〇。(四八. 二一二五. 五)

依时入馆,办理杂事甚夥。下午始得校书,校毕顾櫰三《后汉艺文志》一批,又秦荣光《晋艺文志》数页。

夜归小饮。饮后随览架书,十时便睡。不知如何,近日总觉疲劳不任事也。每日散馆归,竟若行百里路,再动便趄步成茧矣。

3 月 10 日 (辛卯) 星期二

晴。上午四五,下午四七。(四六. 六一二六. 四)

依时入馆,续校秦炳如《晋书艺文志》一批毕,又校曾孟朴《后汉艺文志》两叶。

夜归小饮。饮后坐憩,不觉入睡,盖积倦深重。急起解衣,投床就卧,忽焉入梦。

日本自冈田内阁被劾后,延至今日,外务大臣广田弘毅始续组告成。其间几经波折,卒以听命军阀,一切惟武人马首是瞻之协论,强颜出台。此后中日交涉,恐将更紧一步,压迫之来,自不能免,不识我政府有无准备否?

3 月 11 日 (壬辰) 星期三

大雨。上午四八,下午五一。(四五. 〇一三四. 九)

依时入馆,校曾孟朴《后汉艺文志》。下午并出席业务会议常务会。决议多案,于组织上及章制上均有所改革云。

明日为孙中山逝世纪念日,已布告休假。

夜归小饮。饮后看《故宫周刊》为娱,至十时始就寝。此刊已超过五百期,又可汇钉一本矣。既而校侯君谟《后汉艺文志》数叶。在寝前。

3 月 12 日(癸巳)星期四

雨。上午五二,下午五三。(四六. 六一四三. 三)

晨起,校侯君谟《后汉艺文志》十叶。旋看《申报》,知广田内阁一本其国军阀之意志,将加紧对我侵略也。愤恚无已,莫能自平!

怀之来饭,傍晚去。

午后看《西青散记》,及晚乃止。夜小饮,饮后听佛音电台播送《瑜伽焰口》,庄严悲凉,别具一格,童时所闻,殆已忘之,今复贯耳,顿迥信念,佛力甚伟矣哉! 十时许就卧。

3 月 13 日(甲午)星期五

阴。上午五一,下午五二。(五四. ○一三八. 八)

依时入馆,校曾孟朴《后汉艺文志》二十叶。决定腾迁办公室,俟后日实行。

夜归小饮。饮后与雪村闲谈,至九时乃罢。独坐翻陈弘谋《五种遗规》,至十时半始寝。

盈儿连日稍喜快,今日又不甚高兴。同儿自校归,头痛未进晚餐,入夜遂发寒热。珏人体中又不安,精神殊欠佳。予对此环境,烦闷已甚,宵寐因而不安,荏苒遂及天明。

3月14日（乙未）星期六

晴。上午五二,下午五五。（五七.六一三八.八）

依时入馆,校曾孟朴《后汉艺文志考》。午后振铎来。予预备董会文件讫,即与雪村、丏尊、雪山及振铎同乘往福店。旋出席董事会。散会时,圣陶亦至。六时,偕同人赴晓先儿子汤饼筵于会宾楼。男女共五桌,颇盛矣。九时许散,乘车径归。十时许就寝。

同、盈俱好,珏人亦渐安,较之昨日,忧喜判然矣。

3月15日（丙申）星期日

晴,午后阴,薄暮遂雨。明日如此,误记于此。上午五一,下午五三。（五六.〇一三〇.二）

晨八时到馆,督役移办公室桌椅及什物。午后三时始了事。四时,挈同儿出游,徒步于北四川路、四川路、南京路、浙江路、福州路、山东路、广东路,颇不短。其间只在大春楼进点少休耳。在河南路口乘六路电车到沈家湾,仍走归。沿途游眺甚畅,然疲乏甚矣。予以复受感冒,咳呛不止,到家复大吐。夜七时,小饮。饮后独坐难支,九时即就卧。

珏人挈清、漱、滋三儿过晓先所,与汤饼筵。至晚八时半乃归。

业熊来,打牌至十一时乃去,输五元馀,予甚不谓然,然牵于章宅所邀,不能过持异论也。

3月16日（丁酉　下弦）星期一

晴。与昨日所记对调。上午五一,下午五七。（六二.一一三

九.二）

依时入馆,为编所办出函件五通,仍校曾《考》十馀叶。

夜归小饮。饮后看《西青散记》,漫笔题识。旋校侯康《补后汉书艺文志》八叶,至十时许就寝。

3 月 17 日（戊戌）星期二

阴,有风。上午五一,下午五五。（五九.四—四五.五）

依时入馆,处理庶事外,校曾《志考》二十叶。

公司中电话已改装过,除向外话线梧、福各装一机外,梧、福之间又架设对讲线一具,今日起,已可照新置之具通话矣。

夜归小饮。饮后续校侯《志》,八时三刻即完毕。旋翻架书,至十时许乃寝。

3 月 18 日（己亥）星期三

阴寒,晨飞雪。上午四九,下午五一。（四一.九—三六.九）

依时入馆,处理庶事外,仍校曾《考》二十叶。

夜归小饮。饮后续校曾《考》五叶,十时许即就卧。

日来事务纷繁,校书不能速进,第二册出书且将搁浅,况第三册乎! 至急! 然机构如此,无法自拔也。

3 月 19 日（庚子）星期四

阴,夜雨即止。上午四九,下午五二。（四六.〇—三七.四）

依时入馆到馆,校曾《考》十八叶,为编所写信应付稿件事五件。

散馆时,与丏、圣、调同赴福店,先过商务书馆廉价部闲眺,实无欲买之书。旋到店,晤琛、洗、晓三公及冀野,谈久之。六时半,予偕丐、琛、调、圣到味雅,出席聚餐会。至则雁冰、振铎、予同、煦先已在,少顷东华、天翼亦至,仲华最后至,乃合坐聚饮,谈笑至八时半乃散,九时归寓。少坐即寝。

3 月 20 日（辛丑）星期五

阴。上午五二,下午五一。（四六.六一三九.二）

依时入馆,仍校曾《考》,以办教本送审事及退稿诸信,亦仅十八叶。然以其间校出《三国舆地沿革表》十叶,看振甫所为书跋一首,亦尚过得去也。

夜归小饮。饮后记账,核算半月来用度。杂用甚侈,购书则大减少,殊有愧也。

睡至二时许,忽闻呼救惊走声,一若自里中奔出者,疑为火,亟起启后户视之,里后寂然。始悟声在梧州路,或因奸盗而致鸣警耳。遂复卧,然以是不能安眠,炯眼至天明云。

3 月 21 日（壬寅　春分）星期六

晴。上午五一,下午五二。（五四.九一三四.三）

依时入馆,校毕曾《考》。又校顾櫰三《后汉补艺文志》十叶。下午三时三刻出,乘车径到道始所,谈妥各事。旋至福店,晤洗、晓。六时,廉逊来,因共过马上侯共饮。有顷,道始亦来。至九时三刻始散,十时许到家,十二时始睡。

3 月 22 日（癸卯）星期日

晴和。上午五二,下午五五。（六二.二一三七.〇）

竟日未出,看《西青散记》,并随题架书几帙。

十时,文权、潘华、昌顯挈刘珍、袁珍来。饭后,清华、汉华、润华、漱华与士敫、士敢往游兆丰公园。珏人、潘华、漱华、文权及雪村夫人往天蟾舞台看第十本《济公传》。六时,遣刘珍、袁珍护昌顯归去,珏人等亦归。幽若五日前往朱家小住,今日午后亦来。晚饭后怀之来。九时许,怀之去。幽若留此打牌,下榻焉。

予仍小饮,饮后未及十时即就卧。

3 月 23 日 (甲辰　朔) 星期一

晴。上午五六,下午五八。(六六. 九一四〇. 五)

依时入馆,处理庶事外,仍续校顾《志》。

道始有电话来,约晚饮。下午四时半,出赴福店,邀洗人、晓先同过道始事务所,晤其尊人及杜、张二君,因共往高长兴饮。道始有友闽人陈君,甫自赣至,其人豪于饮而俭素如村老,然名法官也,现方任赣高法院庭长。约予饮,盖为此君耳。既入坐,复约良才来,遂畅饮。九时三刻乃散。比返寓,已十时过半矣。十一时许乃寝。

3 月 24 日 (乙巳) 星期二

昙,有风。上午五五,下午五三。(五二. 九一四三. 三)

依时入馆,续校顾《志》,并为编所处分杂事。

夜归小饮。饮后作谭季龙《新莽职方考》跋一首。但无甚话说,勉为撑格,至不易,仅及三分之一,已倦怠欲寝矣。十时许就卧,竟莫能续下也。

3月25日（丙午）星期三

晴。上午四九，下午五一。（五一.三—三三.八）

依时入馆，作完《新莽职方考》跋，并校顾《志》，剩十二叶矣。

接乃乾函，谓有关于开明事相告，约往谈。予以风大，兼倦于动，拟明日往访之。夜在家小饮。饮后听书为娱，且闲翻架书也。十时许就睡。

3月26日（丁未）星期四

晴。上午五一，下午五四。（五六.三—三一.三）

依时入馆，校毕顾《志》十二叶，接校洪饴孙《三国职官表》二十叶。其间仍有它事相缠，写信数封。

濬华来。散馆后因与珏人及濬华同过乃乾所俟其夫人；予则与乃乾谈洽，知开明有走失货物事，须为查缉也。坐次，有徐某来，传孙啸亭语，仍打交道，予甚愤愤，听其自然已。八时许出，父女三人晚饭于青萍园。九时半罢，十时返家。

3月27日（戊申）星期五

晴。上午五四，下午五六。（七〇.二—四一.五）

依时入馆，赶校洪《表》，屏绝杂事，伏明轩专立为之，期于赴杭前校毕之。然叶数过多，竟无及，至散馆时，仅送出六十叶，犹馀三十叶，只得待归时再校矣。

散馆归，匆匆收拾，与珏人各食馄饨一碗，即行。抵北站时，晓先、梦岩两夫妇已在矣，即购票登车，少顷即启行。十一时到杭州城站，为警察检查所耽延，乘车至西湖饭店已将十二时矣。各再进馄饨一碗,始各就寝。

3 月 28 日(己酉)星期六

晴,夜雨。旅中失记。(七二.〇—四五.〇)

清晨起,同往二我轩摄影留念。旋过知味观进早点。九时返旅舍,雇人力车六乘,共发北山路。先过平湖秋月,略眺即行。继登孤山放鹤亭,顺试空谷传声,即往博物馆浏览。馆楼即文澜阁故址也。一周出,直赴岳王庙,同瞻像貌,共展遗冢,徘徊久之。旋谒下天竺法镜寺、中天竺法净寺、上天竺法喜寺随喜;珏人等三位夫人则虔诚进香。返途过灵隐,饭于山门西侧之鼎园。饭后随喜云林寺,参拜罗汉堂,拾径上韬光,茶于吕祖殿。岭高路直,三夫人几不胜矣,鼓励始克登。休憩少复,下岭过冷泉,漱口盥手,泠然欲仙矣。又入飞来峰,摩挲石罗汉,以苍润有雨意,未及赏一线天。驱车径奔玉泉清涟寺,游眺鱼乐国,悠然忘雨之将至,良久乃行。车人度阡越陌,绕葛岭、栖霞岭之北椒,半途值雨,久乃达黄龙洞。其地为一道观,洞在观后半山,不甚深,而人工叠石接长之,失真之至,无可恋,兼之下雨,亟行返,抵旅舍,尚未晚,天且霁矣。夜饮朱恒昇,九时许归寝。

3 月 29 日(庚戌)星期日

晨雨,旋开雾,下午晴。旅次失记。(五七.四—四二.八)

夜雨初止,湖山蒙雾,甚恼。旋开雾,因共赴清和坊购物,且就六香馆吃面。十时饭旅舍,已露日光,欣甚,亟唤舟放湖。先至漪园,拜月下老人祠。旋过净慈寺、济祖殿,看运木古井。少顷便下船,直放刘庄,入览一周。回棹由三潭印月登岸,遍历小瀛洲,下

舟。荡过湖心亭、博览会纪念塔,径抵孤山。饭于楼外楼。饭后游
西泠印社、行宫公园。归舟后令放岳坟,登岸。舟子导游栖霞岭,
入紫云洞。幽邃豁朗兼而有之,视昨过之黄龙洞,不啻超泥湫而入
渊海矣。久之始出,珏人等随舟子回船,予与梦、晓拾径上葛岭,登
初阳台,看炼丹井,由抱朴庐侧迤逦而下,与舟期玛瑙寺下同入观
焉。乃予等到玛瑙寺后,舟尚未来,久待天且黑,寺门关矣,遂迎上
登舟,舍寺而径返旅舍。夜仍与梦、晓饮朱恒昇,遇同光,甚快。承
指点游径,且再三说非乘轿不足尽兴云。九时许同返旅舍,坐谈久
之乃去。予等亦就卧。

3月30日（辛亥　上弦）星期一

晴,早寒。旅次失记。（五六.五—三九.七）

晨起,进汤圆讫,雇轿六乘,齐发向南山路。先至法相寺看定
光佛肉身像。旋越石屋岭,入大仁寺,寻石屋洞、乾坤洞诸胜,茶于
僧院。未几,行,过满觉陇,游水乐洞及烟霞洞。烟霞自是佳处,水
乐则方事深凿,流泉为工事所掩,失真矣。匆匆行过翁家山,直上
南高峰,舆人喘息,心怜之,下岭予独徒步矣。在南高峰获一畅眺,
惟未入寺。下岭复过翁家山,折向龙井寺,赏龙泓涧,因留院茶饭。
饭后,舆行九溪十八涧中,路转峰回,如入画图矣,悦甚。有顷,到
理安寺,穿楠木林,探法雨泉,看贝叶经,啜茗小坐,僧复不恶,怡然
久之。辞僧出,赴月轮山,访六和塔,予脚力不胜,未登。晓先年最
少,独与舆人鼓勇登。予等在塔下俟之,良久乃行。归途过虎跑
寺,尝虎跑泉,味冽而甘,名品也。出寺径归旅舍,日未坠,从容休
盥。夜饭于知味观,顺便买物。九时许回,丽川来访,约明日午饭
于王顺兴,就同光之前约也。旋去,予等亦寝。

3 月 31 日（壬子）星期二

晴。旅次失记。（五八.五—三三.八）

清晨出，刺舟苏堤，赏晓色，惜已稍晏，融日普照矣。先经钱王祠，庙貌方新，堪与岳庙媲美。苏书《表忠观残碑》犹及见之，甚欣。十时许返旅舍，许丽川已来，因结算帐目，一行共赴大井巷王顺兴饭店会同光。此店以鱼头豆腐著称，有"王饭儿"之目，饮馔甚满意，惜赶车心急，不能从容赏乐耳。饭后遄往城站，车方到，相将登之，脱少迟，几不及矣。丽川躬送登车，甚感之。二时启轮，七时许抵沪。乘车径返，群儿已待饭久，即欢然共餐，间拾湖上旧闻以相告，欣快甚至。九时许即就睡。

4 月 1 日（癸丑）星期三

雨。上午五五，下午五六。（五一.八—四三.五）

清晨起，照常到馆，处理积件外，赶校《三国职官表》。然不能毕。晚归小饮后赓校之，至十一时始竣，明日当可交出版部改正。此部分签出清样，则《补编》第二册之校事毕矣。

写杭游所经名胜各地之名色三份，一自留，一送梦岩，一送晓先。将以留纪念，志鸿爪云尔。

4 月 2 日（甲寅）星期四

阴。上午五六，下午五七。（六四.二—四六.六）

依时入馆，校谢钟英《补三国疆域志补注》。

夜归小饮。饮后看杭州地图以资覆按。三日胜游，至足回味，不自知其眼倦也。十时许始寝。

《故宫周刊》四〇一期至五〇〇期已检付新艺装钉,乃久久不交来,殊憾老陈办事不敏也。向允安催询,谓须下星期一始可着手云。

4月3日（乙卯）星期五

晴。上午五二,下午五八。（五九. 九—三四. 七）

依时入馆,处办日常事务外,赶校谢《补注》。

午刻祀先,饭后到馆,幸未脱时。

夜在家小饮。饮时,倪六莜（文澜）自绍兴来,访雪村,酒后因与共谈,至十时后始各就卧。予等送孙熙甫之寿序即托渠代撰,满拟明日宴饮之,而坚不可,明日十时即行矣。

4月4日（丙辰）星期六

晴。上午五三,下午五八。（六六. 二—三四. 七）

依时到馆,赶校万《表》三种,馀仍校谢《补注》。编所信尚无多,少选即了。午后三时,与挺生、调孚同出,出席于衍福楼,盖业务会议常务会也。会毕已暮,因偕洗人、雪山、雪村、丐尊、晓先、调孚饮马上侯,明后日洗、山即当首途出巡,聊于此饯其行。饮后,听丐尊详述弘一法师出家因缘,颇为感动。十时许归。

4月5日（丁巳　清明）星期日

阴晴兼作。上午五八,下午六一。（六五. 七—四四. 八）

晨九时,业熊来,偕诸儿及士敩、士敢、士文等同往东沟游览,予则竟日未出,补记杭游日记。

午间与晚间俱与雪村对饮。

怀之来,长谈苏事,九时去。业熊等于晚七时半始由东沟返,十时后乃去。诸儿迟归,已焦急甚至矣。

4 月 6 日 (戊午　望)星期一

晴。上午六二,下午六六。(八二.九一五五.四)

依时入馆,校谢《补注》兼及万《表》二种。下午四时出,视九华堂送来所写寿屏,有两字讹,属改正,明日可以送出矣。入夜,与洗人、雪山饮马上侯,遇良才。闲谈至十时乃散归。

洗人、雪山明日行矣,须小别月馀始得再聚,故所谈尤多。从本地婚娶风俗讲起,以逮各人结婚经过,靡不娓娓长言之。

4 月 7 日 (己未)星期二

晨雷雨,旋乍晴乍雨。上午六八,下午六三。(八一.三一五九.七)

依时入馆,校谢《补注》,仍为别事所牵,只校出二十五叶。

写信与圣陶、颉刚,接翼之信。

夜归小饮。饮后校姚海槎《三国艺文志》,至九时三刻睡,凡校十四叶。

4 月 8 日 (庚申)星期三

雷雨,大湿。上午六九,下午七一。(八一.〇一六一.五)

依时入馆,校谢《补注》外,抽校杨惺吾补正吴氏《三国郡县表》三十馀叶。

夜归小饮。饮后续校姚氏《三国艺文志》十叶,十时许就卧。

印所不送《补编》初校样来,汉儿因此停工两日。今日挈同儿及满子、士文往游兆丰公园,雷雨交加,予等甚为担心。至暮乃归,询悉已到过濬儿所,知复儿在彼发热,益切挂念,盖前日甫由文权来接去也。

4 月 9 日 (辛酉) 星期四

晴,转寒。上午五九,下午五八。(五一. 八—四六. 四)

清晨起,续校姚《志》八叶。依时到馆,应付杂务外,又校出吴《表》四十馀叶。

振铎来,谈至散馆时乃去。

圣陶来片,以故不能赴锡,雪村亦于日昨流火发动,是后日往无锡之伴必大感落寞矣。嗣询丏尊,知渠夫妇乃有兴同去也。

夜归小饮。饮后续校姚《志》,仅得六叶,已九时许,眼倦难忍矣。

4 月 10 日 (壬戌) 星期五

阴,时见细雨。上午五五,下午同。(五〇. 四—四二. 二)

依时入馆,校谢《补注》廿四叶,又校毕吴《表》八叶。

夜归小饮。饮后闲翻架书,不及校书矣。

雪村流火已稍好,然明日无锡之行作罢矣,始焉炁炁,不图后衰如是之甚也!天下事之难料有如此哉!为欲弥此缺陷,坚拉士敫同去。

4 月 11 日 (癸亥) 星期六

阴雨。失记。(五一. 三—四六. 四)

依时入馆,赶校万《表》。午后四时即出,偕珏人、士敫赴北站,径登沪常特快车。未几,文权、潘华亦来,因共坐同发。七时半到无锡,在车遇乐者,且站上介丞迎候,少顷即至无锡饭店。登堂奉贺毕,入席宴饮。场面甚热闹,至一时始得就卧。

4 月 12 日 (甲子) 星期日

晴和。失记。(六二.一——四〇.一)

清晨起,与珏人、文权、士敷、潘华就旅店近旁桃花室进早点,旋乘车赴公园,一巡而返。正式祝贺后,雇车游二泉,展拜张中丞庙及予家宗祠。见祠门揭修谱红笺谓于本月一日开局。因入询之,门者云新祠已他迁,接洽须领导前往。予以匆促辞出,赶于十时前遄返旅店。十一时半,乘预备游船,由汽艇拖送,直放蠡园。于船上无意中遇旭丹。蠡园归舟,已二时,就船中饭。且饮且行,三时许抵鼋头渚。登临匆匆,时晏不偿夙愿,即落船遄回。晚宴未终,已八时,径行赴站,乘车东归,十一时到沪,十二时睡,知济侄病危,彻夜未曾合眼,明晨当赶往一省之。涵、淑两侄已避疾来吾家矣,乱甚。

4 月 13 日 (乙丑) 星期一

晴。上午五七,下午五九。(六六.七——三八.一)

依时到馆,赶校吴《表》、谢《补注》。散馆后,与雪村、丐尊、调孚到聚丰园,为仲持饯行,邀荫亮、幼雄、一山、立斋、觉农参与之。十时散,径归。

清晨,珏人即往省济侄,据云前晚发厥数四,几濒于危。昨晚改延中医,服犀角、羚羊角等剂,已有转机,或可脱险云。予闻之,如释一重担,然仍望日有起色始获宁贴也。

4 月 14 日（丙寅）星期二

阴,傍晚雨。上午五七,下午五九。(六〇.八—四七.八)

依时入馆,赶校谢《注》。接晓先电话,知伯才自重庆来,因冒雨于散馆后赴之。至福店,良才、修善、世璟俱在,乃共赴马上侯小饮。九时许散,再到孟渊小坐,十时许乃归。

汉儿与涵侄晨往省济侄,云好些,稍慰。

4 月 15 日（丁卯　下弦）星期三

晴和。上午六〇,下午六六。(七三.二—四八.九)

依时入馆。办杂事外,赶校万《表》一种,谢《注》二十四叶。

夜归小饮,饮后校姚《志》。

清儿往省济侄归,谓仍与昨相仿,未见起色,甚忧之。不审明后日有何变化也。

4 月 16 日（戊辰）星期四

晴。上午六四,下午六八。(八一.七—五〇.九)

依时入馆,校毕谢《补注》,又校谢《三国疆域表》六叶、《三国地理志疑》三叶。

午间仲弟来,知济侄昨日大有起色。珏人等往视归,言与之合,深用引慰。午后乃乾来,谈编辑计划甚恳,因与雪村、丏尊偕之同出,晚酌于梁苑。十时归,知仲弟又派人来告急,谓济侄又剧变。予深廑念,以时晏不及往视,然转侧失寐,遂至天明云。

天然来,为盈儿种牛痘。

4 月 17 日（己巳）星期五

晨晴，午后雨。上午六八，下午同。（六七．二一五八．一）

依时入馆，校毕谢《疆域表》。圣陶来。剑三来。

清晨往视济侄，形势已不佳，恐仅苟延须臾耳。印象悲惨，至难磨灭矣。九时许，硬着头皮，辞出到馆。但冀不有凶问送来也。

夜仍强饮自遣。饮后与雪村纵谈，至十时睡。

4 月 18 日（庚午）星期六

阴雨。上午六八，下午六五。（六七．——五九．七）

清晨起，接仲弟电话，知济侄已于今晨三时化去，嘱即往。此儿厚重长成，万无夭相，今竟如此，其殆天不欲以佳儿畀我家庭乎？惨甚！当属珏人与汉儿前往，予益不忍再加刻深昨日之印象矣。午间，珏归，据云，柩寄苏善堂，俟便茔葬；仲弟夫妇亦竭力劝慰之，不审能否稍稍塞悲也？偶一涉念，肝肠寸断矣。

依时入馆，校侯君谟《三国艺文志》。夜与圣陶共赴鞠侯约，于福店晤之，兼及聿修。因共饮于马上侯，十时乃散归。

4 月 19 日（辛未）星期日

晴。上午六一，下午六七。（七一．二一四七．三）

竟日未出。上午整理架书，大为拂刷。午间，清儿往请仲弟、弟妇来饭，竭力慰安之。淑侄咳仍剧，今日诣朱子云处复诊，谓须止其带红矣。傍晚，仲弟、弟妇去，涵、淑仍留，云须俟觅屋迁移后始接回也。

夜在家小饮，饮后怀之来谈，九时乃去。

济侄之丧,至难忘怀,是诚寒门不德,致罹鞠凶,然孺子何辜,天必欲夺其生,酷矣!

4月20日(壬申　谷雨)星期一

晴。上午六七,下午七〇。(八二.〇—五一.八)

依时入馆,校书写信外,杂事亦复甚多。

散馆后径赴蒲石路庆福里廿五号陈俊生家,盖前天所约也。至则廉逊及俊生已在候望矣。当再邀震平来,四人共饮,且谈地图再版修改事。十时许乃散,乘九路公共汽车至外虹桥,换乘人力车以归。珏人告我淑侄病状及仲弟、修妹等琐事,不如意者居八九,竟宵为之不寐。

4月21日(癸酉　朔　闰三月初一日)星期二

晨雨,晴。上午六四,下午六五。(八三.三—六一.七)

依时入馆,出席编审会议及接洽杂事。仅校出姚《三国志》八叶。晓先夫妇来,谈至傍晚去。

夜归小饮。饮后方欲有所事,怀之来,言悦之有书与之,将赴海自杀矣。彼甚廑手足之爱,而予謷劝之,实亦无辞以处之也。

4月22日(甲戌)星期三

阴雨。上午六六,下午六九。(六六.六—六一.九)

依时入馆,为编所写信办稿五件。校出姚《志》十六叶。

公司自发表《重订练习生章程》以来,颇有人鼓动反对,进货部学生宋光炎首先函请退去,显表不能服从章程。为此,大费周章,雪村至亲召诸生训话云。

夜归小饮。饮后续校姚《志》十二叶。

接仲弟电话,属明日上午送涵、淑两侄归去。

4 月 23 日（乙亥）星期四

晴。上午六二,下午六四。（六九.一—四七.三）

依时入馆,办理编所退稿等事外,仍校出姚《志》十四叶。

电约乃乾于明日下午三时往晤之,藉商一是。

饭后,珏人送涵、淑两侄归,据云尚好,或可日即痊愈也。

夜归小饮。饮后续校姚《志》四叶,倦不任坐,即睡。

4 月 24 日（丙子）星期五

阴,夜雨。上午六○,下午六四。（六六.○—五四.三）

上午入馆,续校姚《志》。近午出,诣福店,与晓先共饭四川路晨餐社。饭后过道始,同往胶州路康宅看书帖。长素身后,书物散出已甚多,此其少子所有者,亦亟求售,予以人介,故一往观之。但书在别所,仅看零乱残蠹之旧帖耳。二时,往廉逊所,接洽地图重版事。三时许到乃乾家,接洽《清词集》及《清代名人年谱》事,《年谱》须少停再决,《清词》则断然进行矣。谈至五时,返福店。电约梦岩、坚吾同饮马上侯。过谈忘时,抵家已十一时矣。珏人颇见谯诃,甚不快,是夕竟未能安寐。

4 月 25 日（丁丑）星期六

晴。上午六三,下午同。（六九.四—五○.九）

依时入馆,杂事如蝟刺之集,分别处理,不觉遂饭。饭后鞠侯来,又伴谈移时,四时始克坐定。赶校姚《志》十二叶,全部毕矣,思之亦一快也。

悦之事已有下落，据怀之云，开一房间在外掩躲耳。总之失业过久，经济压迫，亦无法怪其出此也。

文权、潘华挈昌顯来，夜饭后去。

夜小饮。饮后少坐即睡，一因昨宵未获好眠，一则明晨清儿须返苏扫墓也。

4 月 26 日（戊寅）星期日

晴，夜雨。上午六二，下午六七。（六六.二—四七.三）

清晨清儿出，以携物不少，属汉儿偕往，由士敏送之上车，须下星期日始返云。九时许，业熊来，饭后偕同、复两儿往百老汇戏院看《小将军》。予则从容写书根数十本，翻阅随心，颇惬意也。

夜小饮。饮后怀之来，谈悦之事。旋雨。至九时，怀之去。业熊则留此下榻焉。

4 月 27 日（己卯）星期一

晴阴变幻。早晚六六，午七二。（七四.八—五七.二）

依时入馆，校卢召弓《晋志校补》二种，万季野《晋诸王世表》一种，钱衎石《补晋兵志》一种。

丏尊今日往松江女中演讲。

夜归方饮，怀之来，谓翼之患肠炎甚剧，即夕须返视之，匆匆便行。予正为悦之事操心，何遽来此不幸之消息，心泛甚，何不如意事之多耶！是夕牵挂綦多，竟未能好睡。

4 月 28 日（庚辰　上弦）星期二

阴雨。上午六〇，下午六二。（五七.〇—五一.三）

依时入馆,校方恺《新校晋书地理志》,毕之。又校毕秦锡田《晋宗室诸王表》。

晨得仲弟电话,托在朱子云处挂号,谓淑侄仍须复诊也。予初闻电话,颇惶急,继知好些,始放心。十时,弟妇挈淑侄来,仍由珏人陪往求诊。饭后三时乃去。

接清儿信,知翼之病甚重,热度竟达一百〇三度。大忧之。夜饭时,怀之来,言已转机退热,大石始自心上卸下也。

乃乾有复信至,《词集》稿费须六百元,以后且须增,恐难办已。

4 月 29 日(辛巳)星期三

阴雨。上午六三,下午。(五九.二—五四.五)

依时入馆,校毕秦锡田《晋异姓封爵表》。

复出乃乾,约先印《清百家词》。旋接电话,约后日下午六时在晋隆吃夜饭。

珏人于饭后往视潸儿,及暮未归,殊念。七时始回,询悉在卡尔登看中国旅行剧团表演《茶花女》也。

夜饭后与雪村、仲盐谈,九时乃罢,遂伏案作日记。

4 月 30 日(壬午)星期四

阴,午后晴。上午六〇,下午六三。(七一.四—五二.〇)

依时入馆,校毕秦锡圭《晋方镇表》,办出贾编《初中动物》修正本送覆审。电约乃乾今晚晤叙,缘明日放假,或须近地旅行,不便遵时赴约也。乃乾允今日六时到福店,与丐、琛诸公语。予准时而往,久之不至。有顷,丐尊来,乃同饮于同宝泰以待之。未几,雪村至。又有顷，乃乾始来。谈《词集》事，大体解决，八时三刻散。九时归，抵寓门。雪村则径往云彬所游王和，大约今宵不返矣。

士㪍本约明日到苏，与清儿同归，忽言不去，予因于晨间飞函圣陶，属知清儿勿往接。旋又决去，予只得再发明片更正之。儿辈淘气，可发一笑也。

5月1日（癸未）星期五

晴，时阴。上午六二，下午六三。

今日照章放假。清晨七时，士㪍行，径赴车站到苏矣。予竟日未出，在家看陈眉公所集《小窗幽记》，颇致欣赏，盖中央书局所出，所谓珍本书，惟此犹自像样耳。

夜小饮，饮后仍看《幽记》，十时乃寝。

5月2日（甲申）星期六

阴雨。上午六一，下午六二。（六〇.八—五三.六）

天不作美，清儿辈不获畅游，必将致恨矣。

依时入馆，校毕秦锡田《补晋僭国年表》。

振铎电话约于傍晚在福店晤谈。因于散馆后与调孚赴之。云彬本亦同约，以往丐尊所王和而罢，属为致意。六时，予与振铎、晓先、调孚饮马上侯，九时半乃归。

5月3日（乙酉）星期日

阴。上午六二，下午六五。（六四.八—五五.二）

晨间，晓先来招，谓清泉之兄在此，欲与坚吾关说。邀予同往访梦岩，在大春楼进早点。十时到福店，由梦岩独访坚吾。有顷还,承坚吾不弃,竟再送薪水一个月,由清泉之兄收去,大约事可了矣。

归饭后未出,窗外雪村、仲盐、幼雄、云彬辈打王和,予则看《幽记》毕之。

午前文权、潜儿、昌显归,入晚清、汉两儿及士敥自苏归。极热闹。夜饭后,文权等归去。

为坚吾撰一联,挽国光印刷所唐老板,明晨可送去。

5 月 4 日（丙戌）星期一

阴,夜雨。上午六五,下午同。（六五.三—五八.一）

依时到馆,校吴向之《晋方镇年表》。杂事兜搭,颇空耗时间,恚甚!

夜七时,乃乾来,予先约雪村、丐尊候之,编集《清名家词》已谈妥,明日当送约文及酬金半数去,即成交矣。前后谈话四小时,十一时乃各散。就寝已十二时许矣。事烦而绪多,真有应付不暇之感焉。

5 月 5 日（丁亥　望）星期二

阴晴兼施。上午五四,下午五五。（七一.六—五五.八）

云彬之女蕴庄将于十二日嫁,予与雪村等十人合份五十金面致之。闻在陶乐春设礼堂,即晚张喜筵云。

《补编》第二册之经予手送出者今日始得办出,然送达与否犹未可骤几也。怅甚!

依时入馆,处杂事外,校毕吴向之《晋方镇年表》。

夜归小饮,饮后怀之来,谈至九时乃去。予本拟校吴向之《东晋方镇年表》，以是耽阁，兴头亦过去矣，遂未果。少坐便寝。

墨林来沪，今日四时与丐尊夫妇及满子往白马湖，珏人及雪村夫人曾往晤之。

5 月 6 日（戊子　立夏）星期三

晴。上午六六，下午七一。（七一. 六一五五. 八）

依时入馆，校出《东晋方镇年表》二十四叶。

予经手送出之《补编》第二册已办了，心头为之一宽。

涤生又出走，留书牢骚，依然往态，在彼一面，终抱怨雪村，以为压迫不肯加薪，其实亦正难言，究凭何物以换取耶！况外间颇有传说，彼之历次出走，俱有桃色事件为背景，则又益不可恕矣。人事之复杂如此，诚无由论列之。

夜小饮，饮后续校《东晋方镇年表》。

予同今日来谈，允于六月底前作完《历史》第四册。

5 月 7 日（己丑）星期四

晴，入夜大雨。上午六八，下午七〇。（七五. 二一五六. 三）

依时入馆，校毕吴向之《东晋方镇年表》，并接校毕秋帆《晋书地理志补正》。

夜归小饮。饮后与雪村谈。八时，熙洲来，雪村遂偕去。予亦坐定，看《定庵集》。十时乃寝。

5 月 8 日（庚寅）星期五

阴雨，午后晴。上午六五，下午六六。（六四. 六一五四. 六）

依时入馆，续校毕氏《晋志补正》。

夜归小饮。饮后组青偕顾啸虎见访,谈久之,乃去。予本欲续校,坐是遂废,看江盈科《雪涛小书》。至十时许乃就卧。事愈急,偏有缠,缠之深,只索托闲情之所向,随兴遣之矣。

5 月 9 日 (辛卯) 星期六

晴,傍晚微阴。上午六五,下午六六。(六九. 八—五五. 六)

依时入馆,校毕毕氏《晋志补正》,并接校洪稚存《东晋疆域志》。为晓先开写历史上东北边吏之堪称宋哲元前身者若干人,盖彼将据以撰文发表也。

夜归小饮。饮后看毕《雪涛小书》,为跋语论其后。今晚公司中宴请杭州教育参观团,属予陪席,予谢之,从容浅酌,不较与生人群饮为多耶!

静鹤来,住焉。

5 月 10 日 (壬辰) 星期日

阴,细雨,夜半大雨。上午六五,下午六六。(六四. 四—五五. 六)

在家未出一步。文权、濬儿、昌顯及业熊、缄三俱来,闹甚。饭后,渠等打牌,予则翻《故宫周刊》合钉册周阅之。及暮,粗毕,头涔涔作痛矣。夜小饮,饮后文权等仍打牌,九时许,乃陆续去,静鹤亦随之行,竟日喧攘,烦腻难遣矣。予虽未老惫,颇怕烦,殆非好兆也。无怪圣陶每以老派目予。

睡前看张山来《幽梦影》,过半。

5 月 11 日（癸巳）星期一

阴雨。上午六八，下午同。（六五. 七—六〇. 八）

依时入馆，续校洪稚存《东晋疆域志》，杂事纠绕，至不能放手直干，甚以为恑。

丏尊白马湖来书，托购金陵本《华严经》，乃佛学书局已售缺，只有福州鼓山刻本，因售以来，挂号径寄之。想三日内当得到达也。

夜归小饮，饮后看毕《幽梦影》，并续校《东晋疆域志》四叶。

5 月 12 日（甲午）星期二

阴雨，晚晴，夜仍雨。上午六八，下午七〇。（七九. 七—六二. 二）

依时入馆，续校《东晋疆域志》。散馆后与芷芬、振甫同赴陶乐春，贺云彬嫁女。珏人挈清、汉两儿已先往。晤稔友甚多，如文祺、仲云、振铎、予同、煦先、叔含、心如、叔愚、坚吾等谈甚洽。席散后，珏人等仍先归。予复坐谈良久，至九时许乃与雪村、仲盐同车归。是夕不免多饮，且多说话，夜寐不甚贴，梦绕竟夕云。

事务逗人，拂之不尽，心头终觉有一重石压住，至不愉快也。

5 月 13 日（乙未）星期三

阴晴间行。上午七二，下午七〇。（七二. 九—六四. 八）

依时入馆，杂事萦缠，《东晋疆域志》仍馀四叶未毕，甚恨恨也。

夜归甚倦，正小坐微饮，忽接晓先电话，谓伯才在马上侯，约予往晤。予惮于行，婉谢之，如明午有暇当往一饭焉。

中学生社属撰《中国历史上之东北四省》一文,今晚稍稍集材,拟于日内完成之。

报载粤电,胡展堂氏于昨日下午七时四十分在东山陈氏颙园突患脑溢血逝世。

5 月 14 日 (丙申　下弦) 星期四

昙。上午六九,下午六八。(六七. 一——六〇. 三)

依时入馆,校毕洪北江《东晋疆域志》,并接校丁秉衡《晋书艺文志》。福崇来,少谈便去,前托估价代印之件即取还。

昨夜开桌上矾石钟,竟为扭坏,甚懊恼。百无聊赖。又兼珏人与仲盐老太太及雪村夫人等在家打牌,心绪更不能静,强坐至十一时乃就睡。

5 月 15 日 (丁酉) 星期五

阴晴间施。上午六七,下午同。(七二. 五——六〇. 一)

依时入馆,校毕丁氏《补晋书艺文志》,并接校吴缃斋《补晋书艺文志》。写信与昌群,托向刚主催《丛书汇目》稿,与乃乾催《词集》目录。

圣陶由苏来,以接丐尊信,知墨林患扁桃腺肿,连夜乘轮往白马湖矣。

夜在家小饮。饮后与诸儿讲故事,未作他务。

日来颇不好睡,深恐旧疾发动,或为《中学生》文所牵亦未可知也。而淑侄咳嗽吐血不止,亦大为萦挈耳。

5月16日（戊戌）星期六

晴，不甚烈。上午六七，下午六九。（七三.八—五八.一）

依时入馆，校毕吴氏《晋志》及万氏《晋诸僭国世表》，又《诸僭国年表》之半。张愉曾之《十六国年表》则先已毕之矣。散馆后，散步于近旁，入暮乃归小饮，饮后听中西药房播送之丝竹，藉用自遣，而作文则惮甚。

漱儿下午往潜儿所，明日候其母去后同归去。

5月17日（己亥）星期日

晴。上午六八，下午七一。（七六.八—五八.三）

依时入馆，取报回看，日货走私漏税问题愈见严重。我竟无如之何，实属不成话说。外国浪人之无耻，外国政府之恶毒，固为最大之症结，而物腐蠹生，尤不能不切齿于一般之奸商与无识之用户也。

珏人挈润、滋两儿往潜儿所，饭后当同游文庙及动物园，在潜儿所夜饭而后归。

十一时，调孚来，因同赴振铎之约，午饭其家。本日为叔愚饯行，而叔愚未至，只晤雁冰、剑三、任叔、予同、文祺、云彬耳。谈至四时许，乃散，予与调孚复往兆丰公园一游，遇寿白，一巡而出，已六时，乘车返，抵家已七时矣。

5月18日（庚子）星期一

阴雨，昼晦。上午七一，下午七三。（七一.六—六二.六）

依时入馆，校毕万氏《晋诸国年表》，又校沈思斋《晋五胡表》

十八叶。

雪村昨宵发流火,今日卧床未起。《词集》事已由乃乾核算大略,止待雪村决定进行耳。然未能办也。

洗人、雪山昨日回沪,今日已见雪山,甚好,略无风尘之色。洗人亦已通电话,明日当可见面也。

今日汪啸水结婚,在新新酒楼宴客,并闻有堂会,予惮于行,属云彬、坚吾代致贺忱,谢未往。在家小饮也。饮后本思写文,无兴而止。

5 月 19 日 (辛丑) 星期二

晴不甚烈。上午七一,下午六九。(七二.九—六二.一)

依时入馆,校毕沈氏《晋五胡表》及万氏汉、成诸国《将相大臣表》。

丏尊、圣陶今自白马湖来,有编所应决之事已办出。

下午洗人来梧厂,因与雪山、丏尊、圣陶、调孚共诣雪村所议事,决定《清名家词》预约办法,推明日予与调孚往晤乃乾商定目录,即日进行。

仲弟挈淑侄来就医,据朱子云云,已大好,可不再来诊矣。予为此事耽心久矣,今得此言,大慰藉。

夜在家小饮。饮后草《中学生》文字八百言,开端已写好矣,惟为时已晏,即搁笔,就卧已十一时。

5 月 20 日 (壬寅) 星期三

晴。上午六七,下午六九。(七四.三—五五.二)

依时到馆,校毕练恕及缪荃孙两氏之《五胡百官表》七种,并清办编所函件八起。

午后三时,与调孚同访乃乾,谈定近日内由其作来缘起、凡例等件,俾制样本,目录亦经商定,略有抽换云。傍晚归。

夜小饮,饮后与雪村、仲盐闲谈,十时乃归卧,昨日之文又不能续作矣。

5月21日（癸卯　朔　四月月建癸巳　小满）星期四

晴。上午六六,下午七三。(八〇.二—五〇.二)

依时入馆,校洪北江《十六国疆域志》,并为编所处分杂事。

晚拟废饮,赶作《中学生》文。乃剑三傍晚至,因与圣陶、调孚同出,小饮于陶乐春小吃部。八时半散,到家已九时矣。组青适在,又闲谈至十时乃去,遂未能复作一字。心事未了,至深难过,明日当发劲一了之也。

卧床恐又失寐,取洪容斋《随笔》仰看之,目涩,乃抛书入睡。

谱纸及修谱简章已由道始代取送到,知主修之尧臣、禹卿亦为二十八世,与予同辈。缓日当撰稿送去也。

5月22日（甲辰）星期五

晨雨旋晴。上午七一,下午七五。(七九.七—六三.〇)

依时入馆,续校洪北江《十六国疆域志》。下午出席业务会议常务会议。据冼人出巡报告,各分支店营业殊不振也。前途至堪婴虑,不知将何以善其后。

夜饭讫,七时即就坐草《中学生》文,至十二时许,仅成七纸。维时已甚亢奋,不思睡,恐再持引动旧疾,即停罢,少坐凝神,始就卧,然已不能安睡,殊苦也。

5 月 23 日（乙巳）星期六

晴。上午七一，下午七三。（七五.二—六五.六）

清晨五时即起，草草漱洗讫即就坐续草昨文。上午既未入馆，午饭亦甚匆促，扣至下午一时始得完篇，前后共计凡十六纸，止六千字耳，其难已如扛鼎，后顾茫茫，可为寒心者矣。下午照常到馆，数月来夙诺克践，脱然一身轻，与连日及本日上午较量心情，苦乐判然，快同羽化焉。在馆续校《十六国疆域志》，指点振黄画文中附图。

丏尊今日午后三时赴杭，圣陶四时返苏。

夜在家小饮。饮后听书为娱，稍苏积苦。

5 月 24 日（丙午）星期日

晴，不甚烈，夜雨。上午六九，下午六七。（七二.六—五七.六）

上午九时，所招练习员及练习生来应笔试于齐辉堂。予出席业务会议。午间为雪村所为洗人、雪山洗尘，邀诵邺、仲盐、索非作陪，主人则雪村、调孚、晓先、子如及予也。饭后一时〔一时〕半，雪村、洗人、晓先及予在明轩口试应考员生，合适者殊鲜，而审察求业之急迫情况，则恨无广厦千万间以遍庇之也。为之不怡者良久。

珏人率群儿往瀞儿所，夜饭后始归，予因晚饮雪村所。饮后倦甚，少坐便寝。

5 月 25 日（丁未）星期一

阴雨。上午六八，下午同。（六二.一—五八.五）

依时入馆,仍校《十六国疆域志》。

夜归小饮。饮后随便浏览,十时就寝。

日来气候不正,影响于身体者至巨,精神颓唐一也,头脑昏沉二也,惮于出行三也,饮食欠味四也。以故诸事乏趣,百无聊赖。

5 月 26 日（戊申）星期二

阴晴间施。上午六五,下午六七。（六六. 二一五七. 二）

依时入馆。上午召集业务常务会议,决定录取练习员三人,练习生七人。练习员中有一女子,以共同食宿不便,只索拔为普通职员试用之。

下午为编所写信数封,续校《十六国疆域志》。

夜归小饮。饮后百事惮为,仍续校洪《志》。

5 月 27 日（己酉）星期三

晴。上午六六,下午六八。（八〇. 二一五五. 六）

依时入馆,校毕洪北江《十六国疆域志》。

午后四时出,访梦岩,托为放大照片,谈移时,行。旋至南京路新雅酒家,赴乃乾约,取得《词集》序例稿。坐上遇易大庵等,傍晚即辞归。

是夕废饮,满拟有所事。乃与雪村闲谈,至十时始罢,遂未果,略坐即就卧矣。

道始送李印泉（根源）《雪生年录》一册至,盖自叙至五十岁之年谱也。于三十年来政局变幻及军阀斗争诸消息颇可于其中窥见之,虽涉其个人之行谊未必信录,然非关一人,至足欣悦也。

5 月 28 日（庚戌　上弦）**星期四**

晴。上午六七，下午七一。（八一.七一五五.四）

依时入馆，为乃乾改序例讫，即付排。校盛大士《宋书补表》及万斯同《宋诸王世表》、罗振玉《宋宗室世系表》，皆毕之。夜未饮，续校万氏《宋将相大臣年表》及《宋方镇表》，亦赶完。截至目前积件皆清矣，为之大快。十时许就寝。

5 月 29 日（辛亥）**星期五**

晴。上午七〇，下午七二。（七三.六一五八.三）

依时入馆，续校甫送到之郝兰皋《补宋书刑法志》及《食货志》，前者已毕，后者及半耳。午后三时出席业务会议常会，修正章则，决定续约之职员。

接翼之信，知甫于四日前起床，消瘦极矣。并告故乡励行土地登记。我家坟地当不能例外，因即于下午复书，检寄近三年来粮串托就近觅便一办之。惟契据携在沪寓，"一二八"之役被毁矣，不识能否通融也。

夜未饮，饭后随手写书签数条，粘新装之脊，亦甚有趣。

5 月 30 日（壬子）**星期六**

晴。失记。

依时入馆，校毕补《宋书食货志》。

接越然电话，知廉逊在伊处，约于六时共饮豫丰泰。散馆归，从容休憩，以时赴之。至则由廛、越然、廉逊俱在，乃始酌。酒酣，有李君来访越然，纵谈狂饮，不觉酩酊。十时乘车归，即睡。午夜后酒气上涌,力按捺之,幸未欧。

5 月 31 日 (癸丑) 星期日

晴。上午七〇,下午七四。(七七.〇—五八.五)

清晨宿醒未褪,强起后头重如山,卒干呕久之。

濬华、昌顯昨晚来住,今日文权、业熊及修妹先后至,伊等遂共往虹口公园。饭后,予以须出席董事会预备记录及报告各事务,二时到福店,尚无一董监在。良久,雪山、洗人、雪村、丏尊、道始、守宪乃陆续来。五时会罢,决定各分支店一律改甲种,长沙支店仍旧设立且须加扩充门面云。

夜六时,与道始、丏尊、洗人、雪村小饮高长兴,九时许散归。

6 月 1 日 (甲寅) 星期一

晴。上午七一,下午七八。(八七.一—六三.九)

依时入馆,处理杂务,新取之练习员生入店,自有一番接谈。十时,与调孚、祖璋、芝荪、濬华同往北京路盐业银行四楼商务印书馆办事处,预备取"一二八"后退职金之一部。人挤,一时不得前,乃返,且须后再说。

来青阁电话谓有《史媵》需否,予即饬人取来,乃吴人陆世泰原稿也。此稿久不见,闻在吴兴刘氏许,今骤得此,狂喜,将为开明图书馆购之。

夜在家小饮。饮后查吴县志,竟无陆世泰传,且遍检《选举表》亦无世泰名,焦甚,岂穷老著书,竟未出贡乎?

6 月 2 日 (乙卯) 星期二

阴雨。上午七六,下午七五。(七三.四—六九.四)

依时入馆,杂事蝟起,未及校书。

《史膡》稿缺本仍无下落,不便促之,且须后。

夜小饮,饮后撰谱稿,俾送谱局辑入《三沙统谱》中。

朱师母自苏来,送我团鱼四,烹食之,甚鲜美。知伊家织绸厂大亏耗,本月底须搬回苏州开织,藉省开支云。一般不景气如此,凋敝日甚矣。

6 月 3 日（丙辰）星期三

阴。上午七五,下午七六。（八〇.六—六八.四）

依时入馆,校毕陈玉书《齐书艺文志》及万氏《齐诸王世表》、《齐将相大臣年表》、《方镇年表》,于是第三册《补编》完竣矣,及早印装,十五左右可以出书也。

夜归小饮。饮后作书一通,备送谱稿于主修之宗人尧臣、禹卿。明日当可托道始转出矣。心头释去一大事,亦一快也。

6 月 4 日（丁巳　望）星期四

晴。上午七五,下午七六。（七九.〇—六六.七）

依时入馆,校毕万氏《梁诸王世表》、《将相大臣表》及《陈诸王世表》。

九时许与调孚、祖璋往盐业大楼取到商务款四十元,旋过来青阁,还书账。并拟解决《史膡》事,以寿祺不在店,无从谈妥之,即返馆。午后廉逊来,为版税事有所询问,予介子如与谈,良久乃去,似尚不甚释然,足见办事之难。四时许,出访道始,当将致尧臣、禹卿函托代致之。公司琐事若干奉商毕,乃诣福店,约洗人、晓先小饮陶乐春。十时乃返,薄醉矣。

实业银行有奖储蓄券三纸,共三十六元,交洗人,托设法代兑或询一下落。

6月5日(戊午)星期五

晴。上午七四,下午七七。(八三.五—六四.九)

依时入馆,杂事仍多,校毕《陈将相大臣年表》外,仅校洪齮孙《梁疆域志》十叶。

夜归,即晚饭,饭后续校《梁疆域志》,十时许就寝,亦得十叶。《补编》昼夜兼营,仅校第三册,百里之程方及半耳,观成不知何日,殊焦急也。

6月6日(己未　芒种)星期六

晴。上午七五,下午七六。(八二.四—六五.三)

依时入馆,仍校《梁疆域志》,以冗事牵率,仅获十叶耳。

下午出席业务会议常务会,复论人事,决定仍续二人,解雇一人,准辞职一人。会毕已六时,遂归,洗人为雪村所留,因共饮焉,饮后长谈,至九时,洗人去。雪村则为丏尊所召又往游王和矣。十时许,予亦就寝。

6月7日(庚申)星期日

阴,时见细雨。上午七四,下午七六。(七七.五—六五.三)

竟日未出,与诸戚盘桓,潜华、文权、怀之、漱石、业熊等俱至。午饭后乃去。予惮烦嚣,而每逢星期,必不能免,亦一苦事也。

怀之转来道始函,转送尧臣、禹卿复书,指出所送谱稿与丙午旧谱舛漏各点,甚感。予自遭倭燹,片纸不存,此次送稿,不免凭追忆漫书,今得纠正,何快如之,当再修函申谢之。

6 月 8 日(辛酉)星期一

阴雨。上午七一,下午同。(六六.〇—六二.六)

依时入馆,续校《梁疆域志》。

同光自杭来,夜与共饮聚丰园,盖店中本宴请周淦卿,故顺便一起叙晤也,到振铎、予同、煦先、叔含、晓先、雪村、丐尊及淦友孙君,甚快。九时散,各寻乐四往。予与雪村乘车遄返。

6 月 9 日(壬戌)星期二

阴雨,晚晴。上午七一,下午七二。(七二.三—六三.六)

依时入馆,校毕《梁疆域志》。

午刻与云彬同出,会同光、耘庄、洗人、晓先共饮于大观楼小吃部。饭后出,同光登车返杭矣,予过来青阁欲晤寿祺,在苏尚未来,即返梧厂。

夜写信与尧臣、禹卿,申说谱稿舛讹之由。

6 月 10 日(癸亥)星期三

阴晴间作。上午七一,下午七二。(七七.〇—五九.四)

依时入馆,校吴向之《元魏方镇年表》三十叶,办出教部呈文及各版税人通知书。

鞠侯来,洽地理教科送审事。

夜为公司撰暨大卅周年纪念颂词一首。亦尝微饮,觉甚适也。九时后听书自娱,且看程嗣立《蔡鹏传》、方亨咸《武风子传》、乐宫谱《毛生》以寄畅,十一时乃寝。

6 月 11 日（甲子）星期四

昙。上午七一,下午七四。（七七.四—六一.二）

依时入馆,续校《元魏方镇年表》。

十时,与调孚赴真如暨大文学院,晤予同、振铎、煦先、冀野、叔含、聿修、文祺、纪堂、泽霖诸人。调孚为《学报》事与纪堂、振铎、予同商谈,予则同乘往游耳。午刻,予同、振铎与调孚及予四人共载返沪,在北四川路虬江路口新雅午饭。饭后归梧厂,仍校吴《表》。

夜归饭,红蕉来,知寻天然往将护其夫人,盖适小产也。少坐便去。

6 月 12 日（乙丑　下弦）星期五

阴。上午七四,下午七五。（七七.二—六七.五）

依时入馆,校毕吴向之《元魏方镇年表》,并续校温铁华《魏书地形志校录》。编所杂务亦办出三件。日虽长,垂垂暮矣。

夜归饭,饭后欲有所作而幼雄至,因纵谈至九时半乃去,则眼飏心颓,偃然欲卧矣。

桂军李宗仁、白崇禧、粤军陈济棠揭抗日口号,业于三五日前出兵入湘,报纸初甚封锁,不予登载,乃日报大事宣传,昨日来不得不稍稍开放矣。均之相残,曾何赤心之为国;惟彼此巧借名目,徒欲各济其私耳。言之滋惘,不屑一书。以事关甚巨,不得不略记始事之年月而已。

6 月 13 日（丙寅　入霉）星期六

郁蒸。上午七五,下午七八。（八八.一—六五.七）

依时入馆,续校《地形志校录》。

有正书局廉价,予为开明图书馆选购《江村销夏录》等一大批,自己购得三数种,丏尊、雪村、云彬均各有所获。于以徽竺鹡之风固无间新陈矣,思之失笑。

潜华、文权挈昌顕来。

夜归小饮。饮后烦热可厌,披襟挥扇,犹自不给,遑论看书乎。

粤受宁诱,已退入本境,预料结果,酿成两广之争以贻渔人之利与宁或其它方面耳,可叹!

6 月 14 日(丁卯)星期日

向夕变晴。上午七八,下午八三。(九二.——七〇.九)

依时入馆,杂事蝟起,仅校《地形志校录》十叶耳。(误记此,应移十二日。)

宁方政治手段已生效,粤、桂军俱已退归本境矣。密云不雨,滑稽可笑,直儿戏也。

予竟日未出,闲翻架书,读《三希堂帖》,悠然神往。

珏人挈清、汉、漱、润、滋诸儿及业熊、文权、士敫乘车往高郎桥天主堂公墓先庶母茔前献花,静鹤与焉。潜华、昌顕则留守也。十二时俱归。饭后各就戏,予仍披简而已。

夜饭后,闷热甚,释卷就凉,迄无效,十时始勉就卧。潜儿诸人亦先后赋归矣。

6 月 15 日(戊辰)星期一

晴雨兼至。上午八一,下午八二。(八五.五——七一.八)

阅报,知章太炎患鼻茸及胃疾,于昨晨七时半逝世。朴学大师,馀此室光,天竟不遗一老,卷之以去,从此读书种子殆绝乎。其人虽日即耄荒,其学终足起人敬仰也。

夜小饮,饮后手析近得《渔洋感旧集》备重装,惟仅及四之一耳。

怂恿云彬往苏看孙世扬,设法揽印《章氏丛书》及《黄季刚日记》。已允明晨特快车去,不审果否也?

6月16日（己巳）星期二

晴。上午七九,下午八一。（八九.一——七一.四）

依时入馆,赶校万季野《魏世系图》、《诸王世表》、《异姓王表》、《将相大臣年表》,西魏、东魏《将相大臣年表》、北齐、北周《诸王表》、北周《公卿年表》,练恕《周公卿表》。又,续校《魏地形志校录》十叶。

夜归小饮,饮后仍析《感旧集》,九时许就寝,仍未毕也。

云彬往苏吊太炎,顺访圣陶,兼晤孙鹰若,接洽章、黄二氏书印事,不识能有望否耳。

6月17日（庚午）星期三

晴晦雨风不时至。上午八二,下午八五。（九二.三——七三.八）

依时入馆,出席业务常会。赶校《地形志校录》,仍不能毕。夜饭后,在家续校之,至八时半始完。心头所压,只有先许文权之关于宴会大纲矣,明后日当赶为之。

九时许就寝。

广东已为南京买收,现下只剩广西与南京对抗耳。

任克昌今日来,装裱《史媵》。大约有两个月短工可作也。

6 月 18 日（辛未）星期四

晴。上午八一，下午同。（八六.二一七四.三）

依时入馆，校陈诒重《魏书官氏志疏证》。

晓先如约交《初小自然课本》稿来，丐尊嫌其过时，颇致悔意，实则成约在先，初无问题也。于是气氛又呈骚动之象，予虱其间，至难措手矣。此间当事，厥有二失，一则徽侥苟碎矜一庐之约，察一节之细，沾沾以小便宜自喜；一则务为啬刻，支一费如割一脔，增一页如添一虎，初不问用之当否，事之办否，亦沾沾以小便宜自喜，其为不持大体则彼此同之矣。以一略无城府之人，周旋其间，得不偾事足已，庸何匡襄之可言。予实素餐，滋愧多多，其如欲罢不能何！

夜方为文权草文，晓先夫妇偕来，与雪村躬谈至九时半乃去。

6 月 19 日（壬申　朔　五月月建甲午　日全食）星期五

昙。上午八一，下午同。（八三.七一七〇.五）

依时入馆，仍较《魏书官氏志疏证》。

夜赴福崇、觉林之宴，晤予同、文祺诸人，知鞠侯、煦先亦将至，但终席未见来。坐客蒋竹庄（维乔）为商务印书馆编所前辈，积年博闻，滔滔谈往，甚得隽永之味。据谈吴稚晖、钮惕生在南菁书院种种轶事，至堪发噱。因思好事捣乱之徒，终无益人群也。十时归。静夜体味，弥觉予推想之不谬。

6 月 20 日（癸酉）星期六

晴阴兼作。上午六九，下午八一。（八三.三一七〇.五）

依时入馆,解决稿事两件,晓先事亦在内,校毕《魏书官氏志疏证》,为文权草就《关于中国宴会的一切》大纲一通付之。

下午四时往访道始,谈至五时三十分,往福店晤洗人、晓先,同过马上侯小饮,兼还清端节之账。九时散,晓先拉予同过惠中旅馆访震初谈,十时乃各归。订明日上午十一时来访予。

6月21日(甲戌　夏至)星期日

晴阴兼作。上午七八,下午八〇。(八三.三—六九.八)

文权、濬华、昌显、业熊、组青、静鹤毕至,热闹甚。十一时,道始来。十二时,晓先、震初来。因同乘过洗人,并招晴帆共饭于觉林。饭后小憩晴帆所,三时许乃同游半淞园。区区泥沼中居然点缀节景,饰流舟二,为竞渡之戏,予等啜茗池上,抵暮乃行,共饮于广西路聚丰园。九时散,复过来青阁小驻,十时乃返。竟日盘桓,年来无此胜游也。

晨为震初书扇,录《珂雪词》应之。

子敦见访未值,歉甚,明日当电约一叙焉。

6月22日(乙亥)星期一

晴。上午七八,下午七九。(八五.一—六八.〇)

依时入馆,处理杂事甚多,校姚海槎《隋书经籍志考证》才两叶耳。

午后电话约子敦于四时半会福店,及期往晤,遂拉洗人、晓先小饮大观楼。饮后,子敦去。予与洗、晓乃同往大中华听大鼓书。杂耍后殿以刘宝全之《单刀赴会》,声调渊渊超其群,虽气微弱,视十馀年前所听稍逊,然七十老翁犹有此馀勇,良可佩也。十二时毕,亟乘车归,到家已将一时矣。

6 月 23 日 (丙子　端午节) 星期二

晴。上午七八,下午八〇。(八七.六一七一.四)

依时入馆,办编所事甚剧。续校《隋志考证》。

晚归,业熊来。雪村本招予饮,因共餐焉。饮后,士猷、业熊、清、汉、漱、润、滋及士文俱出看电影,予与雪村纵谈,至十时许始就寝,清等归,业熊去,才入睡。

6 月 24 日 (丁丑) 星期三

晴。上午七九,下午八二。(九三.二一七三.八)

依时入馆,续校《隋志考证》。

弘一法师自闽寄所书短幅及小联等至,予获一小幅。

夜小饮,饮后闲翻架书,九时许乃寝。

6 月 25 日 (戊寅) 星期四

晴阴两兼。上午八〇,下午八三。(九二.三一七三.二)

依时入馆,仍校姚氏《隋经籍志考证》。

散馆后,与调孚、云彬应振铎之招,往马上侯。先过福店,拉洗人、晓先同赴。是夕到振铎、予同、志行、文祺、叔愚、调孚、云彬、洗人、晓先及予凡十人。九时散归,薄醉矣。惟忆明日午饭,云彬约原班过其家云。

6 月 26 日 (己卯) 星期五

晴热。上午八三,下午八六。(九三.二一七三.八)

依时入馆,仍校《隋志考证》。出席业务会议常务会。

午饮于云彬所,原班外加丏尊及雪村。

予以有正书局廉价期将满,在图书馆捐款项下支五十二元为馆购得《中国名画》合装册精印本一部,原拓《三希堂法帖》及续编各一部,《飞鸿堂印谱》一部。夜归小饮,饮后假《飞鸿堂印谱》看之。梓生来雪村所谈,因过话焉。十时梓生去,十一时乃得睡。骤热殊难贴枕,甚苦。

6月27日(庚辰　上弦)星期六

晴热,偶有阵雨。上午八五,下午八八。(九四.——七五.〇)

依时入馆,抽校《北齐将相大臣年表》及《隋诸王世表》、《隋将相大臣年表》、黄鞠友《隋唐之际月表》毕,仍校姚《隋志考证》十二叶。

夜归饭。饭后看《飞鸿堂印谱》殊得意,忘热忘倦,至十一时始看完五集二十册,近日松快事也。少坐便睡,较昨为适。

6月28日(辛巳)星期日

晴热,下午阵雨。上午八五,下午九〇。(九六.三—七七.〇)

珏人挈群儿往潜儿所。

晨十时,晓先来,因同访子敦于劳勃生路光裕坊,即留饭焉。饭后,三人同访柏丞,未值,作态可厌也。旋过东华于琇龙路新明村。长谈听雨,不觉垂暮,因留饮,饮后复谈,至十一时乃归。

晓先感于事务之棘手,已萌去志,今日晤子敦,已敦托在中华方面设法云。

6 月 29 日（壬午）**星期一**

晴，时雨。上午八六，下午八八。（九四.三—七六.八）

依时入馆，续校姚海槎《隋书经籍志考证》。

浩泉自常山省亲归，携有紫石砚数方，皆精琢，予择购鱼脑冻庆云砚一，价十四元，照批价六折，把玩甚喜，即夕试墨，填月考单，记日记，并为圣陶所捐书题卷首。

天然来，为予家诸人打防疫针，可感也。

6 月 30 日（癸未）**星期二**

晴热。上午八四，下午八六。（九二.五—七六.六）

依时入馆，续校姚《志考》并处分杂事。

散馆后赴福店，与琛、洗饮马上侯，于晓先事有所商，当局之意，认为晓所求者难办到，恐无佳果也。九时许散归，静思此事，刚折柔韧，益得显证，而当局竟受包围，亦可见佞人之易于见容耳。只有付之浩叹而已。

7 月 1 日（甲申）**星期三**

晴热，夜有雷阵，惟数点即止。上午八四，下午八八。（九五.二—七七.九）

依时入馆，续校姚《隋志考证》。日来《补编》排样无多，清、汉明日嘱其辍工在家，如此迟迟，恐无法赶进也。奈何！

夜散归，即饭。饭后闲看《释教三字经》，士敦携晓先书至，谓明日处务会议将示决裂，至为私虑，乃告诸雪村希其留意。耘庄代同光带到富阳糟溜勒四尾，属为分致雪村及云彬，因分馈焉。明日当试味之。

7月2日（乙酉）星期四

晴，西风，时有阵雨。上午八五，下午八三。（八六.三—七一.五）

依时入馆，处理编所杂事外，仍赶校姚《隋志考证》，居然送出二十六叶。

雪村晨往福店，向晓先解说，据云已缓和矣。

夜归饭，饭后听书为娱，盖连日苦热，今得风凉，至感松快也。

7月3日（丙戌　望）星期五

雨凉。上午八〇，下午七六。（七七.二—七〇.七）

依时入馆，仍校姚海槎《隋书经籍志考证》。送出二十二叶。

午后丏尊自杭归。洗人来梧厂。

谭季龙自学海书院归，途出此间，因来访，谈移时乃去。

夜饭后，与雪村商公司改变组织事，因共拟草案备会商之资。如得通过，将提出业务会议。新组织之精神为省并部课，重划处所，遂有总务、营业、主计三处，编译、供应两所云。虽然，事多变幻，心志不齐，未识将经几番波折而后能定耳。

7月4日（丁亥）星期六

狂风大雨时作。上午七五，下午同。（六八.七—六七.一）

依时入馆，仍校姚氏《隋经籍志考证》，中间不无耽阁，抵暮只送出十馀纸耳。然初校之样久阁未进，清、汉工作已停三日，长此以往，恐《补编》之出齐正大有问题也。

散馆后,与调孚同赴振铎功德林之约,有顷,铎至,又有顷,雪村至,既而东华、文祺、六逸、一岑、许杰、予同先后至,遂团坐谈,且饮且语。振铎为延陵辈攻击,冀用文字争辨。予等俱谓彼既捏名,不理为是;径之适所以启之,置之乃所以屏之耳。而铎已逞感情,颇不入,卒主拟一笺统启事而已。十时归,值大雨,车帘万不敌风势,抵家头胸如蒙漫矣,亟取汤洗濯,易衣而寝。

7 月 5 日(戊子　月偏食)星期日

阴霾,时有细雨。上午七六,下午同。(八一. 一—六八. 二)

晨九时,出席业务会议。十二时散,洗人过谈,未几即去。

文权、濬华、业熊等俱来,晚饭后分头去。静鹤留住,润儿则随濬儿往小住也。

夜挈滋儿出,饮于马上侯,八时半乃归。

云斋生女弥月,今午珏人挈汉儿往饭。

7 月 6 日(己丑)星期一

晴阴雨兼作。上午七七,下午八一。(七九. 七—六九. 四)

依时入馆,校姚《志》不数叶,即拔校杨惺吾《隋书地理志校证》。

散馆后,与云彬共赴乃乾之招,饮于其家,坐客为张渔滨,贵阳同行,本碛石人,故予一人外,俱海宁同乡也。饮后复谈,至九时乃归。乃乾所印《别号索引》及《海宁三家词》俱蒙惠赠,且承多备数分以转赠友好也。抵家后,听书自娱,十一时始就卧。

7 月 7 日(庚寅　小暑)星期二

细雨时作,晚晴。上午七七,下午七九。(八七. 六—六九. 八)

依时入馆,校杨《志》。下午四时出,诣福店,与洗人接洽公事。

六时,云彬来,因与渔滨翁婿、雪村、洗人、晓先及予饮同宝泰。八时三刻散,九时许抵家。仍开机听书,十时许乃睡。

连日气候失常,疾病洊臻,今得晚晴,其出霉之兆乎! 果尔则大佳!

7月8日(辛卯)星期三

晴热。上午八一,下午八四。(九五. 五一七五. 二)

依时入馆,仍校出杨《志考证》二十叶。

散馆后诣福店,与琛、洗、晓同饮于大观楼,谈晓先辞职事,居然一席话为之打消矣。多难之秋,非负气可了,还宜脚踏实地,步步为营前进耳。调和固难,不得不勉之。

夜九时半归家,呼汤濯身,然后入卧,竟夕大汗被体也,困甚。

7月9日(壬辰)星期四

晴热。上午八六,下午九〇。(九六. 六一七八. 四)

依时入馆,仍校杨《考证》。七搭八搭,又只二十叶耳。窘甚。

夜热甚,与雪村闲谈至九时,只索就寝,而大汗浴体,转侧难寐,通宵不过入睡二小时而已。天热体倦,事务加剧,心灼极矣!奈何!

自蒋北伐出师以来,足足十年矣。此十年中,果何为者? 前此十馀年间,政客与军阀迭兴,无一贯之办法,成绩固无足言;此十年则一人制霸,为所欲为,曾无人敢婴其锋,宜乎可以有为矣,今竟如何! 质言之,民众财尽,国土日蹙,苟安者不敢出气,思腐者徒然送命;摧折已甚,而十周称庆,何不自知丑如此耶!

7 月 10 日(癸巳)星期五

晴热。上午八八,下午九〇。(九三.九一—七九.五)

依时入馆,仍校杨《考证》二十二叶,复中国哲学会订约函一通。

道始于午间来,还予顾起潜所撰《吴棼斋年谱》,并告霆锐正谋当选国民大会代表,方为四出活动云。热中者若人,岂真有抱负可资福群伦乎? 亦惟有追逐浊浪中噓沫以求生耳。道始为其学生,又同道为律师,有相需之处,为之助者,不得已也。

夜归饭,饭后苦热,冥坐电扇下以求凉适。至九时,听书为娱,藉求自遣耳。

7 月 11 日(甲午)星期六

晴热。上午八八,下午九一。(九三.九一—七九.五)

连日酷热,难于宁坐,今上午十一时,办公室中华氏表已升至九十二度,遂照向章布告下午停止工作。饭后二时,与雪村同往盆汤街南京饭店五一六号闲憩。盖此室为商务、中华、世界、大东、正中及开明七家所公辟,作营业上接洽谈说之所,亦漫称之为俱乐部,今日无会议,而予等适休假,遂假此聚谈耳。有顷,洗人、雪山、晓先、调孚来,长谈至暮,孚、山先归,予等四人饮于王宝和酒楼,八时散出,复过南京饭店少憩,十时乃各归。

7 月 12 日(乙未　下弦　出霉)星期日

晴有风。上午八九,下午八七。(八六.七一—八一.三)

竟日未出,赶校杨《志考证》三十四叶。晚约电话,知佩弦已来,约往南京饭店一行。六时乘车往,则黑压压挤满一屋子矣。佩弦外有丏尊、雪村、煦先、振铎、克标、叔琴、许杰、心如等,据云已电招予同,亦将来也。少坐,同过小花园聚丰园。有顷,予同至,因共饮,饮后复返南京饭店,又盘桓至十一时三刻始散,乘车遄返,已十二时许矣。是夕,可谓"群居终日言不及义"矣,而振铎尤颠倒缠绵之,更可诧怪。

7 月 13 日(丙申)星期一

曇湿。上午八○,下午八一。(八三.五—七一.四)

依时入馆,校杨《志》十叶,周两塍《南北朝帝王世系表》五十叶。

夜应丏尊招,与雪村过饮其家,陪佩弦,坐客有王文川。未几,云彬、煦先来,邀雪村去游王和,予等乃复谈至九时四十分,始与丏、佩同出。佩归寓,丏赴宁,予亦径返。

昨今两夜颇凉,积热之馀,尤见惬于心,以故连得浓睡矣。

7 月 14 日(丁酉)星期二

湿闷,午后大雷雨如注,晚止。上午八三,下午八五。(九三—七五)

依时入馆,校杨《志》二十叶。午后予同来,偕所介安大学生袁君至,适大雨,坐良久乃去。散馆后,与雪村、调孚共载往愚园路庙弄四十四号振铎新寓,应予同、振铎邀,陪佩弦宴饮,至则雁冰、东华已在,未几,六逸、煦先、予同、佩弦同来。最后剑三至,乃围坐开尊。饮至八时许散席,复谈,至十时乃各返,予仍与雪村、调孚共乘以归。

　　自佩弦之来，予已四日不在家晚饭矣，谈谶之乐固甚畅，往返奔走亦疲甚。明日佩弦将赴杭，定十七日径赴苏州访圣陶。如无他客来，或可小休耳。

7 月 15 日(戊戌)星期三

　　拂晓大雨，午又雨，下午晴。上午八三，下午八五。(八八.〇—七五.四)

　　依时入馆，仍校杨《志》二十叶，写信与虚舟、圣陶。

　　夜归小饮，饮后听书为娱，它事竟无由振作之。

　　丏尊自宁归，教部审查事，尚有眉目，力子将来沪，或有酬应耳。

　　道始前借《初学》、《有学集》去，今来还，并告丕成在日，需寄《武德论》前去云。予即以地址告宋易，属即办。

　　盈儿乳妈殊顽劣不驯，天不甚热，已往往中宵潜起，耽凉不顾乳；戒之不悛。今晚十二时许又独起乘凉，致盈从床坠地，大哭。予于乳妈之潜出，已微闻之，及聆哭声，奔以往，乳妈尚强辩焉。予愤甚，设非为哺乳故，早辞而去之矣。今因投鼠忌器，为之奈何！

7 月 16 日(己亥)星期四

　　暴风雨。上午八二，下午八〇。(八一.三—七五.九)

　　依时入馆，校杨《志》十六叶。午后三时出，诣福店，洗人、晓先与商本店十年纪念(八月一日)应如何欢宴事。未几，丏尊来，晓先遂与之同访曹伯韩。有顷，电来，约在大观楼相会，予遂与洗人赴之。伯韩将赴闽，住惠中旅舍，为丏拉来，畅谈至八时许乃各归。

业熊来，托为其友刘作烜荐事，姑属留条相机云。

十时就卧，以天凉得好睡。

7月17日（庚子　初伏）星期五

风雨时作。上午七九，下午同。（七九.九—七二.三）

依时入馆，仍校杨《志》，但杂事纷纭，仅及十叶耳。

夜与雪村同赴晓先马上侯之约，至则陆品琴、刘季康已在，未几，陆高谊亦来，纵谈放饮，至九时许乃归。高谊，凤耳其名，称之者多，今见之，果然精明强干之人也。

盈儿微有寒热，颇为廑虑，中宵闻啼声，辄起视。佣保不可托，反多事矣。

绍兴李在山（济锵）介陈椒生函予，并誊文求正。予深愧之，不得不细细看读然后书复也。

7月18日（辛丑　朔　六月月建乙未）星期六

阵雨，阴晴间作。上午七六，下午八三。（九〇.三—七三.四）

依时入馆，校杨《志》二十馀叶，馀俱为杂事所困，意不得舒。

粤军阀陈济棠已乘英舰赴香港，蒋之买收策得功，陈部纷纷倒戈所致也。李宗仁、白崇禧实陷无可奈何之境，其后已为顾祝同所窥，进惟与粤军二路角色冲突耳。结果仍为蒋之利，是可谓洪福齐天矣。虽然，要不外某家某人之得失，国难固无所补，百姓则愈陷愈深，痛苦不堪也。

汉儿往潏儿家住已多日，缘其家时有病痛，特往照料也。今日归,云文权及濬儿俱已痊好矣。惟珏人、清、漱、润诸儿复感不适,湜儿亦未甚爽,颇不快。夜归小饮遣之,不已,九时即就卧。

六逸书来索稿,予苦无以应,答书允之,而丐宽假时日。

7 月 19 日(壬寅)星期日

阵雨时作。上午八四,下午八六。(八九.六—七七.五)

晨接聂宅电话,知文权昨又发热,属代请周医,并仍恳汉儿往,照料昌顯云,闷甚!未几,即遣汉儿去,仍嘱留彼小住,以资照顾。

竟日未出,看报外,校毕杨守敬《隋书地理志考证》。

珏人仍于下午发热,早寝。予亦以腹泻不舒,拟早息。剥啄声急,启视则幽若、慧若两姊妹及宏、琪两表侄自苏甫至也。因又长谈,仍至十时始得就卧。询悉翼之病已少痊,惟忙于事,困于钱,不获稍舒耳,为之慨叹。

7 月 20 日(癸卯)星期一

阵雨,下午晴。上午八四,下午八六。(八九.二—七七.四)

依时入馆,校章宗源《隋书经籍志考证》十叶。

丐尊为予所纠之会,今日举行第一期,即由予召集,具酒邀会众飨之,到仲盐、洗人、丐尊、雪村、雪山、调孚、云彬、均正、祖璋九人,圣陶则以佩弦方在苏盘桓,陪游未能即到,函托予代表也。凡收得会金四百五十元,除还去前借稿费四百四十元外馀十元,即以付酒肴,犹缺二元云。然而积年心事,得以暂扫,亦一快也!

晚饭后,诸客陆续去。丐尊、雪村、仲盐、云彬留游王和,一时许乃罢,予为之数起,竟不能睡也。及其止也,予反覆不成寐矣。

起潜邮致所撰《古陶文眷录》,乘夜读之,《说文古籀补》后第一书也。为之狂喜。一俟信到,当书复谢之。其别册致乃乾者,则已饬差送去矣。

7 月 21 日（甲辰）星期二

晴热。上午八三,下午八七。（九一.四—七五.九）

依时入馆,校章氏《隋志考证》十叶。夜归,与文权小饮,九时就寝。

作函复李在山,子如所介《祁忠敏日记》手稿照片今日送到,看之甚为感动。

文权、濬华、昌顯、汉华、修妹、静甥俱来。晚饭后,除汉儿留家外,馀俱归去,一则天热地窄,无法安置多人;二则盈儿不适,亦无暇兼顾其他也。

盈儿自日前坠床后,精神殊欠佳,颇忧之,因于今日抱往周医处就诊,据云伤情尚看不出,微热纠缠则当设法使退去之。予惟看护不周自恨,今晚因令乳妈就珏人卧,俾稍注意及之也。

7 月 22 日（乙巳）星期三

晴,下午起阵未果。上午八五,下午八七。（九二.八—七四.八）

依时入馆,校章《志考》二十叶。

晓沧来,为翻版书侵害其利益,颇见愤恨,但翻版事根绝至难,出版家亦同样感受压迫也。丐尊劝其再考虑,勿先单独提起诉讼,竟致欲罢不能,反觉受累云。

夜归小饮,饮后听书自遣,十时许即寝。

陈济棠既走,粤局自当少安;李宗仁、白崇禧闻亦将去,则统一之势已不远,中央每以不统一藉口者今后又将何辞对人!

7 月 23 日（丙午　大暑）**星期四**

晴闷。上午八五，下午九一。（九七. 七—七七. 二）

依时入馆，校章《考》二十五叶。上午，洗人、晓先俱来梧厂，谈八月一日纪念园游事。大致已定，在南翔古漪园举行，即由晓先主办，俟妥切后再布告。

雪村出示涤生所与密书，对丁、宋不满之至，且于店务用人等有所建议。虽所言不无相当理由，而动机及手段终不敢遽许之也。总之，方隅之见为祟，群小又从而附之以求一逞，何尝于公司为有利之打算乎！即还之，无从附意见矣。惟攻击陆仿游一节则致确。

夜饭后，周志才来，谈至九时许去。予濯身后就寝，终宵浴汗，颇苦。

7 月 24 日（丁未）**星期五**

晴热。上午八八，下午九二。（九六. 六—七九. 五）

依时到馆，仍校章《考》，天热事繁，未有多少。十一时，室内温度已达九十二，下午宣布停工。

午后未出，闷坐摇扇而已，它事亦莫能为之也。入暮在屋后乘凉，终感不适，仍还屋与雪村谈。十时就卧，热不可诲，终宵呻吟矣。

天热而客来多，颇苦之，今日特添置一大床以供应之。

7 月 25 日（戊申）**星期六**

晴热，有风。上午八八，下午九〇。（九四. 五—七二. 五）

依时入馆，校章《考》二十叶，其间拔校周两塍《东晋南北朝帝王世系表》三十四叶,毕之。

夜坐后门外纳凉,听群儿讲故事,甚洒然。九时入室,听蒋、朱播音唱《落金扇》,十时就卧,较昨为稍减炎热矣。

同、复淘气,珏人发怒,朝打同,暮挞复,甚无谓也。蛮弄固小儿本色,不听话则殊足取厌耳。

7 月 26 日(己酉　上弦)星期日

晴热,有风。上午八七,下午九一。(九三.六—七九.五)

今日为夏历六月初九日,复儿之生日也,文权、濬儿、昌顯、业熊、怀之、静鹤、德镛、德锜及原留此住之幽若、慧若俱集,为治面飨之。午后,为公司制十周纪念箴词一首,并为梓生改贺诗一首。夜饭后,诸客尽去,惟幽、慧留。

夜坐屋后招凉,风甚好,与诸儿竞为猜谜之戏,颇有趣致。十时就寝。

教局潘公展宴商、中等六家,欲为儿童书局分承教部所编之教科印行事。利分所在,奈何禁人不趋走之!我惧援例继起者之不胜应付耳。

7 月 27 日(庚戌　中伏)星期一

晴热。上午八六,下午九一。(九五.〇—七三.六)

依时入馆,校章《考》三十五叶,全部毕。又接校姚海槎《隋书经籍志考证》矣。惟杂事纷结,终不免耽阁耳。

夜饭前小饮,饭后仍在屋后招凉。坐至九时许乃入,听蒋、朱《描金凤》。十时后就寝。盈儿夜眠不安,乍睡乍醒,莫名所以。且起易衣,见蚤喵疙瘩满左胁,延及腹部,始悟为蚤所困,而保佣不之省,恨甚!

林语堂出国有日,今日公司在新亚酒楼宴之,两章、丏、洗往会焉。

广西局面亦定,李宗仁调军事委员会常务委员,白崇禧调浙主席,黄绍竑调广西绥靖主任,李品仙副之。明令已布,李、白当然不就,则蒋之胜着又在握中矣。吾无以谥之,惟有效村妪所谓"福气"耳。

7 月 28 日(辛亥)星期二

晴热。上午八七,下午九三。(九七.三—七八.八)

依时入馆,校姚《考》二十叶,天热无由多作也。

日报载李宗仁、白崇禧不受命,决备战,湘桂、黔桂之界将先见干戈云。果尔则蒋犹未克坐享也,又将糜国人若干之血肉以博尊荣耳。我见境内魔舞而已,何谋国之足言。

夜归小饮。饮后纳凉屋背。九时入卧,以雪村、云彬、仲盐、幼雄正在客堂游王和,两电扇交鸣,计数声如泻,实无由入梦也。至十二时许,牌了人散,始合眼睡去。未明,盈儿又起作牙牙,不能再睡矣。

7 月 29 日(壬子)星期三

晴热,午后雷阵,不果雨。上午下午俱八七,中午九一。(九六.一—七七.七)

依时入馆,校出姚《考》二十叶。十一时三刻出布告,下午照章停止工作。盖办公室中气温在九十二度以上矣。饭后雷阵大作,但未果雨。三时出,乘车归福店,晤洗人,谈至五时,辞出。独

酌于大马路王宝和。盖晓先已有事赴杭,洗人则家有客至不能外
饮也。七时半即归。仍坐屋背纳凉,仿游来,导勘新修厂门,工事
虽未毕,已粗具规模矣。

雪村连日为开会事辛苦,昨又半夜王和,今日又发流火旧症
矣。本有南京之行,坐是不果。

7月30日（癸丑）星期四

昙闷,夜细雨。上午八九,下午九〇。（九四.五—七七.二）

依时入馆,校姚《考》四十五叶。写明片复圣陶。又书与乃
乾。并为编所作洽稿信两件。

日报载桂已组独立政府,任李济深为前敌总指挥,分湘边、黔
边、粤边三面设防,以桂林、马平、苍梧为主力所在云。李、白困兽
犹斗,未可轻侮,而蒋必欲促其反抗,始有词可藉,求遂消灭之愿
耳。桂民何辜而遭此荼毒邪!

予自盈儿不适,令乳佣来卧内住后,独睡篷布床者七十日,腰
酸背痛,每平明,腹胀如欲大解然,不快甚矣。为子女故,其苦
如此。

7月31日（甲寅）星期五

昙闷,下午雷阵大雨迄夜。上午八六,下午八八。（九二.三—
七八.八）

依时入馆,校姚《考》三十叶,办杂事,写杂件。

圣陶来,四时与共出,在电车上即遭倾盆之雨。至棋盘街下
车,趋中华书局避雨,望衡能对宇,竟莫能达开明福店也。盖风雨
皆盛,衢路顷刻积水成渠矣。待至五时许,雨势渐减,乃雇车渡

到福店,会洗人。六时半,雨止,乃相将登同宝泰酒楼小饮。丏尊先在,诵邺、晓先后至,九时始散。与丏、诵、晓先共乘祥生汽车以归。

组青、文权、潜华、昌顯俱来,以阻雨故,皆留宿焉。

慧若早车返苏,幽若送之登车而后复来。

8 月 1 日(乙卯　望)星期六

昙,夜半雨。上午八四,下午同。(八四.○—七一.八)

清晨六时半,准备出发,三刻动身。雪村夫妇及士文、珏人及清、汉、润,共乘汽车以往。予与士赘、士敢则步以往。抵虹江路公兴路口锡沪长途汽车公司沪站时,已七时矣。同仁咸集,相交登车,共六乘,联翩西行。七时五十分到南翔,遂入憩古猗园。徜徉永日,极游谴之乐。十一时午宴于梅花厅。十二时许,道始来会,因再酌。三时许,与丏尊、调孚、晓先、健安往葛园看并蒂莲。四时许返古猗园,五时进点,六时许仍分批乘长途汽车以返。予与士赘仍自站走归家,濯身晚餐,稍坐即就卧。

8 月 2 日(丙辰)星期日

阴闷,傍晚雷电大雨。上午八三,下午八四。(八二.九—七六.一)

昨日竟日盘桓,不觉疲乏,今乃左头偏痛,殊不适。上午未出。下午睡,至三时,起,出购鞋于欧嘉路德记。五时许大雨,以须赴聂宅寿宴,遂与士赘行,黄包车遮蔽不周,及至聚丰园,衣裳尽湿矣。珏人等早上即往聂宅,尚未到馆,有顷始来,亦淋湿。道始、文杰、文权之友三四人良久乃来,开樽时已八时,及毕散归,十时半矣。

怀之、宏官、琪官俱至我家，宿焉。

8月3日（丁巳）星期一

阴雨缠绵，傍晚又大阵雨如注。上午八一，下午八三。（八九.六—七五.二）

依时入馆，校姚《考》十许叶，为编所办签约洽稿函件多封。

午后四时，颉刚偕郑德坤来，盖甫自苏至也。值雨不能出，坐谈至五时三刻乃偕丐尊、圣陶共乘以去。明日或可抽时一晤叙焉。据谈禹贡学会已由英庚款项下岁拨万五千金为设备建筑之费，基础大定，闻之甚慰。

文杰夫妇奉母挈儿来，并携道始子宗海、宗鲁俱至。文权、潚华、昌顯先来，盘桓一日，晚饭后去。潚、顯留。天热地窄，人烦事乱，此境可以想见矣。予怕甚，不能摆脱也。

8月4日（戊午）星期二

昙闷，风雨时作。上午八〇，下午八三。（八七.八—七三.〇）

依时入馆，校出姚《考》二十叶，周两塍《南北史世系表》三十叶。

圣陶下午归苏，托其将前得庆云砚带去配匣。傍晚苦闷，遂未往新亚访颉刚。

夜饭后，文权、潚华、昌顯等归去。予怕烦已极，暂得清静，真如登仙，是夕得少安眠矣。

8月5日（己未）星期三

阴雨，午前后晴。上午八一，下午八二。（八四.四—七三.六）

依时入馆,校姚《考》五十叶。写信两封,分寄颉刚、圣陶。

夜归小饮,饮后与雪村闲谈,九时听书,十时寝。

陆妈假归,今晨四时行,须五日乃来,家中杂事,遂大见忙碌。

宏官、琪官由怀之领去,夜饭后行,谓八日再来。

静甥来,夜饭后去。盖行将开学,来取钱也。

乳妈资质鲁钝,而顽劣殊甚,贪吃躲懒,落手掏摸,举无不为,予闵其无知,每戒家人容之,然其劣状真有眼看不得也。为盈儿故,曲意包荒矣。群儿见状,难免禀诉,亦时为疏譬之。

8 月 6 日(庚申 三伏)星期四

拦朝大雨旋晴。上午八一,下午八二。(九〇.五—七三.二)

依时入馆,校姚《考》四十叶。写信与俊生、乃乾。

夜归饭,饭后读陈选《写心集》,吃新上市之热白果。

十时寝,与珏人话家常,缅想我亲戚之殷待,未来处分之任重,不觉担心。竟以此失寐,至一时后始睡去,犹时绕梦魅也。苦甚!自来英雄出家,或亦自分苦斗难了而毅然摆脱者耶。

8 月 7 日(辛酉)星期五

晴。上午八三,下午八六。(九三.〇—七六.一)

依时入馆,校周《表》二十二叶,姚《考》三十六叶。

夜归小饮,饮后与雪村闲谈。九时听书。十时就卧。睡较昨稍好。

同儿感冒发热,复儿头面生疖,而以右腿腓肠之疖为尤痛。夏秋之交疾病正多,予家每不能免,思之恨恨。虽加意预防,而人口众多,顾此失彼,颇操心也。

8 月 8 日（壬戌　立秋）星期六

晴热，夜雨未果。上午八五，下午八八。（九五.七—七七.四）

依时入馆，校姚《考》四十叶，处杂务甚剧。

散馆时，闻云章及其友徐心君来访，托代介印书事，允于十日上午付回音。大抵须恳调孚转介于它家印所矣。少坐去，云章约明晚过此小饮。久不见，闲谈亦甚得也。

夜小饮。饮后纳凉听书。十时乃睡。连日新凉，骤然回热，又终宵浴汗矣。

8 月 9 日（癸亥）星期日

晴热。上午八六，下午九〇。（九六.四—七八.八）

竟日未出，怀之送宏官来，业熊来。九时许，清、汉、漱三儿，士敦、士敢、业熊、宏官往游吴淞。十一时许，潪儿、文权、昌顯并仆从来。饭时仍挤。下午文权等打牌，予无聊甚，适叔琴来，谈苏州买书事，未几去。云章来，因共晚酌。八时许，吴淞一行人归。热甚，屋内不堪留，全在屋后乘凉。至十时，始陆续散去。入室如炕，彻旦浴汗矣。秋热难耐，事理之常，心感烦扰，益觉不堪忍受耳。

8 月 10 日（甲子　下弦）星期一

晴热。上午八八，下午九二。（九七.〇—七三.八）

依时入馆，仍校姚《考》。下午以炎热停。三时许出，访福店，晤洗人，晓先已自开封归，略谈旅况。未几，予过访坚吾，长谈。薄暮，洗人亦来，因三人共出，小饮于陶乐春。九时散归，醺然矣。

据坚吾谈，近颇有人以稿子向印刷家连结，排成清本，打纸版若干副,分头向小规模书店接洽,售版与之印卖。书店以现成之货可以利用,乐得购受。如此,则印者、著者均有所获,而著作权则从此公开矣。此系新兴之事,△△虽微,影响却大,将来《著作权法》或亦以此改变也。

8 月 11 日（乙丑）星期二

晴热。上午八八,下午九二。（九五. 二一七七. 七）

依时入馆,仍校姚《考》。接振铎电话,谓绍虞已来,住神州旅社五一〇号,约下午六时往会旅舍。届时赴之,晤绍虞及振铎,同访乃乾,仍同出晚餐于一枝香。长谈至十时始散归。约明晚六时再往看之。

归后濯身就卧,有顷乃入睡。

文权又有寒热,静鹤电话来告,明晨珏人当往省之。

8 月 12 日（丙寅）星期三

晴热。上午八六,下午九〇。（九四. 五一七七. 七）

依时入馆,校周《表》及姚《考》。

散馆后,与雪村、调孚共往福店,邀洗人、晓先同过绍虞于神州。振铎、予同已先在,乃就神州比门新设之成渝川菜社小饮。社虽新设,而不甚满意,恐不能持久也。将散,乃乾至,匆匆食已,伊即陪绍虞往古拔路看书,予等亦各散归矣。到家尚不晏,仍坐屋后纳凉多时乃入卧。

珏人晨往省文权,据云热度甚高,正请唐医诊视。

怀之夫人来,晚饭后去,挈同宏官、琪官俱去。

8月13日（丁卯）星期四

晴。上午八七，下午九〇。（九三.九—七九.二）

依时入馆，仍校姚《考》，已将及八百叶矣。

夜归饭，饭后坐屋后纳凉，九时许乃就寝。

静鹤电话来，谓文权仍未退热，属请周医，因饬汉儿为之往请，明晨拟令清、汉两儿代珏人往视之。

8月14日（戊辰）星期五

晴热，夜半雨。上午八七，下午九一。（九六.四—七八.八）

依时入馆，校周两腾《南北史年表》毕，仍以其隙校姚《考》。

上午十时接翼之快信，知于今日下午二时半到沪，因告幽若，属届时往候之。及散馆归，翼之夫妇并其子女俱去矣。经年未见，话语自多，晚饭后共坐屋后乘凉，至十时乃寝。怀之、业熊俱来，未几去。

蒋与李、白间疏通无效，矢在弦上，蒋将假中央之名以下讨伐令矣。

仲华来，谓自港归已四日，愈之亦将到也。

8月15日（己巳）星期六

昙闷，午后凉。上午八八，下午八五。（八八.〇—七五.二）

依时到馆，校姚《考》及处杂事，薄暮乃归。

翼之以疾不能饮，予因废酒，免引难堪。

夜八时，周医来，谓文权热已退，非疟非伤寒，乃重感冒耳。谈久之，始去，予为之大慰。明旦仍令人往视也。今晨先已饬漱、滋两儿往问之。

坚吾电话约予明晚小饮,五六时顷当往晤焉。

8 月 16 日 (庚午   末伏) 星期日

晴热。上午八四,下午八五。(九〇.五一七五.〇)

上午怀之来,偕翼之往文监师路江岳湾医师处诊视痔疾。十一时许回,据云,须两星期,手续费及住院费等总须百番也。病痛之为害如此,难乎其为生矣。可叹!业熊来饭,饭后,翼之、业熊、幽若、雪村夫人打牌,清儿、士敷则率群儿往融光看电影。将夕,予独出访坚吾,因与共过杏花楼小食部小酌,遇国光印刷所管事者曹仲安。不觉多饮。归时已九时半,卧至二时,卒起呕吐。此日生活,无谓甚矣!

饬汉儿往省文权疾,饭后归,据云热度已退尽,今得强饮矣,为之稍慰。

8 月 17 日 (辛未   朔   七月月建丙申) 星期一

终日阴霾,闷甚,下午有雷雨,未畅。上午八五,下午八八。(九〇.三一七七.〇)

依时入馆,校姚《考》,与丐尊、雪村谈辑书大计画。午后圣陶自苏来。

散馆后,与雪村、圣陶、云彬共往福店,偕晓先同过悦宾楼,俟孙鹰若。有顷,鹰若偕其友缪君至,谈黄季刚《日记》、《三韵表》及章太炎《丛书》、《制言》等事,皆获解决。大抵再经一度往返,便可订约矣。归家已九时半,濯身后即寝。

8 月 18 日（壬申）星期二

晴热。上午八五，下午九〇。（九四.三—七五.九）

依时入馆，校姚海槎《隋书经籍志考证》四十叶，全部完毕，凡八百六十六叶，八十六万六千馀字，可谓巨著矣。其《后序》二千馀言，委宛详尽，足当凡例，尤精核，拟先于《图书副刊》发布之。

午刻饭云彬所，孙鹰若、朱宇苍外，有陈望道，馀则丏、琛、圣及予耳。于昨晚所谈各事，复作一度具体之接洽，约明日下午先拟草约，似可告一段落矣。

天热人挤，诸多不方便，因属静鹤归去，并遣漱儿往瀋儿家。

夜饭后坐屋后纳凉，与雪村、翼之谈，至十时乃入卧，热犹未消，颇难宁枕也。

8 月 19 日（癸酉）星期三

晴，闷热。夜雨阵，未畅，更难堪。上午八六，下午八九。（九六.三—七七.〇）

依时入馆，校汪梅村《南北史补志》。下午鹰若、榆生及黄季刚之子念田来，商订《章氏丛书》、《量守庐日记》、《古韵三表》及《音学述闻》等出版契约，研讨至晚，始成草约。拟于明日打清本正式签立之。及暮归饭，饭后坐屋后招凉，未几雨作，屋内益闷，遂复浴汗终宵。

珏人偕翼之夫妇、幽若及翼子女晨游外滩公园，亭午过瀋儿，路经北河路口，突遇盗，珏人右腕所笼金镯已为攫去，幸翼之追呼，抛下而逸，然已饱受虚惊矣。上海真所谓"行路难"也。未归前，业熊适过文权,因先由电话告我,予为之大急,垂暮与翼之等归,备述经过,益觉凛然矣。

8 月 20 日 (甲戌) 星期四

晴。上午八八,下午八七。(九一. 六—七七. 七)

依时入馆,拔校周两膝《南北史世系表》三十叶,又校汪《志》二十叶。下午忙于章、黄之约,扰扰至五时始已。雪村先签,持以过鹰若于旅舍,并得签定携归。惟章约则须鹰若带苏,俟太炎夫人签定之。

入夜稍凉,数日积苦略为减去,大见快心也。

翼之全眷返苏,惟幽若及翼子留,喧嚣大衰矣。两周后仍将复来,须中秋前后始得宁静耳。

8 月 21 日 (乙亥) 星期五

晴。上午八五,下午八六。(八八. 五—七六. 五)

依时入馆,校汪《志》二十叶,又未刊稿十叶。

珏人晨与乳妈语,诟其当心盈儿,幽若从旁撺掇,几致破裂,如此纠缠不已,予家受累极矣!且仲弟、修妹尚不常来食宿,背后必有讥评,是诚为难之至,而彼等依然不相舍,烦懑,烦懑!

夜与圣陶、云彬、调孚同出,先过福店,继赴聚丰园之会。是夕聚餐凡两席,惟耿济之、陈望道、胡愈之、金仲华、林本侨为客,馀作公东,到振铎、东华、心如、煦先、宗融、六逸、雁冰、丏尊、雪村、圣陶、调孚、祖璋、云彬及予,都十九人。九时三刻乃散,到家已十时半矣。天然在我家打牌,十一时许乘车去。

8 月 22 日（丙子）星期六

晴。上午八三，下午八五，晚八六。（八八.七—七四.五）

依时入馆，校汪《志》未刊稿十许叶。

愈之来谈，移时始去。圣陶明日须返，亦稍有谈话。以是颇耽阁。

文杰今日搬家，将移教苏州晏成中学矣。文权电话托代雇车，因属仿游代办之。据云，现在身体已好，明日将与濬华、昌显等同来盘桓也。

盈儿头侧患疖，兼感风寒，又发热，今日向周医取药投之，夜得汗，热已解。

看许杰、许志行所编《国文教本》，纰缪乖舛，不成样子，而予同、振铎居然列名卷首，名为同编，亦太徇所好而不事顾惜之甚矣！

8 月 23 日（丁丑　处暑）星期日

晴，有风。上午八五，下午八七。（八九.六—七五.六）

竟日未出，午后开唱片自娱。怀之来，饭后去。业熊来，夜深去。漱儿自濬所归，谓文杰之子昌颢患病入院求医，文权往照料，今日不能来矣。夜郭沈澄、朱文昭、陈椒生、陈蓉娟、姚文辉、夏满子来吃面，盖今为夏历七夕，汉儿生日，故邀来一叙也。居然亦打牌四圈而罢。

士敳小病一星期矣，今日始下楼。盈儿头疖尚未宁，热虽退而入夜又发，惟下颚已出牙一线矣。

8 月 24 日（戊寅）星期一

晴。上午八三,下午八四。（八六.〇—七二.五）

依时入馆,校汪氏《南北史刑法志》未刊稿,杂事时集,仅及十叶耳。

嵇文甫持绍虞介绍信来,谈移时去,谓将归开封特过访云,其人慷爽善谈吐,见地亦超,绍虞之老同事也。所著有《左派王学》、《船山哲学》已由开明出版,谓将有关于颜、李及戴东原之小册写出,亦拟托此间付印焉。

夜在家小饮。饮后与雪村闲谈。至九时,听蒋、朱唱书。十时就卧。

盈儿头疖已穿,脓亦挤去,惟午后仍有寒热,略带咳嗽,幸入夜渐凉,且于夜半大解矣。

静甥来,须小住数日,俟开学乃去。

8 月 25 日（己卯　上弦）星期二

晴,下午起风,略霾。上午八三,下午八六。（九一.〇—七二.九）

依时入馆,赶校汪梅村《南北史舆服志》未刊稿毕。又抽校周两塍《南北史世系表》二十叶。晨间洗人、晓先来梧厂,于下年度兴作有所建白。

夜在家小饮。饮后周医来谈,谓彼有馀屋可以分赁于潜华也。明日当约往一看,以便定夺。九时许,周去。雪村以龙虎书店侵害开明版权事见商,将烦道始代表涉讼矣。予谓出手必须杀挺,否则中道而蹶,宁慎之于先也。

盈儿疖愈热退,已复常态,至为欣慰。

8 月 26 日（庚辰）星期三

晴,风。上午八四,下午八五。（八七.一——七七.二）

依时入馆,校汪氏《南北史乐志》未刊稿,前后凡四十叶。

夜归小饮,饮后出诣理发店理发。

文权、濬华挈昌显来,傍晚往周医所看屋,伊等心活,一时尚未能决定也。晚饭后去。明后日当来付回音。

秋热难耐,今得转凉,快甚！九时卧床听蒋、朱《落金扇》,不觉悠然睡去。

8 月 27 日（辛巳）星期四

晴。上午八二,下午八四。（八五.八——七二.五）

是日循例放假。竟日未出,午后睡至四时半始起。业熊来,晚饭后去。

正午祀先。夜与雪村小饮。晓先夫妇至,邀雪村夫人、珏人及幽若与德铸已往东方听书。予候门至一时乃归。以欠睡,反失眠矣。予最畏事,而事偏来集,颇无法遣去之,致多被累,苦甚！

广西李、白已与蔡廷锴、翁照垣等合作,决向外打出,蒋中正似已无法避免战争矣。日报已披露种种消息,舆情亦多不直蒋之所为也。

8 月 28 日（壬午）星期五

晴,偶有微雨。上午八四,下午八五。（八七.八——六九.八）

依时入馆,校汪氏《南北史乐律志》未刊稿二十叶。

夜归小饮,饮后少坐即睡。

雪村又发流火,下午即未入馆。

接捏名函,署静安别墅洪赤心,于干部之非绍籍者大肆攻讦,玩其句调,似出最有关系之人。如此捣乱,实令人灰心丧气矣。开明事非不可为,而传统色采太甚,地方习气太重,甚有假借亲属实分可谓戏牌头者,尤不胜闷闷也。

8 月 29 日(癸未)星期六

晴闷,傍晚乍雨乍止。上午八三,下午八四。(八八.九—六八.九)

依时入馆,校周《表》二十叶,汪《志》二十叶。

夜归小饮,饮后闲看架书。珏人、幽若挈润、滋两儿及德铸又往东方听书。汉、漱两儿则往省潜儿,即住其家。予坐待珏人之归,不觉又至一时,遂复失眠,至四时始稍合眼,天未明又醒矣。恚甚!

8 月 30 日(甲申)星期日

昙。上午八三,下午八五。(八六.九—七二.五)

上午在家看报,怀之、业熊来。

下午,予挈复儿出,径赴邑庙,游内园,旋再乘车往文庙,遇诵邨、子骧、子如及李、庄眷属,因共游动物园,看鲸之标本及新到之狮、虎、象等。有顷,复返邑庙,茶于得意楼。傍晚,同过马上侯小饮。九时归,仍得听蒋、朱《落金扇》,十时就卧。日来事烦境乱,颇不适,虽未多饮,而中夜觉来至感泛恶也。

8月31日（乙酉　望）星期一

阴，夜细雨。上午八三，下午同。（八四.七—七四.五）

依时入馆，校汪《志》未刊稿二十叶，办出召集董监联席会议函，出席业务常会。洗人、晓先均来梧厂，又决定招考练习员，回绝练习生二人。予最短于处事，偏不能摆脱之，甚恨！

夜归小饮。饮后欲与珏人同往外滩公园步月，既出门矣，月霾其中，且下细雨，因废然返。汉、漱、润、滋则与幽若、德铸往山西大戏院看电影矣。十时许，雨加大，而汉等不归，殊抱虑，因坐看《涵芬楼文钞》以待之。至十二时，始冒雨返，周身淋漓，不成体式矣。遂申夜出之诫，嗣后概不得于晚饭后出游云。

9月1日（丙戌）星期二

阴晴兼至。上午八三，下午同。（八六.四—七三.六）

依时入馆，校汪《志》未刊稿二十叶。

夜归小饮。饮后与雪村闲谈，九时即寝，以欲偿前数日积欠之睡眠也。而盈儿十二时许哭醒，恐体中又不甚安，遂为之惊寤。无福安卧，一至于此。

盈儿身体欠壮，手足又发湿气，夜卧不安，大抵为此。兼之乳佣不善抚慰，遂常致啼哭也。

9月2日（丁亥）星期三

阴霾，闷热。上午八三，下午八五。（九〇.三—七六.一）

依时入馆。上午与丏、琛、珊、晓、调、均诸公商编辑事务。下午校汪《志》未刊稿二十叶。连日秋热，雨湿频乘，令人又有黄梅之感,殊不适也。入夜尤难过,恚甚!

今日为夏历七月十七日,清儿生日,夜饭时以面代,并由清儿邀慰华、履善、满子、文辉、文昭、椒生、蓉娟等过饭焉。予仍独酌,饭后坐屋北招凉。业熊来,告不日将迁居西门大吉路。

9 月 3 日(戊子)星期四

飓风,狂雨。上午八三,下午八二。(八八.〇—七〇.八)

依时入馆,校汪《志》未刊稿三十叶,周《表》十八叶。

圣陶来医牙,午后四时归去。

夜归小饮,饮后少坐即寝,九时入睡矣。

9 月 4 日(己丑)星期五

晴热。上午八四,下午八六。(九二.五—七三.八)

依时入馆,校毕周《表》,并校徐子高《补南北史艺文志》二十叶。

午后出席练习员生补习课程会议。傍晚与丏、洗、琛、珊、晓、调诸公商公司事,入夜始归。归后小饮。饮后与雪村再谈,八时许坐屋背乘凉,遇仲盐,谈至安庆旅况,阅时乃罢。十时入卧。连日气闷热,又竟宵浴汗矣。

9 月 5 日(庚寅)星期六

晴热。上午八四,下午八八。(九二.八—七七.七)

依时入馆,校徐子高《补南北史艺文志》四十叶。办《章氏丛书》及《开明英文读本》著作权共有注册呈文稿各一件。

散班后,应坚吾之招,坚吾复约洗人、晓先、季康共过味雅小饮。谈至十时,乃各散归。所谈均系书业市况,予从旁听之,颇广见闻也。俗有"内行"、"外行"之称,于此益信在行之不可假借矣。

9月6日(辛卯)星期日

晴热。上午八五,下午八八。(九二.三—七七.四)

午前未出,午后到厂,料理董事会事务。

文权、潜华、昌显、修妹、静甥、业熊俱来。夜饭后去。

予会毕归,独坐小饮。贤于午间扰杂远矣,夜饭后仍坐屋后乘凉,为风所袭,不觉感冒,气候不正之患如此夫!

9月7日(壬辰)星期一

晴热。上午八四,下午八八。(九二.七—七五.七)

依时入馆,校书无多,办杂务甚剧。午后三时往福店,四时往晤道始,洽股款事,允签加两千。五时半,偕返福店,晤雪村、洗人、晓先,电约叔谅晚饭,据答已应张伯岸之招,将出饭,九时再会如何云。乃径与道始诸公同赴聚丰园小饮。长谈至九时一刻乃散。洗人与道始赋归,予则与雪村、晓先过访叔谅于三马路惠中旅舍,谈《师石山房丛书》事甚惬,至十一时半乃辞归,抵家已逾十二时矣。

9月8日(癸巳　下弦　白露)星期二

晴闷,夜半雨。上八五,下八八。(九一.二—七六.五)

依时入馆,校毕徐子高《补南北史艺文志》。

夜赴新亚酒楼之宴,公贺允臧续娶并为祖送。到丐尊、雪村、雪山、洗人、守宪、觉农、予同、寿白、颂久、煦先、尊法、愈之、仲盐、云彬、叔含、董宇、梓生等,振铎后至,已散席矣。十时许,乘车返,热甚,濯身而寝。

9 月 9 日(甲午)星期三

雨,午前后尤甚。上午八二,下午八三。(七八.三—七七.八)

依时入馆,校汪《志》十八叶。

散馆后与丏尊、雪村、洗人同车出,过叔谅于旅舍,鞠侯亦至,盖得予信而来会者。坐中遇仲持及丁辅之、冯君、洪君等数人,彼已先有约,遂不能邀叔谅出,即与丏、琛、鞠同饮于大观楼。八时许归,雨后新凉,积烦涤除一空矣。快甚!

珏人体中不适,半缘身亏,半为事烦,成串纠缠,经济时竭,举足为伊致疾也。予甚忧之,而无法为之解脱,奈何!

9 月 10 日(乙未)星期四

晴风。上午七七,下午同。(七七.○—六九.六)

依时入馆,校汪《志》地理一卷。芷芬病,两日未来,校事颇积阁也。

为《开明本国地图》订新约事,于散馆后应俊生之招出,先过福店暂憩,道始约来会,未至,因属来饮所,而于六时径往马上侯,俊生、廉逊、宪文、绍良俱在。有顷,道始至,出《王启周事略》示予,属为作传。稍饮便去。予等五人至十时许乃散归。

9 月 11 日(丙申)星期五

晴。上午七七,下午七九。(八二.○—六四.四)

依时入馆,校汪梅村《南北史地理志》十许叶,其馀杂事甚烦,竟无空暇。

夜归小饮。饮后为道始草文,十时毕。少坐看《寄园寄所寄》,十一时寝。

为《小学地图》制版事,招石卿来谈,谓可修改另粘之,即属携稿修改之。

光焘、端先来,大谈今日文坛诸现象,至堪发噱。丑恶万状,而世方以作家相高,宜乎学人扫地而叫嚣诬妄之徒之傲视一切矣。予久怀鄙夷之心,昧者以为背时,则亦闵之,今乃得之个中人自道,且于所谓"老头子"如鲁迅、茅盾等尤多微词,益征所怀之非谬也。

9月12日（丁酉）星期六

晴,时阴。上午七九,下午八一。（八一.〇—六九.一）

依时入馆,校汪《志》。杂事蝟集,仅能送出十叶耳。

《启周传》稿已送交道始。

散馆后,与清儿往澄儿所,珏人与汉儿已先在,即夜饮其家。九时归,汉儿留宿伴昌顯,明日当自归也。

《集成》初集第二期书今日开箱,即属汉儿检点上架,影印本较第一期为多,可看之书亦夥,此集究未易轻议也。

9月13日（戊戌）星期日

晴。上午八〇,下午八三。（八六.九一—七一.一）

上午九时出席业务会议,十二时散。是日雪村生日,故丏、洗、邺、涤俱被邀过饮其家,予亦与焉。午后三时,予与雪村偕过丏尊,同往西藏路宁波同乡会参观衡阳萧屋泉（俊贤）书画展览会,楼下正举行高梦旦追悼会,予以惮于噜苏,径登楼。所陈画极多,山水自是名手,其馀画梅亦佳,至于怪石奇卉,予不能赏,不敢赘一辞也。且标价太贵,尺幅有逾百金者,是亦只能供过门之大嚼耳。叹惋去之,过大新公司一游。旋同至冠生园啜茗,因小饮焉。八时散出,复过国货商场一巡而返。

9 月 14 日(己亥)星期一

晴。上午八一,下午八三。(九〇.三—七〇.二)

依时入馆,校汪氏《南北史地理志》,仍以杂事多,未能多校,至焦灼。办出呈文一件,送出《章氏丛书》版权广告一件。下午洗人来梧厂,商谈调动南京、汉口两分店经理方式,明日可以办出矣。

夜归小饮。饮后方欲坐定看书而里中作兰盆会,喧甚,遂废,九时听书,十时就卧。

9 月 15 日(庚子)星期二

阴,大风。上午八一,下午同。(八四.九—七四.六)

依时入馆,办出调动人员函件五通,校汪《志》十叶。

下午四时应道始招,为重定《王启周传》。五时到福店,晤琛、洗、晓、梓,因同过马上侯小饮。道始出宁波大青蟹四只供大啖,别购燻小鸡下酒。八时许散,九时三刻始到家。

桂荪调动,丏翁不谓然,而洗翁坚主之,数度商量,卒定局。丏翁竟为之累日不怡,形于辞色。

9 月 16 日(辛丑 朔 八月月建丁酉)星期三

晴爽。上午七五,下午七七。(八二.四—六三.〇)

依时入馆,仍为杂事所困,仅校出汪《志》二十叶。

夜与洗、琛、晓在一家春为京、汉两店新经理张梓生、章雪舟饯行,邀雪山、丏尊、诵邺、索非作陪,丏辞未赴,便拉士文往。八时许即散,九时前归。梓生明日夜车行,雪舟则须二十日乃行耳。

秋热苦人,久久弗释,昨日以来,西风荐爽,烦热都捐,大快!

9月17日(壬寅)星期四

晴爽。上午七五,下午七七。(八四.四—五九.七)

依时入馆,校汪《志》二十叶。

圣陶自苏来,知伊家后门又须添屋,并知红蕉亦将搬回苏州矣。

散馆后,与珏人挈漱、润两儿出,晚膳于四马路之老民乐园,八时归。知捕房曾来新艺抄查阴历之本,据云奉南京命令移会出此。政府之职岂在专抑民间不许沿用阴历一事乎! 可叹! 新艺之耿固贪图小利,承印历本,昧焉以身试法,而承办此案之警役又得于中索诈矣,其贻祸可胜言哉!

9月18日(癸卯)星期五

晴。上午七七,下午同。(八三.五—六八.二)

依时入馆。办理呈文及杂件,并复梦九信。校出汪《志》二十叶,《地理志》部份毕矣,《五行志》亦开始入手也。傍晚出,与圣陶俱,晤洗人、晓先,同过味雅小饮,长谈至十一时乃散归。

予为理书债集会,实无馀力可解,以丏尊热忱,似不可却,贸焉出之。明日又届会期,会款毫无着落,因乞贷于洗人。

9月19日(甲辰)星期六

晴。上午七五,下午七八。(八四.〇—六一.二)

依时入馆。下午出席业务常会,校出汪《志》二十叶。开校徐仲圃《东晋南北朝舆地表》。

夜饮云彬所,解会,其款即贷自洗人者。饮后,拈阄定下次收会,次第,俾不必逐期摇色也。

翼之来,仍挈眷行,将于明日往贺顾宅嫁女。且就便诊疗。

文权、濬华、昌顯来,夜饭后去,以客多人挤,即令漱、滋两儿随之行,俾分住以稍舒焉。

9 月 20 日（乙巳）星期日

晴。上午七六,下午八〇。（八六.四—五九.〇）

竟日未出,业熊来,怀之来,漱、滋两儿归。

雪舟今晚上船,赴汉口分店任。

叔琴来,谓前讲《四部丛刊初集》已加价,须三百金始可脱售矣。与雪村商定,决购来,仍托返苏交涉。

翼之吃喜酒归,已十一时,而予先已为叔琴所缠,致误睡眠,竟失寐,至二时后乃得合眼,天未明,又醒矣。盈儿感冒,又咳呛,故夜间时闻咿嘈也。佣人不得力,贻兹疾患,不胜恨恨。

9 月 21 日（丙午）星期一

晴。上午七九,下午八二。（八九.六—五〇.四）

依时入馆,校徐《表》二十叶,馀处杂事。

夜归小饮。饮后听书自娱。天又转热,殊不适,遂不能好睡。

梓生信来,诵邺归报,南京分店交替事已办妥矣。桂荪自谓梗洁,而临走必支三百元为正月粮,至可鄙笑。丏翁却为此生气,累日做脸,一若去桂荪为最近措置之至不当者然。

9月22日(丁未)星期二

晴。上午七九,下午八二。(九二. 一—六二. 二)

依时入馆,校徐《表》二十叶。

倭焰日张,迭作风波,借成都、北海、汉口侨人事件,恣意扩大,挟为讹诈。彼中竟提出划冀、察、绥、晋、鲁五省为缓冲地域,明夺土地,且要求根绝排倭之行动及想念也。狂悖无耻,旷绝今古,不识天壤间亦容此卑劣蛮横之民族至几时耳。我执政者日惟异己剪除是务,对外来非礼压迫一概忍受,且推波助澜,防民如寇,甚且甘作虎伥而不恤。予生不辰,愤膺欲裂矣!

夜归小饮,饮后少坐便寝。

9月23日(戊申　秋分)星期三

晴。上午七九,下午八三。(九一. 四—六四. 二)

依时入馆,校徐《表》三十叶。复公函两通。

雪村又发流火,未克到馆,愈发愈近,弥可惧也。

夜归饭,饭后与翼之长谈,九时就寝。看《埋忧集》,至十时半乃入睡。

9月24日(己酉　上弦)星期四

晴。上午七九,下午八二。(八九. 二—六四. 八)

依时入馆,校徐《表》二十叶。昨夜八时许,吴淞路、海宁路之交发生日水兵突被狙击事,一立死,二重伤,形势陡紧,倭队倾巢出,搜索骚扰,备极乱状,交通阻塞固不必言,无辜被逮入其司令部考讯者綦众。予绝无所知,今日阅报始悉颠末,他无所言,只浩叹而已。正所谓言语道断,无从说起也。

　　午后,清儿伴翼之夫妇、幽若、德铸往游兆丰公园,约傍晚会于福店。散馆后,予偕珏人挈汉、漱、润、滋四儿赴之,晤洗人,谈有顷,乃与翼等同饭于老民乐园,八时散,属清儿仍偕诸人先归,士敩与焉。予与珏人过濬儿,告星期翼等将往,谈移时,于九时许归。往返所经倭设警戒区,森严狞恶,可怜可叹,不识保无续发否耳。

9 月 25 日(庚戌)星期五

　　晴,风。上午八〇,下午七八。(八一.七—六六.七)

　　依时入馆,校徐《表》三十叶。海宁路事件虽为倭方绝好借题,无如事发租界,且近在陆战队分驻所咫尺,除无聊泼赖外,实无主名可以攀援,则亦垂垂缓矣。我辈无力撑拒,一切只有听任变化,铭心而已。

　　夜归小饮,饮后小坐听书,十时乃就卧。

　　雪村流火虽已平复,精神颇欠佳,故今日仍未到馆。

　　洗人、晓先俱来梧厂,近午乃出。

9 月 26 日(辛亥)星期六

　　晴。上午七四,下午七六。(七六.三—五六.一)

　　依时入馆,校徐《表》三十餘叶。

　　午后四时出,与晓先往大新公司四楼参观中华美术协会第一届美术展览会,其中以陈师曾遗作为最可爱,现代则马公愚之字为胜场云。六时许,到马上侯,洗人及振铎俱在,饮至八时三刻散,还讫节账。雪村以招待应观在一家春晚餐,散后亦来会,遂与之同归。

　　倭在租界似已缓和,却在闸北八字桥一带侵入布防,明明借题欲占地遂行添辟租界耳。可胜愤恨哉! 如此深种仇恨,而满口亲善,其卑劣直非人文济美之国所应出,直暴露其蛮野无赖、下侪畜类而已。

9 月 27 日（壬子）星期日

　　晴。上午七一,下午七六。（七九.七一五五.六）

　　上午九时参加本届练习生毕业典礼及新进练习生谒师典礼。十时许竣事。先得洗人电话,约于十二时前在豫园桂花厅相见,及是往会,晤之,遂同上松月楼小酌,吃素面,并逛内园。旋折至其寓取钓竿,同往漕河泾黄家花园。园落成于四年前,为海上闻人黄金荣所有,地极畅,布置亦过得去,无如俗尘遍罩、无聊歌颂之匾额触目有如庙宇,而关帝殿、观音阁尤杂错其间,令人不舒耳。五时许返洗人寓所,小饮而归,已九时矣。

9 月 28 日（癸丑）星期一

　　晴。上午七三,下午七七。（八四.四一五七.二）

　　依时入馆,校徐《表》二十叶。下午移办事处于旧编主室,盖会计部已搬往福店,得以腾出迁入也。光线大好,入冬亦较暖,似为美迁矣,一叹。

　　翼之夫妇、幽若、德铸、德钫今日下午四时返苏,雪村留午饭,予家与焉,一季以还,稍稍清宁矣。珏人为此疲神焦虑,诸儿为此局促失舒,天热而人挤,有不堪告人者,设再延续此局,将无可耐。

　　夜归小饮,饮后少坐即睡。

9 月 29 日（甲寅）星期二

晴。上午七五，下午七八。（八二.八一五八.一）

依时入馆，校姚海槎《七略佚文》。写信与陈叔谅，催《师石山房丛书序》。

夜归小饮，饮后试新砚，记日记。

明日旧历中秋，漱、润校中放假，而润忽罹眼疾，左眼眵糊，恐患赤眼矣，逢假不得玩，亦可叹已。

石卿前来送节礼，予却之。今又购衣料一端，由福店转来。不便再拒，只得受之，然颇不谓然也。

9 月 30 日（乙卯　望　中秋节）星期三

晴，风。上午七五，下午七七。（七九.九一六二.四）

依时入馆，校姚海槎《七略佚文》、《七略别录佚文》讫。兼校徐《表》十叶。

洗人到梧厂，梓生亦来报告京店事。予最畏粘事，而丐尊神色又异往日，乃远引之，终不欲参闻也。此间事，非无可为，独干部意志不一，缓急殊异，前途难有多望耳。

夜归小饮。饮后在屋后看月，月色甚皎，移时掩户归寝，卧听老九和播送之特别节目，蒋如庭、朱介生、周玉泉、陈瑞麟、陈云麟、赵稼秋、朱介人等联唱《四香缘》，甚动听，惟阅时过久，未及终场即入睡矣。

10 月 1 日（丙辰　既望）星期四

晴。上午七五，下午同。（七九.五一六〇.六）

依时入馆,上午校徐《表》,下午编通信录。

倭情陡紧,又加派兵岗于北四川路、虹口一带,且于要道口加置防御铁丝网,人情大恐,而警察禁止搬移,入夜益甚,殆过于去年时节矣。

圣陶为医牙来沪,明日即须归苏。红蕉本有迁苏意,鉴于时局,不识得无变更否?

夜归小饮,饮后看夜报,风雨之势依然。

10 月 2 日（丁巳）星期五

晴。上午七六,下午七七。（八二.〇—五八.五）

依时入馆,校出徐《表》十许叶。暂搁,先接校汪《志》未刊稿。

事态依然紧张,闸北南市一带之搬家者络绎不绝,虽经公安局严行禁止,实无多大效果也。租界中之铁丝网已撤去,而闸北越界筑路近侧之各地,已完全由倭侵入布岗,桥头路口尤见严重,且有滥捕行人情事。国已不国,尚安容忍耶!

夜归仍小饮,饮后看夜报,时事无甚变化。

10 月 3 日（戊午）星期六

晴。上午七四,下午七五。（八二.六—五四.七）

依时入馆,校汪《志》未刊稿,并为编所写信两通。

夜归小饮,饮后看夜报。时事依然,日派东亚局长桑岛来,传达新训令于其大使川越,或有转圜之意,未识我当局亦堕其术中否?

今日上海、南京各报馆由《大公报》领衔,联合发表宣言,题为"中日关系紧张中吾人之共同意见与信念—敬告全国国民及日本朝野",立言绝无意气感情语,纯出理智之判断,至有力量。日本

《每日新闻》夕刊上即译载全文,似不能无动于中也。

10 月 4 日(己未)星期日

晴。上午七四,下午七六。(八一.九一五八.八)

是日招考练习员,上午笔试,下午口试。饭后仍与雪村、洗人、晓先在明轩传集应考人员分别口试,成绩较上次略佳,盖员生不混,程度自较画一也。应口试者编译、营业方面各七人,或可取得半数云。

傍晚散,予与洗人出,小饮马上侯,八时半归。七日未出,一切如旧,倭岗撤去不少矣。

盈儿九月二十日生日,例次提前一月举行周岁,故今日全家吃面,且邀晓先便饭焉。

10 月 5 日(庚申)星期一

晴。上午七五,下午七七。(八一.六一六二.〇)

依时入馆,校汪《志》未刊稿二十叶,办出聘书一件,呈文一件。

桑岛到沪,今日或将即行入京,空气以是又见紧张,然吾终认为转圜下台之朕兆,倭情叵测,然亦吃软不吃硬也。我当局未审已下决心否耳。设真准备一战,吾信最后之胜利终在我方矣。

夜归小饮。饮后往访凤岐,慰问一切,谈移时,辞归。

10 月 6 日(辛酉)星期二

晴。上午七五,下午七七。(八〇.四一六〇.六)

依时入馆,校汪《志》未刊稿十许叶。饭时冀野见过,即在雪村所午饮。饮后又长谈至五时乃去,予为此稍有耽阁,竟不能进行迅疾也。近夜,闻云彬言,顷得友人电告,今晚恐不免一战,劝其住出。予惟避地无所,止有听之,况未必遂能真打耶!

夜小饮。饮后看夜报,依然闷闷,彼则外弛内张,我乃外紧内懈,瞻念前途,殷忧曷已!

10 月 7 日（壬戌　下弦）星期三

晴。上午七四,下午同。（七八.三—六〇.三）

依时入馆,校汪《志》未刊稿十许叶,兼为编所办公函数件。

谣言大炽,租界亦有迁徙者,入暮尤甚,邻右不克支持者俱逐波而流,一里胥空。予与雪村力为镇静,硬挺之。

日文夜报,大登华北谅解已成立,蒋与川越明晨亦须会见,似局势已软化,不致即诉于武力矣。

夜小饮。饮后觅华文晚报不得,彷徨久之。嗣于七时许在收发处见到《新闻夜报》,知时局一如日报所传,惟谓虹口一带又加紧,迁家者特多云。

10 月 8 日（癸亥・寒露）星期四

晴。上午七四,下午七五。（七九.二—五五.二）

依时入馆,校汪《志》未刊稿十许叶。

报载昨日闸北等处迁移狂潮系中奸人所放谣言,然今日仍未稍减也。

夜报载蒋已于今日上午十时与川越会见,大抵已屈伏矣,可胜浩叹!

晚归小饮。饮后稍坐,听仙霓社播昆曲。外面谣诼仍炽,搬家者如流水,予看透玄虚,坚持不动。

10 月 9 日(甲子)星期五

昙,午后晴,夜十时骤雨旋止。上午七四,下午七五。(七六.一—六一.三)

依时入馆,校毕汪《志》未刊稿,前后凡二百有二叶,又刊〔校〕汪《志》已刊者十四叶。

报载中日交涉大有好转之象,似有默契,局势乃大缓矣。一般移家者为流言所中,仍进行不懈,浪费诚可惜,其责究当谁负耶! 政府如此,又将安仰! 从今后一切缄默,夫复何言!

夜归小饮。饮后看夜报,听昆曲,日来几如常课矣。九时寝。

10 月 10 日(乙丑)星期六

晴。上午七三,下午七四。(七五.四—六九.二)

上午在家看各报增刊,无甚动人处,应时点缀而已。

午刻,雪村请丐尊饭,邀雪山、洗人、调孚及予作陪。近日丐尊又有倦勤意,经洗人剖告店况,非无可为,似已活动,或可不再提及乎。

珏人于饭后率诸儿往潗儿所,约于五时半在四马路老民乐园相会。届时,予偕清儿赴之,文权、昌顯俱集。八时散,润、滋随潗去,住其家,予夫妇挈群儿乘电车径归。

10 月 11 日(丙寅)星期日

晴。上午七四,下午七五。(八一.一—五八.六)

上午未出。看各报增刊之昨剩者。业熊来,怀之来。

饭后与珏人出游。先至动物园、文庙,以休假未得入。转车至邑庙,茶于得意楼。四时许,吃面筋百叶。旋乘车至潛儿所,接润、滋两儿。薄暮归,过王宝和小饮。八时乃返家。

竟日游衍,甚畅适,然夜竟不寐,未审何故。

10 月 12 日(丁卯)星期一

晴。上午七二,下午七四。(八三. 七一五五. 六)

依时入馆,校汪《志》及写信,叔谅已寄《师石山房序》来,故答谢之。

夜归小饮。饮后看夜报,局势甚混沌,恐酝酿暴发耳。

昨未好睡,今晚早寝,然仍连睡四小时而已,未能酣畅也。予为此惧,岂旧疾复作之兆乎!

10 月 13 日(戊辰)星期二

晴。上午七二,下午七三。(七五. 七一五四. 七)

依时入馆,仍校汪《志》及写信。上午且出席业务常务会议。

散馆后,得洗人电召,往一家春晚饭,盖请河南同行郭农山、朱梦楼兼及陆高谊、刘季康,遂邀雪村、雪山、晓先及予作陪也。吃甚饱。十时乃归,似欲呕,但幸未实现。

时局依旧紧张,表面乃至静寂,不识何以如此密云不雨也,闷闷。

10 月 14 日(己巳)星期三

晴。上午七一,下午七二。(七七. 七一四七. 五)

依时入馆,校汪《志》十许叶,写信三封。

颉刚领衔,联合北平各大学教授五十人发布宣言,已见《立报》,然挖去要项,不明内容,其他各报又不予揭载,闷甚。昨日日文夕刊始揭其内容要项八则,绝对不许他国在国境内驻兵及另立其他非法组织。予不见原文,极为牵挂,然无法求得也。

是日初食蟹,午晚各尽二枚,夜且小饮以下之。

八时半即睡,心神无聊,欲早睡以安之也。

沪上所购之笔,入手即秃,坏甚,此字即今日新购自棋盘街老胡开文之紫毫小楷草所书者,不称手甚矣。

10 月 15 日(庚午　朔　九月月建戊戌)星期四

晴。上午七〇,下午七四。(八四.〇—五〇.四)

依时入馆,校汪《志》,送出二十许叶。

颉刚等宣言发表后,正怪北平学生何无应声。今日日文夕刊果有北平学生响应教授之新闻,惟语焉不详,未悉底蕴耳。虽然,中国自办之报纸乃讳莫如深,岂新闻统制之力量所致耶!

珏人应潘儿之请,同往大世界听书,六时许乃归。予待之同膳,并小饮焉。饮后看晚报,消息乃至沉寂,正不识双方外交当局葫芦里卖甚药也?

10 月 16 日(辛未)星期五

晴。上午七二,下午七五。(八一.一—五四.五)

依时入馆,校汪《志》十许叶,为编所写信四封。

散馆后,与调孚、丏尊、云彬同车出,先过福店,并载雪村共赴振铎之约,夜饭于其寓中。盖振铎与予同、愈之公钱济之赴俄使馆任,邀予等作陪也。席间晤一岑、东华、剑三、仲持,宾主凡十三人。

九时许散，仍五人同车归，到家已将十时矣。

中日交涉消息依然沉寂，惟蒋在杭州作清游，而韩复榘辈均往晤商，则我方当然有所准备也。但祈不丧权、不辱国，虽稔恶军阀，吾拥之矣。

10 月 17 日（壬申）星期六

晴。上午七三，下午七五。（七三.五一五三.一）

依时入馆，复刚主信，接秋岳信。校汪《志》无多，处编所杂务。

圣陶于午后来，谈苏地安谧，散馆后与之偕出，小饮于王宝和，各啖蟹二枚。八时许散归。

蒋中正在杭，山东省主席韩复榘、山西省清乡主任徐永昌、冀察政会宋哲元代表戈定远昨日毕赴之，逆料北方大局必有重大开展，似有密行军事会议之象。此番对日，或真有所准备乎！果尔，民族前途，庶几有豸。

10 月 18 日（癸酉）星期日

晨阴，晴。上午六七，下午六八。（七〇.二一五二.七）

晨出理发，旋归看报，知时局将有大转变，法使亦有声明，倭方多少不快矣。九时许，文权、潜华、昌显、业熊、怀之俱来。午间饭于公司，盖股东会职员例有饭吃也。

下午三时开第七届股东常会，道始、振铎诸人均到，予同、愈之则应而未来，照例通过各案外，选举新董监。结果，邵仲辉、范洗人、夏丏尊、章锡琛、章锡珊、孙道始、马荫良、朱达君、杨廉当选为董事，周予同、曾仲鸣、予及圣陶为候补董事。章守宪、何五良、吴

觉农当选为监察人,曾仲鸣同时为候补者云。五时散,与圣陶、调
孚至宁波同乡会看画展,道始、洗人、冀野、振铎先往,丏尊后至。
有顷,圣陶、调孚赴剑三约,予等五人别加一张仁杓者(丏、洗之
友)六人共为撒兰之戏,夜间共往高长兴吃蟹。九时散归。

10 月 19 日(甲戌)星期一

晴。上午六七,下午六九。(七三.九—五〇.四)

依时入馆,办新董会召集函件及撰"《师石山房丛书》广告
词",未标校书。

散馆后,与圣陶、调孚、丏尊同出,过福店,晤雪村、洗人、雪山、
晓先、振铎。有顷,洗人、雪山去,予等七人同赴聚丰园会,七时许
入席。除予等一行外,到煦先、心如、文祺、一岑、愈之、仲持、济之、
韬奋、仲华、剑三、东华、予同等十二人,分坐两席。韬奋久耳其名,
初见印象似不称。愈之、仲华等力捧之,予不甚解。九时半散,乘
车归,已十时矣。

鲁迅(周树人)今晨五时许病卒沪寓,文坛大震,故今夕之会,
谈资无非涉及周氏者。平心而论,周氏思想前进,确为时代健者,
虽不无刻薄吊诡,而文艺立场侧重大众,宜乎为人所赞,誉之为"中
国之高尔基"也。

夜寐不好,二时醒后至五时许始复睡。

10 月 20 日(乙亥)星期二

晴。上午六七,下午六八。(七九.二—四七.三)

依时入馆,办杂事,所校汪《志》甚少。

十时,与雪村、调孚、丏尊、云彬、彬然共赴胶州路万国殡仪馆

吊周豫才。临者甚众。十一时许返馆。

夜在家与圣陶、雪村小饮,饮后谈至九时始散。

睡不安,仍由二时醒达天明,甚恐。

10 月 21 日(丙子)星期三

晴。上午七二,下午七三。(八四.二—五〇.七)

依时入馆,校汪《志》,仍为编所事写信多通。

夜在家小饮,饮后闲翻架书,至九时即寝,睡较好,然四时未到即醒,依然不甚妥适也。设连续性加长,必致大溃,可怕之至!

10 月 22 日(丁丑)星期四

晴。上午七〇,下午七四。(七九.九—五二.二)

依时入馆。上午出席业务会议常务会,下午出席人事委员会,竟未能较好于昨日之校书也。

石卿下午来,允以《广东明细地图》稿让于开明,出价二百元,加制墨版费二十元。适丐尊、雪村、圣陶、调孚往送鲁迅殡葬,无由取决,明日当可定夺也。

报载昨日张群与川越茂接谈,仍无结果,今晨川越茂派驻京总领事须磨弥吉郎遄返日本请示,而蒋中正亦于午间飞赴西安。以此推测,局势或转严重也。

夜小饮,饮后记日记。九时,雪村归,备述鲁迅殡仪之盛,送葬者超过五千人云。

10 月 23 日(戊寅　上弦　霜降)星期五

晴,燥。上七一,下七五。(八一.三—五七.二)

依时入馆,办顶呈内政部为《章氏丛书》注册事。并校陈叔谅《师石山房丛书序》及《姚振宗传》。汪《志》则尚有馀尾未了,明日当可毕工矣。

昨夜又失寐,就床后展转至二时半后始稍合眼,苦甚。

晓先竟日在梧厂,午饭予所,散馆后复同出看洗人,饮马上侯,吃蟹。十时归,十一时就寝,睡尚好。

10 月 24 日（己卯）星期六

晴。上午七二,下午七六。（八一.三—五七.七）

依时入馆,校毕汪《志》。接校万氏《唐将相大臣年表》未刊稿。

夜归小饮,饮后与雪村谈,九时乃寝,睡尚好。

中日局势转紧,有箭在弦上之概,我当局犹思容忍,实为民众所不许,因缘凑泊,或能一奋击贼之勇耳。

明日将有苏州之行,看枫于天平,雪村、洗人、晓先俱行,约午前七时半在北车站集晤。

10 月 25 日（庚辰）星期日

晴,晨有雾。上午七五,下午七八。（八四.七—六〇.四）

凌晨起,盥洗食已,与雪村同赴车站。有顷,索非夫妇、均正夫妇各携一子至。洗人、晓先亦先后至。乃共乘七时四十分开之沪锡对开特快加车以行,九时另七分即到苏州车站。便往苏福长途汽车公司站稍憩,适车坏不能到,待修,误一时,圣陶乃得赶来相晤,因同载以往木渎。十一时即在灵岩山椒宜乐饭店啜茗午饭,饭后登山,茶于丈室。有顷,翻岭赴天平山,瞻范文正公祠堂,过高义

园,复茶于钵盂泉。兼山阁已为客占,就观音堂坐。移时复步返木
渎,已五时,即乘长途汽车回苏州阊门,夜饭于义昌福。义昌福四
十年老店,乃治肴远不及宜乐,可怪也。八时出馆,圣陶入城,予等
遄往车站,仍附加车东归。车中甚挤,同伴分散,及抵上海北站,在
月台相候始晤,然晓先竟未之遇也。匆匆赶回寓所,已十一时
许矣。

10 月 26 日(辛巳)星期一

晴,西风作。上午六四,下午六八。(七一.四—五八.六)

依时入馆,校万氏《唐将相大臣年表》毕,并办出杂事多起。

夜归小饮。饮后独出,闲步于附近,看夜报,知张群与川越会
见,仍无结果。湖北省主席杨永泰昨日下午三时许在汉口海关码
头被刺,未十分即死医院中。凶手川人,为二十许青年,当场拿获。
大约情形与刺汪案相类也。内部暗斗之味为长,抗日与否似为
无关。

幽若昨日来,今日往潜儿所,将候其分娩后再定行止也。

10 月 27 日(壬午)星期二

晴。上午六六,下午六八。(七一.六—四四.六)

依时入馆。接校徐氏《东晋南北朝舆地表》。仍办编所各事。

夜归小饮,饮后看夜报,时局依然沉闷,杨永泰死后,中枢政争
将愈烈。日方仍袭故智,胁迫技穷则软骗,务使人堕其玄中而后
已,吾不识当局何以不察如是也?

写信与颉刚问近状。介绍周、卢所撰文与《禹贡》,请发表。
予所作吴立峰《汉书地理志补注跋》附焉。

10 月 28 日（癸未）星期三

晴。上午六八，下午同。（七六. 三一四八. 四）

依时入馆，准备第八届第一次董事会应行预筹各项。午后二时许出，先过来青阁，询《四部丛刊》第一集有否寄到，盖寿祺约予苏州江杏渔有书出售也。即叔琴前来接洽者。至则寿祺尚滞苏未来，因即去，过道始，与介丞长谈。入夜，始与道始同赴福店，即往一家春出席董事会，到雪村、雪山、洗人、丏尊、达君、荫良、守宪、道始等，例案俱照常通过。未散席，云彬、煦先等闯然来，予知有事，即引归。翌晨晤雪村，悉煦先为努力社事竟与洗人破口相骂云。

10 月 29 日（甲申　望）星期四

晴。上午六八，下午七〇。（七九. 五一五四. 〇）

依时入馆，办董事会事务及校徐《表》，下午得道始电话，谓鱼市场友人送蟹甚夥，约出持螯。予于散馆时约雪村、丏尊、子如、洗人同往马上候会之。无意中遇坚吾、叔旸等，谈笑甚畅，至九时许始散归。

饮不觉多，几致吐，幸未果，然睡尚好也。

10 月 30 日（乙酉）星期五

晴。上午六八，下午七一。（八一. 五一五三. 八）

依时入馆，校徐《表》。年表已毕，接校州郡表。

夜归小饮。饮后听书。未几即就坐补日记，旋看天马书店所出越然编译之《性知性识》及《情性故事集》，无聊之作，真可已而不可已也，于举世滔滔人欲横流之日，犹复推波助澜以张之，终堕恶业矣。十时许就寝。

10 月 31 日（丙戌）星期六

晴。上午七〇，下午七一。（八〇．一——五二．五）

依时入馆，校徐《表》，处分杂事。

散馆后草草食已，即偕雪村赴北站，乘快车往杭州。夜十一时到城站，市面甚盛，虽小酒店亦未关门，唤人力车径投西湖饭店，看定六十七号宿焉。询知今日杭州市民为庆祝蒋中正五十生日举行盛大提灯会，故十二时犹未收市云。

坐定盥洗后呼面食之，一时就寝，睡尚好，至四时始醒。

11 月 1 日（丁亥）星期日

阴雨。上午六六，下午六五。（六二．六—三九．七）

未明四时醒，似闻淅沥，谛听之，雨声打屋澎湃矣，因不能寐，待微明即跃然起矣。比漱礧讫，雨止而地湿，乃与雪村出。强步至花市路各购橡皮套鞋以行，乃往知味观进早点。八时许，步至钱王庙对面，旧杭州府学今杭州师范学校访同光。伊尚未起，直造卧室俟其起。九时三刻，三人偕赴大学路省立图书馆参观浙江省文献展览会，晤叔谅、叔同。自十时起看，循场绕遍十一室，至下午二时始出，犹草草走马看花也。陈列珍品颇夥，而犹足称赏者，为吴县潘博山借到之明贤画象若干幅，近世油画安能望其项背哉。其馀善本书及书画为众，惜陈列不甚得宜，多易忽过耳。自馆出，径往王饭儿家午饮。三时许出，沿路买物，雨意甚浓，仍归旅舍。至五时，乃辞雪村独赴城站乘五时五十分特别快车东归，十时抵沪，唤车遄返，十一时许便睡矣。

11 月 2 日 (戊子) 星期一

晴。上午六六,下午六八。(七四.八—四九.五)

今日朝暾又鲜,天公一若惩予游杭为多事者,故作虐以困之,殊堪自笑也。

依时入馆,仍校徐《表》。下午愈之来谈杂志事,参语甚久。

夜归小饮,饮后听书濯足,至十时乃就寝。

中日交涉事,亘已言语道断,当默以观变,且亦不容多说也。

11 月 3 日 (己丑) 星期二

上午雨,午后晴。上午六八,下午七一。(七四.——五九.〇)

依时入馆,处理日常琐事外,仍校徐《表》。

夜归小饮。饮后本欲听书,因机不亮,废然而止,读王船山《读通鉴论》,精辟之至。

段芝泉今晨二时许疾终沪寓,年七十二。此老政治生活与民国成立以来历史至有关系,功罪未易定论,虽盖棺犹难执之也,惟其私生活则尚不失为磊落倔强之风格云。

11 月 4 日 (庚寅) 星期三

晴。上午六九,下午同。(六八.〇—五八.五)

依时入馆,处理日常事务外,仍校徐《表》。

丏尊、调孚以欲赶编《国文教本》事,今午赴苏就商于圣陶。其诉龙虎书店侵害著作权案法院已来传票,定十日下午二时三十分开庭,予遂诣道始所告之。并先过福店,托晓先为书小幅携去。薄暮返福店,晤子敦、晴帆,因邀洗人、道始及晓先同饮于马上侯。

持螯为乐,十时半乃散归。

11 月 5 日（辛卯）**星期四**

晴,夜半雨。上午六六,下午六七。(七二.〇—五一.六)

依时入馆,仍校徐氏《南北朝州郡表》。

丏、调未来,想昨为圣所留,今日或且游山也。

夜无酒,遂废饮。晚饭后记账,从本年七月起,总算月加五元矣。两年以来,未加一文,红利更无足言,今勉强得之,一若幸致者,可叹之至! 其实薪给章程明明规定,而公司情形又足以称之,殊不必过为处置如此也。

十时就卧,以待雪村之归故也,乃十一时犹未至,想今日未克成行耳。

11 月 6 日（壬辰　下弦）**星期五**

阴雨。上午六六,下午六七。(六四.四—五五.四)

依时入馆,仍校徐氏《州郡表》。雪村未来,有许多待决之事未能办也。

丏尊、调孚归沪,据谈编《国文教本》事圣陶已同意,下星期丏尊即须住苏同商进行矣。果尔,则开明前途当可得一好处也。

夜归小饮,饮后听书为娱,九时即睡。

11 月 7 日（癸巳　立冬）**星期六**

微晴。上午六五,下午六六。(六三.〇—五三.四)

依时入馆,校徐《表》。下午出,过道始谈。五时半到福店,遇晴帆,因约道始及洗人、晓先同饮马上侯。九时散归,与洗人、晓先期明日游南翔。

吃蟹不得法,晚二时起泻一次,甚多,天明又泻,幸尚未愈。

晓先感环境之欠佳,颇思他适,明日或须赴南京一行也。

教部来函,限制教科书送审日期,且派普通教育司长顾树森来沪,与出版界代表谈。其实坊间所送请审查之书有延至半年以上尚未批答者,殊可怪。因详列应回未回各件函梓生就近赴教部及编译馆一催之。

11 月 8 日(甲午)星期日

晴。上午六四,下午六二。(六三.〇一三七.四)

晨起,偕珏人挈漱、润、滋三儿赴北站,候至九时半,晓先夫妇挈士望来。有顷,洗人来,乃相将登车,乘九时三刻车赴南翔。十时十分到,安步抵古猗园,茶于梅花厅。十二时许,到老吴家馆,挤甚。一饭至二时许始了。继过南园暂憩,四时即返车站。乘四时半区间车回沪,六时到家。予因闪腰大痛,草草晚饭后即就卧。转侧剧楚,幸贴万应膏,尚未至十分狼狈耳。

雪村今日归,将应白各事告之。

11 月 9 日(乙未)星期一

晴。上午五九,下午六〇。(六六.七一四二.八)

依时入馆,赶校苏《表》一批。为徐《表》查书不得耽延一日,心甚不怡。

夜归小饮。饮后与雪村长谈,于晓先求去之故颇有公正之陈述。九时即寝。

丐尊明日即赴苏编教本,大约须两星期始一返云。

11 月 10 日(丙申)星期二

晴。上午六一,下午六三。(七二.〇—四二.六)

依时入馆,校徐《表》。

建初来,午间到福店,与晓先共约渠午饭于味雅,二时四十分返店。旋又与建初游邑庙,茶得意楼。五时半仍返店,复与雪村、洗人、晓先、良才、建初同饮马上侯,并约坚吾共叙。至九时许乃散归。

与建初约,下星期会昆山,将作竟日游也。

11 月 11 日(丁酉)星期三

晴。上午六三,下午六四。(六八.四—四六.八)

依时入馆,校徐《表》,进行甚迟,为编所处理杂事甚多。

夜归小饮。希贤送我吉安所拓文信国公手书诗四条,甚佳。过日当付装池。

云彬、仲盐、煦先来,雪村许游王和,通宵未撤,予只有佩服精神而已。

11 月 12 日(戊戌)星期四

晴。上午六一,下午六三。(六六.〇—四二.八)

是日放假,并未出门,在家重整书架而已。午后在屋后看中美航空机表演高空放烟幕,连书草体孙文数次,大约美人亦知凑趣,特乘兹纪念,耸人注意耳。

夜在家小饮。饮后移时,楼上之王和残局始了,先后计达一昼夜,察其形色若犹有馀勇可贾者,赞佩之至!予则少坐已倦,欠伸就卧矣。

11 月 13 日(己亥)星期五

晴。上午六二,下午六三。(六六.二一五〇.七)

依时入馆,处理杂事外,抽校吴向之《唐方镇年表》十叶。

是夕坚吾本约在马上侯吃蟹,晓先忽不欲去,属予设辞谢之。予坚不可,乃于散馆后与雪村赴之。洗人、晓先亦来。乃坚吾竟忘前约,终席未至也,怪甚!

九时半返,十一时就寝,以多饮故,不能即睡也。

11 月 14 日(庚子 朔 十月月建己亥)星期六

晴。上午六二,下午六三。(七〇.〇一四九.一)

依时入馆,为编所办出信件外,校吴《表》三十叶。

夜归小饮。文权来,商与一西友合作著书事,予劝其俟时间充裕后为之。汉儿先在潜儿所照料,至是挈昌顯偕来。晚饭后仍挈昌顯偕文权去。

九时就卧,手《集成》目录看之,眼倦抛却,即入睡。

11 月 15 日(辛丑)星期日

晴。上午失记,下午同。(六九.八一四八.〇)

清晨出,与珏人同到北车站,洗人及晓先夫人已先在,未几,雪村至,因共上车赴昆山,旅行者众,车中几无隙地。八时开车,八时五十分即到昆,然竟未得一坐也。及下车,建初已在站相候,偕行至桥头汽车站,晓先已与张粒民、洪雪庵及建初之亚兄施君迎来,遂共入昆山酒菜馆吃面,先灌黄酒三筒。十时许,张君等导游米茧园,明叶文康公故宅也,池馆已非,而陈菊甚佳,徘徊许久乃行。过施君家小坐,即径赴山前公园,茶于东斋,南宋刘龙洲终隐处,其墓即在斋之西偏。少坐,与洗人、雪村、晓先夫人及珏人登玉峰,先过观音庵,掠测候所而西,遂达山寺。有顷,拾级下,仍返东斋。从容至百花街,饭于粒民所。四时许辞出,步至车站,承粒民等走送至桥头而别,东道殷勤,可感也。六时许乘车东归。八时到北站,唤车径归,见倭兵又在北四川路、靶子路等处布岗,可恶之极,游兴为之消释矣。到家匆匆晚饭讫,少停便寝。

11 月 16 日（壬寅）星期一

晴。上午六三,下午六五。（七三.九—四八.六）

依时入馆,校吴《表》二十叶。中舒来,谈有顷去。

振黄结婚有日,予纠丐、圣、琛、调、云、璋、冰、易、晓等合十人,共送礼券廿元去。

散归小饮,饮后调盈儿为乐,十时乃寝。盈儿又微感冒,夜眠欠安,手足湿疮仍发,甚怜之。

11 月 17 日（癸卯）星期二

晴。上午六三,下午六五。（七四.一—四五.五）

依时入馆,赶校吴《表》。接圣陶电话,知为红蕉老太太病故来此,未几,即接报丧条,午后三时,予与晓先偕花圈往上海殡仪馆吊之。谈至五时出,与晓先走徐家汇看愈昭。愈昭病情已深,恐难望好矣,景甚凄然。薄暮出,先乘十二路公共汽车到静安寺,再转一路电车到抛球场,同往马上侯小饮。谈开明事极中肯,诚不出其所料也。八时许散出,复同过中南书场听书,凡阅夫妇、兄妹、父女、师弟四档,已十一时,亟唤车归,到家已十二时矣。

11 月 18 日（甲辰）星期三

雨。上午六七,下午六五。（六〇. 三—五六. 五）

依时入馆,校出吴《表》一批,仍接校徐《表》。

晚归小饮。饮后听书为娱。与雪村谈。

绥远战事已展开五日,倭阴持之,驱伪满匪军前犯,将士苦矣。然报传英勇可佩也。未审我当局究有决心抗之否耳。如矢志一战,则不应独今一隅支撑,应全盘计画,整向顽敌齐创之也。

近来公司人事措置颇涉乖张,竟有开发在前之店司,无端仍回原处工作者,狐埋狐撋之讥固有人顶受,其如公司全局何！晓先早见及此,慨乎言之,不能不服其远识,此间殆不可久居矣。

11 月 19 日（乙巳）星期四

晴。上午六三,下午六一。（六三. 一—四六. 九）

依时入馆,处理杂务及应付馀事,几占全日,校本竟未有若干也。

圣陶来馆,下午愈之、仲华俱来,于《月报》及明年《中学生》改进事均有所决定,丏尊无异议,大约可以放手进行矣。

今日突然发现一单,劝同人签名捐薪一日,以援助绥远前线之将士。如云个人发起,应先署名;如云公司发起,亦应盖章,乃没头没脑,混签一阵,挨至者惧担汉奸之目,不能深拒,多勉强签发。此事本属应为,而如此出之,显有播弄之人欲出奇谋以胁人耳。予大为不快,益感人事之不臧。

夜未饮,九时许即就卧。

11 月 20 日 (丙午) 星期五

晴。上午五九,下午六一。(六四.四—四二.六)

依时入馆,校徐《表》。

晨接电话,瀄儿将分娩,珏人匆匆赴之。至下午三时复接电话,报产一女,母子均安云。天然未曙便往,傍晚与珏人同送返。

丏尊次子龙文昨晚又举一子,亦天然所接。

夜在家举行第三次集会,到丏、洗、琛、珊、调、圣、云七人,仲盐有事赴皖,均正、祖璋则因事未来也。饮后谈至九时始散,予则于十时后乃睡。

11 月 21 日 (丁未) 星期六

晴。上午五九,下午六〇。(六七.八—四〇.六)

依时入馆,校徐《表》,事烦而错多,竟不能速进也。

乃乾约今日下午五时在福店相晤,予散馆后赴之,晤道始,知乃乾之伴毓英已走散,故今日特约谈商也。候久之,不至,乃与洗人、晓先、道始、良才先往马上侯。饮半,电话至,乃乾乃在梅园,予与道始共赴,谈至九时许乃归。

11 月 22 日 (戊申　上弦　小雪) 星期日

晴。上六〇,下五九。(六一.二—四六.八)

晨起微觉喉梗,至午竟身寒发热,不思食,便拥被卧。本约雪村同往金城大戏院看四十年代剧社出演之《赛金花》,坐是止不行。入夜更甚,气急而身痛,终宵为之不安。

11 月 23 日(己酉)星期一

晴。上午五七,下午五八。(六〇.一一三七.六)

清晨早醒,强起,呷薄粥两口,扶病到馆,作事后渐得舒和。午后大佳矣。校徐《表》十叶。散馆归,稍饮,尽一大杯。夜睡尚好。

《立报》载,昨晚深夜公安局在公共租界及法租界捕去七人而宣布姓名,奇甚。嗣得仲华电话,谓沈钧儒、章乃器、李公朴、王造时、沙千里、史良及邹韬奋已逮去,则此七人云者即指是,但各报俱禁抑不许载。政府措置如此,尚望真能拒倭救国乎! 及晚见《华美晚报》,始大放厥词,详载始末,谓系为救国会领袖而拘办者,嘻! 是何言欤?

11 月 24 日(庚戌)星期二

晴。上午五六,下午五八。(六三.三一三四.五)

依时入馆,校徐氏《州郡表》。

沈衡山等七人均保出候再讯,但今日下午沈、李、王又被捕,且由捕房径传公安局移提去。史良赴苏代当事人出庭未得逮,章、邹押特区第三高分院重觅保,沙则仍羁公共租界捕房云。情形如此,真不知人间何世矣。

日报宣传蒋阁不协,绥事大坏,而华文报俱载前线大胜,竟克百灵庙也。沪上已派王晓籁、黄任之、庞予周、钱新之等前往慰劳,一俟返告,自有实信。

昨日强起到馆,固觉疲劳,然病魔已过去矣。今晚返休,居然仍饮两杯,惟烟则三日未尝一吸矣。夜九时就卧。

今日珏人生日,全家吃面。

11 月 25 日（辛亥）星期三

雨。上午五九,下午六一。（五九.七—四五.五）

依时入馆,校毕徐氏《州郡表》,续校《郡县表》。

散馆归,仍小饮。饮后看晚报,知前方确不坏,甚慰。

在杭郡芝岩所买之笔,未及一月,已败不堪用,至恚! 何以作品潦草今不如昔至此乎?

九时三刻就卧,入睡已十时许矣。盈儿又感冒,夜眠不安,时闻哭声,乳佣不得力至此,真堪愤愤也。

11 月 26 日（壬子）星期四

晨雾旋开晴,入夜发风,甚烈。上午六二,下午六三。（六九.六—五二.○）

依时入馆,校徐氏《郡县表》三十叶。办编所函四件,公司函一件。

今日又新开一笔,不识能用几时也。

夜发风,撼窗作声,今岁入冬来第一次也。

文权来午饭,进请中国神怪传说之由来,予以天主教所出《集说诠真》介绍之,或大有裨于其所闻也。午后一时去,约本月廿八日过饮其寓。

晚小饮,饮后看夜报,知日德《防共协定》已公表,对我殊见胁迫。绥远战事无多载,惟云中央空军已到前线,且绥军已克百灵庙,蒙方德酋已逃走云。

11 月 27 日（癸丑）星期五

晴燥。上午五二,下午五三。（四七.八—三五.六）

昨夜大风,今日气突转冷,有冬象矣。

依时入馆,校徐氏《郡县表》,已超四之一。

百灵庙之捷,虽日报亦无法掩匿,足征前敌并不稍却,良以同忾所振,不问遐迩也。惟上海沈、章等七人仍羁押不释,则不识吴铁城究具若何肺腑耳。

夜小饮,饮后看《渔洋精华录》。

11 月 28 日(甲寅　望)星期六

晴。上午四九,下午五一。(五一.八一二八.六)

依时入馆,校徐氏《郡县表》。

散馆后过道始谈,六时乃至文权所,看新生外孙女昌顺,因晚酌焉。九时,挈先已在彼之漱、滋两儿归。乘人力车至珊家园,呢帽突为不良少年攫去,窜入弄内,只有任之。失帽小事,秃头于风中归来却大感不快也。海上风气之坏如此,岂止浩叹而已哉!

盈儿不适已两日,初仅伤风,今日乃有寒热,甚怜之。

振黄新婚后今晚在致美楼补席,予未去,命清、汉两儿往饭。

11 月 29 日(乙卯)星期日

晴。上午五〇,下午五七。(六〇.一一三三.三)

文权、昌显来。怀之来。

盈儿咿嘈特甚,午间买"鹧鸪英精"饮之,仍不放心,延周医来诊,据云重感冒,配药而去。夜仍有寒热。但睡尚好,惟转醒时啼哭耳。哭时双眼直视,恐为乳妈抱出受惊也。甚恨之。

夜把酒遣愁,九时即睡,然时时听盈儿有无哭声,不能宁贴。

雪村今晨早车赴杭,将住子恺所赶编小学课本。

11 月 30 日(丙辰)星期一

霾。上午五七,下午六五。(六九.四—四五.九)

早起,盈儿仍未退凉,忙乱匆匆,予竟废早餐,便入公司,仍校徐《表》,并接洽诸事。午间闻岳斋夫妇挈其二子来,云斋亦偕至,予陪之小饮。饭后仍请周医来,为盈儿注射一针,热势虽退,而兴奋特甚。入夜更不肯寐,珏人为之不睡,直至深夜三时半始稍合眼,然仍时时哭醒。予受此刺戟,如何能睡,听钟打五记,即冲黑起,开灯作日记。写时犹时时听盈儿不安之声息也,恚甚!

夜饭前仍小饮。

12 月 1 日(丁巳)星期二

晴,夜半雨。上午六二,下午五九。(六四.六—五一.一)

依时入馆,仍校《郡县表》,写信寄雪村。

盈儿整日无热,心稍定,但入夜又来微热,甚忧之,幸夜睡尚安。予亦积倦使然,八时即寝,晚饭前仍小饮也。中夜醒来,寂静无声,复入睡,黎明乃醒,即起身矣。

日来为盈儿不适,心头牵萦之至,思虑所及,须以此事为中心矣。舐犊之念如是其炽,亦可笑也。

12 月 2 日(戊午)星期三

阴雨,午后放晴。上午五七,下午同。(五〇.七—四一.二)

依时入馆,校毕《郡县表》一大批。又校《五代诸王世表》等五种。

盈儿已痊可,心为大慰。

夜归小饮,饮后看书随娱,至九时许就寝。

接雪村信,知居停甚佳,可慰也。

雪山、丏尊先后传言,谓洗人嘱发通知,将于十三日举行本届第二次董事会。询之丏,云昨日洗人招往,与雪山制定预算案,即提董会通过也。予云,此法当促雪村归来出席。彼即云可不必,多一人开会,徒费时间,甚无谓也。予察此情形不胜大诧。此次制预算案,既尽反前例,不令主管人与闻,而业务常会亦不一提,径由三人决定,一若经理亦不须过问者,不知将来提出时,用何名义耳。

12 月 3 日(己未)星期四

晴。上午五〇二,下午同。(五〇.九—三三.二)

依时入馆,校出万季野“五代年表”七种。写信与雪村,告昨日所怀。

夜归小饮。饮前与珏人、清儿散步于物华路及天宝路,市况热闹,不减繁市,惟多江北风味,恍同置身淮扬耳。

晚饭后,梦岩、晓先来,谈至九时去。予亦旋寝。梦岩方在周浦买地,将于明年春天造屋,故言之津津意得也。

12 月 4 日(庚申)星期五

晴。上午五〇,下午五二。(五五.九—二六.六)

依时入馆,校吴向之《唐方镇年表》。

接雪村信,午后复出。

洗人来梧厂,一巡便去,约吃酒,未果赴,散馆后仍在家小饮。

珏人与雪村夫人同往潙儿所,因共幽若同至大世界听书,归道复过之,顺取前寄之箱还。到家晚饭,已七时矣。

12 月 5 日（辛酉）星期六

阴寒，晚尝微雪，即止。上午四九，下午同。（四六.二一三八.三）

家中今日大扫除，上下俱忙。

依时入馆，校《方镇年表》后，接校徐氏《郡县表》。

接雪村快信，知小教本第二册已毕，特录两课之文相示，甚合适也。午后即复之。

散馆后到福店，晤洗人、晓先、良才，因共饮于马上侯。九时散归，已微醉矣。

接叔谅信，谓十二日将派夏朴山往南浔嘉业堂还书，我如能行，可于十一日到杭，翌晨同往云。

12 月 6 日（壬戌　下弦）星期日

阴晴间施。上午四九，下午五〇。（四八.六一三六.一）

上午未出，待文权来。十一时许，乃与昌显及幽若至。饭后伊等入局雀叙，予乃出，欲往邑庙一行。旋以待电车不至，且寒风砭肤，废然复返。薄暮，文权等去，予亦暖酒独饮。饮后小坐，九时即就卧。

是晨予重移书案，腾过后别开一格，甚得意。午后呼匠装火炉，居然准备度冬矣。第时局日紧，不审究能安然向春否耳。

12 月 7 日（癸亥　大雪）星期一

阴霾，午后雨。上午四九，下午五〇。（四五.七一三四.九）

依时入馆，校徐氏《郡县表》。

雪村快函来，谓今日返绍兴省亲，明后日即可还沪也。

夜归小饮。饮后看架书,随抛随翻不名一卷。

社会局令禁文艺刊物二十九种,今日由书业公会正式通知,以近日政府措置推断,决不像能真事抗日者,而一般人偏为宣传蒋在备战,是别有居心,明明欺骗民众以便其媚敌之企图而已。可胜叹哉!

夜十一时,雪村自杭归,予已睡,惟隔墙问答而已。

12 月 8 日(甲子)星期二

晨阴,午后晴。上午四九,下午五一。(四七.七—三四.二)

依时入馆,校毕徐氏《东晋南北朝舆地表》,于是《补编》第五册毕矣。快甚!续校吴向之《唐方镇年表》。

右膝酸楚,隐隐已有数日,惟步履不觉甚困,则亦置之。今日午饭归,陡觉加剧,傍晚散归,益甚,但仍饮。归房就榻,胥由人扶矣,奇极!临睡,用热水袋熨患处,并熏乐氏达仁堂"万应膏"贴之。夜眠尚好,平明,觉稍稍活络已。

12 月 9 日(乙丑)星期三

阴雨。上午五二,下午五四。(四八.〇—三九.二)

晨起强行入馆,晓先陪予到海宁路西段蓝十字会谦益伤科医院诊足疾。至则香烟缭绕,盖乩坛也。以一元二角挂号待诊,少坐,一白脸黑发之绍兴人为予诊,揭去昨晚所贴之膏药,略加按摩,调热膏敷之,似觉稍好,匆匆乘车归,仍到馆。校吴《表》并为编所写信处分稿件。

下午出席业务常会,通过预算案及商议进货、推广两部调动事。

夜归仍小饮,足疾殆愈于昨日多矣。

12 月 10 日（丙寅）星期四

阴雨。上午五三,下午五五。（五二.七—四三.三）

依时扶筇入馆,十时前后仍往谦益医院诊治腿疾。较昨略好,而膝上吊出一泡,颇痛,或已移伤外引乎。校吴《表》。

夜归小饮,饮后少坐即寝。

写信复叔谅,告近有小恙,南浔之行暂罢。

杭州春光书店为开明特约发行所,前晚被焚,今日派晓先往视,并料理一切。当勾留数日始克返沪也。

12 月 11 日（丁卯）星期五

阴雨,夜雨达旦。上午五五,下午五六。（五一.四—四七.一）

依时入馆,扶筇而行,殊不适也。未再往诊。

抽校万氏五代诸表,毕之。

夜约圣陶归饮,盖昨由苏来,随便邀之谈谈也。硕民近状尚平顺,惟圣南已辞部事家居,且婚事亦毫无消息,则殊可为之担心耳。七时去,住虹口公寓,大抵有十日之勾留焉。

绥远战事确顺利,青岛事件亦有解决之望,敌方鉴此情势,正亦不能无视而率意径行也。

西北军恐有问题,蒋中正已由洛阳飞抵长安矣。

12 月 12 日（戊辰）星期六

阴霾。上午五六,下午五七。（五二.〇—四八.六）

依时入馆,校毕吴向之《唐方镇年表》。

散馆后,乘车往小花园聚丰园,会丏、琛、冼、珊、圣、均、调、易、索诸公,公饯诵邺。诵邺将于明日行,前往重庆经营酒业并营进出口货云。此间任推广部事亦既有年,一旦分手,似不能无依依之感也。九时许归。

是日珏人偕雪村夫人挈群儿往新亚洗澡,盖雪村赶编课本,辟室于彼埋头苦干,伊等却利用之以入浴,诚便宜事也。

组青来,为修收音机,十时去。

12 月 13 日(己巳)星期日

晴。上午五三,下午同。(五三.八一四三.七)

上午未出,阅报知蒋中正在西安被扣,张学良于昨日发布通电,大意责蒋不抗日,压迫青年思想,应推翻现政府云云。但新闻统制之力仍在,原电迄未能载,而列名何人亦无由窥之也。此事影响甚大,非个人安危问题,实为中华整个转向与否之问题。南京措置似已慌乱,情势严重之至。

下午到福店,出席第八届第二次董事会,接道始夫人电话,谓道始感冒卧床,不能来。会后,云彬、圣陶、调孚咸至,因与洗人同出,小饮于杏花楼小食部。七时许,乘车赴福煦路浦东同乡会看平声剧社爨演昆曲,人挤无法坐看,立望又感腿酸,九时许即退出,乘车径归,到家已十时矣。

12 月 14 日(庚午 朔 十一月月建庚子)星期一

雨。上午五三,下午五二。(四六.九一三五.六)

依时入馆,校万氏唐代未刊表二种,接校劳经原《唐折冲府考》。

散馆后赴一家春,盖今日开明约愈之谈《月报》事,丏、洗、圣、调、云、璋、均、冰及予俱往也。谈至九时，各散归。

西安消息仍断，蒋生命危险已成一般传说，一时陷入者蒋系要人甚多，钱大钧且有已死之耗云。

12 月 15 日（辛未）星期二

晴。上午五五，下午五七。（六一.○—四五.五）

日来温湿，气候失调，病疫遂多，予足疾幸痊，而漱、润两儿俱不适，至可烦也。

依时入馆，校劳氏《唐折冲府考》。

夜归小饮。饮后看夜报，消息依然混沌，惟东南局势一时似已不致动摇耳。上海警备司令已宣布奉令戒严，或将藉此多逮异己也。

12 月 16 日（壬申）星期三

阴湿，微雨，夜半雷电阵雨。上午五九，下午六四。（六七.一—五二.七）

依时入馆，校毕劳氏《唐折冲府考》及罗氏两补缀之作，又万氏《唐诸藩君长表》、周两膝《五代纪年表》。

夜归小饮。饮后点勘罗叔言《重校定纪元编》，其卷上竟缺廿五、廿六两页，殊为可恨。

临睡，看《苕溪渔隐丛话》，释卷便卧，颇安稳，乃楼上脚步声及笑语声太甚，致十一时即醒，挨延至一时半始复入睡，苦极！

12 月 17 日（癸酉）星期四

阴霾。上午六三，下午五七。（气温混乱，天文台无记录）

依时入馆,校毕练恕《五代地理考》,顾櫰三《五代艺文志》,《宋中兴三公年表》(失名),汪远孙《辽纪年表》、《西辽纪年表》。接校吴廷燮《唐方镇年表考证》。《补编》第六册将半矣,为之欣然。

蒋中正生死问题,殆已成谜,日文报称其已死,华文报亦不能肯定安定,惟多少带安定人心之辞耳。推迁混沌经已五日,而今日报载张学良特放蒋鼎文回洛传话,一若劫质之讲论票价者,儿戏甚矣!岂有漫无策画而敢贸然出此转移大局之举动乎?但国府已下令讨伐,即派军政部长何应钦任讨逆军总司令云。

夜归小饮,饮后闲翻甲辰年《缙绅录》,泰半物故,而遗绩犹有存焉者,亦录蒐之逸趣也。

12 月 18 日(甲戌)星期五

阴雨,午晴。上午五八,下午五九。(四八.七一三六.〇)

依时入馆,校《唐方镇年表考证》。

报载张学良释放蒋鼎文归洛,有回宁报告说,而政府又加命刘峙为讨逆东路集团军总司令,顾祝同为西路集团军总司令,且在临潼激战矣。其中究有何种玄妙,殊令人闷损也。

雪村已自新亚旅舍归,课本已成六册,其七、八两册须在馆作成矣。

夜归小饮。饮后闲坐默思,力求静宁,然就卧后犹不能十分好睡也。

12 月 19 日(乙亥)星期六

阴雨,微见雪花。上午五一,下午四八。(四三.三一二七.〇)

依时入馆,仍校《唐方镇年表考证》。

散馆后出,本应王剑三冠生园之约。及晤洗人、晓先,遂别就马上侯饮,作束饬送圣陶、调孚,属代谢之。谈至八时许即散归。

蒋鼎文已飞返南京,据报载,蒋中正尚无恙,邵元冲则殆矣。西安局面正不知真相如何也。

禹贡会来催收会费,缓日将集合汇出焉。

12 月 20 日(丙子)星期日

阴寒。上午四八,下午同。(四二.八—三五.四)

晨起看报,时局消息仍混沌,邵元冲已发丧,邵力子夫人傅学文女士亦已为杨虎城部下所杀害云。此次事变之大,确为二十年来所仅见也。

午刻与雪村同应丐尊之招,饭于其家,盖其孙弘祯弥月也。饭后纵观所藏马一浮字及朽道人画,至快适。三时与同出,徜徉于吴淞路,入出于各日本店肆,览其风物,亦甚有趣,惟中心不免介之,雅不欲出资购物耳。傍晚,仍返丐所再饮,七时半乃散归。

12 月 21 日(丁丑　上弦)星期一

晴。上午四五,下午四六。(四三.七—三二.五)

依时入馆,校《唐方镇年表考证》。在雪村家举行业务常务会议。

是夕祀先,盖明日冬至,循例于今夜祝飨也。潜儿分娩已满月,今日亦携昌顯偕幽若来。夜饭后去。文权教书,不能来。

复儿夜发热,早睡。近来病气弥漫,全家轮遍矣。愤甚!

12 月 22 日（戊寅 冬至）星期二

晴寒。上午四五,下午四六。（四五. 九—二八. 四）

依时入馆,应雪村属,撰《初小国语课本》四课,因字汇限定,嵌字甚苦,竟日为之,吃力甚矣,然仍大不满意,只索弃之,而雪村收之,愧莫大焉。

夜归小饮,饮后随看架书,十时乃寝。

宋子文已飞陕返京,今晨又载宋美龄俱去,中央进攻部队因以停止,正不知葫芦里卖甚药也。日报称此事军部何应钦及党部陈立夫均表不满,或有一二分实际状况道着耳。

12 月 23 日（己卯）星期三

阴寒,晚雪。上午四七,下午四六。（三八. 八—三五. 二）

依时入馆,续校《唐方镇年表考证》,馀十叶,须交排字房移行后始可再校,因换校聂筱珊《宋史地理志考异》,毕之。

夜归小饮,饮后读陈友琴《清人绝句选》。十时就寝。

12 月 24 日（庚辰）星期四

晴,融雪寒甚。上午四四,下午四五。（四〇. 六—三一. 一）

依时入馆,为编所处理稿件并写信外,仍校万季野未刊稿《宋大臣年表》。

散馆后,与调孚、均正、洗人、晓先同往月报社晤愈之、仲持,谈编辑及推广各事。六时半出,同往大观楼贺同人朱文昭女士结婚,遇振铎、予同、煦先、福崇、冀野等,七时半入席,九时散归,略谈所遭,十时便寝。

12 月 25 日（辛巳）星期五

晴。上午四五,下午四七。（四五.五—三五.四）

依时入馆,校毕《宋大臣年表》及《唐方镇年表考证》。禹贡学会会费解缴事今亦办讫,明晨可送托分店部邮划也。《月报》登记事,今日办出,径送社会局。

夜归小饮。天然来,因留共饭,饭后伊与雪村夫妇及珏人打牌。予则看夜报,知西安事未易即了,而西山会议派大活动,政局将从此动摇,蒋中正之出险与否却无甚关系矣。甫记至此,户外爆竹声大作,无线电播送南京中央电讯,谓蒋已于本日下午五时三十分自西安飞抵洛阳,敦嘱民间施放爆竹示庆云。事起鹘突,不敢遽信,令人不免回想五年前沪人对于日将白川之表示也。及九时许,阅到《申报》号外,事遂征实。

12 月 26 日（壬午）星期六

晴。上午四六,下午四七。（五〇.七—二九.五）

依时入馆,着手办新近赶编之初中初小国文教科送审呈文,只待稿本弄好便可付邮也。

预备编《增补史目表》,如无其他兜搭,当可顺利进行,惟心为《月报》所牵,不无悬悬不宁耳。

夜归小饮。饮后看晚报,知蒋中正已由洛飞返南京矣。各地表示热烈庆祝一如上海,是蒋之运命尚能持续也。

12 月 27 日(癸未)星期日

晴。上午四五,下午四八。(四七. 七—二八. 八)

晨起阅报,知蒋中正夫妇及宋子文、张学良同时由洛飞京,昨已到达。蒋表示宽容,张表示待罪,初不料一幕滑稽戏如此热闹可笑也。竖子不足与谋,信矣哉!

业熊来,文权、潚华、昌顯来。业熊晚饭后去。文权等则看电影出一拢便去也。

饭后,予独出闲步,自里虹桥而外滩、广东路、福建路、福州路、山东路、南京路、浙江路、厦门路、北苏州路、北山西路、七浦路、北河南路、文监司路、海宁路、北四川路、虹江路、嘉兴路、欧嘉路,足足走两小时,始折回寓所,双腿几无以再举,腰背亦下,坠若将折者,无用甚矣!可叹,可叹!

夜小饮,饮后少坐便睡。

12 月 28 日(甲申　望)星期一

晴阴靡定。上午四六,下午五一。(五六. 五—三〇. 〇)

依时入馆,上午增补《史目表》,下午为《月报》选文。

夜归小饮,饮后看白乐天诗,九时许就睡。

《小学课本》仍未毕,反发觉许多错误,今晚又赶夜作,雪村于十时后乃归。送审呈文已发出,声明稿本另寄,本待明日寄出,察势明日无法实现矣。

12 月 29 日(乙酉)星期二

晴。上午五一,下午五二。(五四. 七—四一. 〇)

依时入馆,入手增补《史目表》。

《中学教本》今先寄出,《小学课本》则无法同寄,临时拉芷芬、清华通日帮忙,犹未能了,入夜且加拉士敩、汉华同作焉。

夜归小饮。饮后闲步傍近看月,兼往厂中视雪村等工作。欲帮无由,真爱莫能助也。

12 月 30 日（丙戌）星期三

晴。上午五〇,下午五一。（四九.三—四四.四）

依时入馆,补《史目表》。下午与均正共选《月报》学术文又一批,送愈之。

雪村赶小学国语课本已将就绪。散馆后拉之同参消寒会。予先过道始,六时乃赴小花园聚丰园。计先后到洗人、晓先、世璟、雪村、道始、子敦、晴帆及予八人。本约良才,以发痔不能参加。饮甚快,九时散,约下届仍在原地举行。下届由予主办,本定于一月八日,以晴帆须赴杭公干,一时不得赶到,特提前于四日六时先行,并议定轮值之次一依姓氏笔画多寡为准云。

12 月 31 日（丁亥）星期四

晴,似将转雨。上午五一,下午同。（四九.八—三五.六）

依时入馆,仍补《史目表》。仲持电话来,谓《月报》登记事社会局不管,且推诿不知。恨极,且俟退还再说。

散馆后,赴希贤嫁女喜筵,在齐辉堂先一日举行,希贤不饮,而劝诱甚至,今为之大醉矣。十一时许归,未几便睡。

一年容易,又值岁底,毫无寸进,只重忧患耳。顾谣诼虽多,终未搬迁,则犹堪自慰者矣。

　　盈儿感冒大作,且有出痧子之嫌,举家为之不快,然无法不愁,只得强颜听之已。

收支一览表

月	日	摘要	收入额数	支出额数	结存额数
1	1	上年转存	6.88		6.88
1	4	上年十二月下半薪	87.50		94.38
1	4	加班薪	5.83		98.21
1	4	特储		8.80	89.41
1	4	存成记		5.00	84.41
1	4	家用		50.00	34.41
1	4	提房金		20.00	14.41
1	4	与圣陶合送为群分		2.32	12.09
1	4	元旦与索非输雀		5.00	7.09
1	6	叶琯还	5.00		12.09
1	7	索还输剩	1.50		13.59
1	15	上年升工卅六天	210.00		223.59
1	15	本月上半薪水	87.50		311.09
1	15	存成记		5.00	306.09
1	15	还雪村从成定费		40.00	266.09
1	15	家用		50.00	216.09
1	15	房金找提		15.00	201.09
1	15	还洗人(尚欠五十)		100.00	101.09
1	15	公役节赏		1.00	100.09

续表

月	日	摘要	收入额数	支出额数	结存额数
1	15	贴学费及年用		50.00	50.09
1	16	还讫马上侯		32.00	18.09
1	16	上页转存	18.09		18.09
1	16	《历史大系》及楷帖		3.49	14.60
1	18	金才年节赏		2.00	12.60
1	18	本月初至今另用		6.00	6.60
1	31	本月十八至今另用		3.60	3.00
2	5	上月下半薪	87.50		90.50
2	5	附加班	5.83		96.33
2	5	特储		8.80	87.53
2	5	《地理讲义》版税	1.23		88.76
2	5	昨日夜请颉刚		6.80	81.96
2	5	家用		50.00	31.96
2	5	提存房金		20.00	11.96
2	5	存成记		5.00	6.96
2	5	买书及车力		0.26	6.70
2	6	《世界历史大系(廿三)》		3.02	3.68
2	7	《论语读本》二册		0.54	3.14
2	7	配眼镜架一座		0.50	2.64
2	19	北平书场听书		1.00	1.64
2	20	本月上半薪	87.50		89.14
2	20	扣病假二天		11.67	77.47

续表

月	日	摘要	收入额数	支出额数	结存额数
2	20	存成记		5. 00	72. 47
2	20	上页转存	72. 47		72. 47
2	20	家用		50. 00	22. 47
2	20	提存房金		15. 00	7. 47
2	20	半月来车力杂用		2. 67	4. 80
3	5	上月下半薪	87. 50	0. 00	92. 30
3	5	特储		8. 80	83. 50
3	5	二月廿九扣一班		2. 95	80. 55
3	5	家用		50. 00	30. 55
3	5	一日游苏用		5. 25	25. 30
3	5	存入成记		5. 00	20. 30
3	5	提存房金		15. 00	5. 30
3	5	借清儿	6. 00		11. 30
3	5	借漱儿	3. 00		14. 30
3	5	补前酒三瓶		1. 50	12. 80
3	5	半月来烟、车、另用（内买书二元）		9. 80	3. 00
3	10	借汉儿	5. 00		8. 00
3	19	味雅聚餐		2. 00	6. 00
3	20	本月上半薪	87. 50	0. 00	93. 50
3	20	家用		50. 00	43. 50
3	20	付清本月房金		20. 00	23. 50

月	日	摘要	收入额数	支出额数	结存额数
3	20	还汉儿一、漱儿3		4.00	19.50
3	20	上页转存	19.50		19.50
3	20	取裱画二轴		1.50	18.00
3	20	补吊屠哲生父		1.00	17.00
3	20	绍酒六瓶		3.00	14.00
3	20	放照一张		0.70	13.30
3	20	补《故宫周刊》等		0.96	12.34
3	20	六日至本日点心、另用		7.09	5.15
4	4	上月下半薪	87.50		92.65
4	4	特储		8.80	83.85
4	4	扣缺班二天		11.67	72.18
4	4	家用		50.00	22.18
4	4	存入成记		5.00	17.18
4	4	借珏人	4.00		21.18
4	4	捐伯乐中学		1.00	20.18
4	4	上月廿一至今另用		8.78	11.40
4	6	房屋保险(三千元)		3.96	7.44
4	6	唁梦九之兄电		2.00	5.44
4	8	香烟		1.00	4.44
4	8	送道始父寿幛		3.80	0.64
4	9	借珏人	4.00		4.64
4	9	《世界历史大系》		1.94	2.70

续表

月	日	摘要	收入额数	支出额数	结存额数
4	9	上页转存	2.70		2.70
4	11	赴锡杂用		1.00	1.70
4	14	绍酒一瓶		0.45	1.25
4	20	本月上半薪水	87.50		88.75
4	20	家用		50.00	38.75
4	20	房金		30.00	8.75
4	20	代收禹贡会费	6.00		14.75
4	20	存入成记		5.00	9.75
4	20	本月五日至今另用		1.15	8.60
4	25	《故宫周刊》三期		0.22	8.38
4	26	找付房金		5.00	3.38
4	26	绍酒四,汉旅行龙华		1.38	2.00
5	5	上月下半薪	87.50		89.00
5	5	扣特储		8.80	80.20
5	5	存入成记		5.00	75.20
5	5	送云彬嫁女份		5.00	70.20
5	5	买字典及读本		1.60	68.60
5	5	家用		50.00	18.60
5	5	提存房金		10.00	8.60
5	5	上月廿七至本日酒点		5.30	3.30
5	19	买《容斋随笔》		0.50	2.80
5	19	上页转存	2.80		2.80

续表

月	日	摘要	收入额数	支出额数	结存额数
5	20	本月上半薪	87.50		90.30
5	20	家用		50.00	40.30
5	20	再提房金		20.00	20.30
5	20	存入成记		5.00	15.30
5	20	送缉熙父吊礼		2.00	13.30
5	20	送汪啸水婚礼		4.00	9.30
5	20	绍酒		1.00	8.30
5	20	本月六日至本日另用、车力		3.80	4.50
6	1	《史地讲义》版税	3.75		8.25
6	2	捐弘一法师买书		2.00	6.25
6	2	买《聊斋》新印本		0.63	5.62
6	2	上月廿二至今十天绍酒、另用		3.62	2.00
6	3	《中学生》稿费	20.00		22.00
6	3	找付上月房金		5.00	17.00
6	4	宗祠修谱丁捐		6.00	11.00
6	4	领谱预约款		2.00	9.00
6	4	取到商找款项	40.00		49.00
6	4	陶乐春小酌连酒		3.15	45.85
6	4	还来青阁《经解编目》款		0.90	44.95
6	4	给珏人		20.00	24.95
6	4	上页转存	24.95		24.95

月	日	摘要	收入额数	支出额数	结存额数
6	4	还清汉前借		10.00	14.95
6	5	上月下半薪水	87.50		102.45
6	5	特储		8.80	93.65
6	5	扣缺一班		2.92	90.73
6	5	家用		50.00	40.73
6	5	提出房金		20.00	20.73
6	5	存入成记		5.00	15.73
6	6	《史籍解题》		4.31	11.42
6	6	还公司代垫孙礼		4.00	7.42
6	6	代收圣陶禹贡节赏	6.00		13.42
6	6	三号至今四天车力、另用		2.06	11.36
6	9	大观楼午饮		3.50	7.86
6	20	本月上半薪	87.50		95.36
6	20	代收禹贡会费	12.00		107.36
6	20	家用		50.00	57.36
6	20	提找本月房金		15.00	42.36
6	20	存入成记		5.00	37.36
6	20	马上侯酒账		12.00	25.36
6	20	与圣合送小鹅母吊礼		4.00	21.36
6	20	有正书及《故宫》五期		2.00	19.36
6	20	上页转存	19.36		19.36
6	20	半月来绍酒、车力、杂用		5.26	14.16

月	日	摘要	收入额数	支出额数	结存额数
6	21	半淞园门票四张		1.60	12.56
6	22	同宝泰酒三瓶		1.35	11.21
6	22	馆役节赏(连圣陶所付)		6.00	5.21
6	23	代收禹贡会费	3.00		8.21
6	23	昨夜听大鼓戏票		3.30	4.91
6	23	佛书		2.00	2.91
6	30	定存到期	60.00		62.91
6	30	汇禹贡学会		31.11	31.80
6	30	提付漱、润、滋学费		30.00	1.80
7	4	上月下半薪水	87.50		89.30
7	4	扣存特储		8.80	80.50
7	4	家用		50.00	30.50
7	4	先提房金		15.00	15.50
7	4	存入成记		5.00	10.50
7	4	付讫浩泉砚台价		8.40	2.10
7	11	借珏人	5.00		7.10
7	11	王宝和饮		3.40	3.70
7	11	《七巧八分图》		0.72	2.98
7	20	收会金	450.00		452.98
7	20	上页转存	452.98		452.98
7	20	本月上半薪金	87.50		540.48
7	20	还讫前借稿费		440.00	100.48

续表

月	日	摘要	收入额数	支出额数	结存额数
7	20	家用		50.00	50.48
7	20	找付房金		20.00	30.48
7	20	马永记菜及小账		10.00	20.48
7	20	存入成记		5.00	15.48
7	20	半月来车力、另用、香烟		2.98	12.50
8	3	《四部备要书目提要》		1.14	11.36
8	5	上月下半薪水	87.50		98.86
8	5	扣存特储		8.80	90.06
8	5	家用		50.00	40.06
8	5	提存房金		15.00	25.06
8	5	存入成记		5.00	20.06
8	5	半月来香烟、另用、车力等		6.26	13.80
8	8	为诸儿购睡衣		5.00	8.80
8	8	鲞干及桂圆		1.21	7.59
8	10	陶乐春小酌		2.00	5.59
8	12	借珏人	5.00		10.59
8	12	成渝川菜社晚饭		8.20	2.39
8	12	七日来车力、香烟等		1.29	1.10
8	12	上页转存	1.10		1.10
8	20	本月下半薪水	87.50		88.60
8	20	家用		50.00	38.60

月	日	摘要	收入额数	支出额数	结存额数
8	20	提付房金讫		20.00	18.60
8	20	还珏人		5.00	13.60
8	20	存入成记		5.00	8.60
8	20	八日来香烟、另用、车力		1.00	7.60
8	21	聚丰园餐		3.00	4.60
9	5	上月下半薪水	87.50		92.10
9	5	扣存特储		8.80	83.30
9	5	家用		50.00	33.30
9	5	提存房金之一部分		15.00	18.30
9	5	存入成记		5.00	13.30
9	5	半月来车力、另用、香烟等		6.30	7.00
9	8	公宴寿康夫妇		4.00	3.00
9	10	《寄园寄所寄》等四种		0.76	2.24
9	10	桂圆		1.00	1.24
9	17	借珏人	5.00		6.24
9	17	老民乐晚饭		3.00	3.24
9	18	半月来香烟、车力、另用等		3.00	0.24
9	19	本月上半薪水	87.50		87.74
9	19	上页转存	87.74		87.74
9	19	借范洗人款	100.00		187.74
9	19	家用		50.00	137.74

月	日	摘要	收入额数	支出额数	结存额数
9	19	还珏人		5.00	132.74
9	19	存入成记		5.00	127.74
9	19	解会		50.00	77.74
9	19	孟通如婚礼		5.00	72.74
9	19	瞿作捐款		5.00	67.74
9	19	公饯梓生、雪舟		3.25	64.49
9	19	提付房金本月讫		20.00	44.49
9	19	砚石配红木匣		2.50	41.49
9	24	民乐园晚饭		5.10	36.89
9	25	金才节赏		2.00	34.89
9	25	还讫同宝泰酒账		6.80	28.09
9	25	《世界历史大系》文表索引		4.95	23.14
9	25	一周来车力、香烟等		1.34	21.80
9	26	还讫马上侯酒账		12.70	9.10
9	26	馆役节赏		1.00	8.10
9	26	车力、点心		0.40	7.70
9	27	松月楼饭及漕泾车		2.70	5.00
9	28	本月下半薪	87.50		92.50
9	28	上月转存	92.50		92.50
9	28	特储		8.80	83.70
9	28	家用		50.00	33.70

续表

月	日	摘要	收入额数	支出额数	结存额数
9	28	提存下月房金		15.00	18.70
9	28	存入成记		5.00	13.70
10	2	《历史讲义》版税	3.00		16.70
10	2	四日来点心、香烟、另用		2.40	14.30
10	10	老民乐夜餐及车力		5.50	9.20
10	10	八日来点心、香烟等另用		2.10	7.10
10	14	十一日邑庙王宝和等用		2.40	4.70
10	14	算盘、毛笔等		1.00	3.70
10	15	清儿还我	1.00		4.70
10	16	铎所归来汽车		1.00	3.70
10	18	高长兴撇兰		2.50	1.20
10	19	聚丰园聚餐		2.50	1.30
10	20	本月上半薪	87.50		86.20
10	20	家用		50.00	36.20
10	20	存入成记		5.00	31.20
10	20	提付本月房金讫		20.00	11.20
10	20	请圣陶添菜		1.00	10.20
10	20	十日来香烟、点心、车力等		3.20	7.00
10	20	上页转存	7.00		7.00
10	25	赴苏游览及购物		6.80	0.20
10	25	借珏人	5.00		5.20

月	日	摘要	收入额数	支出额数	结存额数
10	25	特用		2.00	3.20
10	25	邮费两挂号、一平信		0.30	2.90
10	29	天马书二种		0.70	2.20
10	31	借访游	20.00		22.20
10	31	赴杭来回车票		7.05	15.15
11	1	在杭购物		6.00	9.15
11	1	归车加票		0.60	8.55
11	1	人力车及另用、车内点心		2.80	5.70
11	2	股利	80.00		85.70
11	2	还访游		20.00	65.70
11	2	交珏人		60.00	5.70
11	5	上月下半薪	87.50		93.20
11	5	追加七月至十一月薪	20.00		113.20
11	5	扣缴特储		9.60	103.60
11	5	存入成记		5.00	98.60
11	5	家用		50.00	48.60
11	5	提存房金		15.00	33.60
11	5	又交珏人		20.00	13.60
11	5	上页转存	13.60		13.60
11	5	四日来点心、香烟等		1.70	11.90
11	15	赴昆山来回票两张		3.00	8.90
11	16	送沈振黄婚礼		2.00	6.90

月	日	摘要	收入额数	支出额数	结存额数
11	16	又代丏送沈礼		2.00	4.90
11	17	赴吊红蕉老太太汽车		1.20	3.70
11	19	为漱买教本		0.40	3.30
11	19	六日至十九日另用、烟点		2.70	0.60
11	20	本月上半薪	90.00		90.60
11	20	借珏人（连前共六十元）	53.00		143.60
11	20	捐助征远将士		6.00	137.60
11	20	家用		50.00	87.60
11	20	提存本月房金找讫		20.00	67.60
11	20	吊江老太太花圈		1.00	66.60
11	20	贺顾寿白嫁妹幛份		1.40	65.20
11	20	吴阿三做菜		5.00	60.20
11	20	橘子		0.40	59.80
11	20	解会		50.00	9.80
11	20	存入成记		5.00	4.80
11	20	《章氏遗书》八册		2.00	2.80
11	29	瓜帽及鹧鸪菜		1.40	1.40
12	1	上月转存	1.40		1.40
12	5	上月下半薪	90.00		91.40
12	5	特储		9.00	82.40
12	5	家用		50.00	32.40
12	5	提存房金		15.00	17.40

月	日	摘要	收入额数	支出额数	结存额数
12	5	存入成记		5.00	12.40
12	5	还平书店代订《故宫》刊		5.06	7.34
12	20	本月上半薪	90.00		97.34
12	20	家用		50.00	47.34
12	20	提讫房金		20.00	27.34
12	20	存入成记		5.00	22.34
12	20	禹贡会费又交十二月		3.00	18.34
12	20	公送朱文昭喜份		2.00	16.34
12	20	一个月来另用、车力等（内工钱备节1.9）		8.00	8.34
12	21	送韩希贤嫁女礼		2.00	6.34
12	21	代圣陶送朱文昭礼		2.00	4.34

1937 年（民国二十六年）

1 月 1 日（戊子　元旦）星期五

阴晴时变，寒。上午五二，下午五四。（四九.五—三九.〇）

今日例假，公司仍假梧厂齐辉堂举行聚餐并摄影。下午三时，雪村长子士敏与希贤三女汝珍在堂结婚。四时许，予与圣陶、愈之、洗人、子如同茶于北四川路新雅酒楼。六时许返厂，入席吃喜酒。予同席者为愈之、仲持、伯恩、圣陶、祖璋、均正、晓先等。酒酣，洗人、挺生、仿游、绮仲来，后大饮，遂醉，幸未及吐也。

1 月 2 日（己丑）星期六

晴。上午五一，下午同。（五四.三—三五.四）

依时入馆，补《史目表》。

散馆归，参加雪村会亲筵。与挺生、伯梅、仲盐、家海、梓生等饮，又多饮矣。

圣陶赴剑三宴，未果来，至美则与汉华等同饮，明日归苏。

1 月 3 日（庚寅）星期日

晴。上午五〇，下午五一。（五七.六—三二.九）

上午出席业务会议。下午未出，晓先夫妇挈子女来，盘桓半日乃去。

盈儿重感冒,有出痧子之象,延周医来诊,亦不能断定,颇为不安。遂将乳妈及盈儿之卧床迁来寝室,俾便照看。但夜间乃不得安睡矣。

1月4日（辛卯　下弦）星期一

晴暖透润。上午五二,下午五八。（六六.〇—三七.四）

依时入馆,补毕《史目表》,并作小序一首。

散馆后,与洗人、晓先、云彬同赴聚丰园,盖今日提前举行第二期消寒会,由予当值也。到道始夫妇、世璟、文叔、晴帆、丏尊及子敦代表俞君,饮甚畅。约下期仍在聚丰园举行,即于八日由文叔补行,惟雪村以陪伯梅打牌,未能到会。

九时许归,十时许睡。盈儿已稍痊,似非痧子。

1月5日（壬辰）星期二

阴雨。上午五六,下午五九。（六〇.八—一四八.〇）

依时入馆,办编所琐事甚多。补为《月报》选文,下午并拟定《历代艺文全志》总目及阅定《丛书子目汇编》排样。

夜归,与伯梅、仲盐及雪村饮,彼等于饮后招云彬打牌,予则于灯下看新寄到之《故宫旬刊》,九时许就卧。

盈儿热已全退,惟夜咳加剧,似不能安眠也。

1月6日（癸巳　小寒）星期三

阴。上午五六,下午五四。（四五.三—一四二.六）

依时入馆,为《月报》作"学术情报"。下午出席业务常务会。

夜归小饮,饮后随阅架书,九时许就寝。《夷门广牍》之《天形

道貌》至有趣,《芥子园谱》即出于此也。《丛书集成》虽排样稍疏,
而量丰质美之本身固大足赞叹耳。予按月缴款,不自觉已达全价
四分之三矣,本年六月,全书出齐,书价亦陆续付清,不亦快哉!

1 月 7 日（甲午）星期四

阴寒,傍晚先霰后雪。上午五一,下午四九。（四一.六—三
一.三）

依时入馆,校吴向之《北宋经抚年表》,仍为编所办公函诸
琐事。

夜归小饮。饮后与盈儿玩,儿已就痊,予与珉人对之,如释重
负。八时,儿睡,读赵云崧《二十二史札记》,于五代时张全义、冯
道之为人持论颇平,盖深合近世史家社会背景之说,固非好为诡论
及故以头巾示人也。十时就寝。

盈儿已大好,心为释然。

1 月 8 日（乙未）星期五

阴寒,雪。上午四八,下午同。（三七.六—三五.一）

依时入馆,续校《北宋经抚年表》。

散馆后,与丏、琛同乘赴聚丰园消寒会,朱文叔补行也。到子
敦、梦周、道始、守宪、世璟、洗人、晓先等凡十一人,晴帆则未至,大
约杭州公干尚未能毕事也。饮甚欢,九时乃散,予仍与丏、琛及晓
共车折返。

1 月 9 日（丙申）星期六

晴。上午四八,下午同。（四五.一—三四.〇）

依时入馆,续校《北宋经抚年表》。

今日取到上年度升工贰百拾叁元,还洗人百元,还珏人七十元,提存会款五十元,反贴出七元始过去。钱之为累如此,真人生最可厌之事矣。

夜归小饮,饮后出理发,七时半即返。坐看架书,至十时乃睡。

1月10日(丁酉)星期日

晴寒,冻。上午四七,下午四五。(四二.四—三〇.四)

上午看报,知西安事件已不能掩饰,杨虎城、于学忠等揭示反对南京政府,励行抗日。真相如何不可晓,而中央无法控制则确乎不移矣。时局前途诚不知伊于胡底也。

饭后独步邑庙,归途购得瑞有天茉莉薰香片茶叶一斤,归欲烹尝,火炉息矣,恨甚,亟呼佣重燃之。傍晚潆华、文权来,晚饭后去,伴予小饮。

珏人感冒未起,而予弗如意矣。夜间,雪舟之子女及雪村之子女去楼上大嬉弄,地板震撼欲堕,几无法入睡,一时后乃止,不快甚矣。

1月11日(戊戌)星期一

晴寒,冻。上午四八,下午四六。(四〇.五—二五.〇)

依时入馆,校《北宋经抚年表》。写信与榆生、圣陶。接颉刚、起潜信。

洗人、晓先为春光火灾善后事,昨夜赴杭。雪村则昨午为云彬、煦先所邀,往游王和,至今午始罢,予觉似此连宵逞快,终为太过,匪仅体气受损,公事亦不免寝坏也。

夜归小饮。饮后看日文《每日新闻》夕刊,知西北之反抗中央已有具体表示矣。设逐渐扩大,潼关以东终不免牵动耳。

1 月 12 日（己亥）星期二

晴寒。上午四四,下午同。（四三.三—二二.六）

依时入馆,校《北宋经抚年表》。接廉逊电话,约于今晚六时在高长兴饮酒。散馆后赴之,晤由廛、越然、俊生、廉逊。俊、越不饮,而外加高以长,不觉又多饮矣。九时归,甚醉,惟未呕吐为幸耳。

今日开始令清、汉两儿为《历代艺文全志》作索引,问题多而手续烦,不审观成何日也。

1 月 13 日（庚子　朔　十二月月建辛丑）星期三

晴。上午四五,下午五〇。（五三.一一—二七.三）

依时入馆,仍校《北宋经抚年表》。

夜归小饮,饮后读《艺概》,念及先师孙君,不免泫然。

晓先杭行未返,其夫人忽有流产象,惶急之至。珏人往省,便邀吴天然莅诊之。据云恐不免也。夜饭时,天然来,谓今晚晓先夫人当产,而晓先仍未归,不识能安否过去也。予嘱其守常应付,必无大害。

1 月 14 日（辛丑）星期四

阴。上午四八,下午四九。（四四.八—三八.一）

依时入馆,校毕《北宋经抚年表》,续校《南宋制抚年表》。

写信与乃乾,送《清名家词》一、三、四、五册十八部去。

为《民众周报》向邮局请求挂号给证。

《月报》明日须出版,而今日尚未排校完毕,窘甚。

夜归小饮,饮后读《清名家词》。

越然来书,颇以前晚席上提其藏书为嫌,是诚不广之至,今后知所忌矣。

晓先仍未见归,其夫人已于昨晚十一时产一子,母子均安。今晨珏人往视,复已征实。

1 月 15 日（壬寅）星期五

阴。上午四九,下午五〇。（四八.〇—三九.二）

昨夜为赶校《月报》事,调孚、芷芬、振甫、允安、浩泉等均在美华印书馆挨至深夜三时乃返寓。勉强签出清样,印好恐今日未必能了也。以此,延至散馆,尚未见样书。

依时入馆,校《南宋制抚年表》。

西安事件混沌甚,恐短时间无法分晓也。汪兆铭昨已返沪,国事前途毫无开展,此行恐贴后悔耳。

晓先昨夜归,今日晤之,据云,春光事仍由许丽川苟延再说。予于营业事完全外行,只好听之,实不解所以也。

夜归小饮。饮后,仍读《清名家词》。

1 月 16 日（癸卯）星期六

阴雨,大雾。上午五二,下午五三。（五二.七—四三.七）

依时入馆,校《南宋制抚年表》。

《月报》已出版,邮局挂号事亦办出。《月报》编制确好,不谓微发其端之事竟成佳果也。

夜归小饮。饮后听播乐为乐。

同儿昨往潗儿所,住焉。今尚未归,想明日当同来耳。

1 月 17 日(甲辰)星期日

阴。上午五二,下午五三。(四八.二一四一.七)

晨看报,并预备董事会事务。饭后往福店,出席第八届第三次董事会。只有报告,并无提案。四时散,与道始、雪村、洗人啜茗于新雅。六时到味雅,赴消寒会,到世璟、晓先、文叔、子敦、洗人、雪村、道始、晴帆及予与士文,共十人,三人不饮,乃共罄七瓶合十四斤,可云多矣。十时乃散归。

1 月 18 日(乙巳)星期一

阴雨。上午五〇,下午同。(四六.四一四一.七)

依时入馆,校毕《南宋制抚年表》。

圣陶来,因与共访来青阁杨寿祺,欲托估计平伯所写曲本印价,未晤,即走高长兴对饮,至八时许返,圣陶则仍宿虹口公寓。予归后,十时乃就卧。

1 月 19 日(丙午)星期二

阴霾。上午五一,下午五二。(四五.五一四一.四)

日来气候失调,疾病荐臻,流行性感冒,普及于全世界,据医云十八年来所未有也。

依时入馆,校李慎儒《辽史地理志考》,并为编所办出不少文件。

夜邀丐尊、圣陶饮于雪村所,予出酒,雪出肴,谈至九时乃各散。

1 月 20 日（丁未　大寒　上弦）星期三

阴雨。上午五〇，下午四九。（四四.二一三九.九）

依时入馆，校《辽地理志考》。下午到来青阁晤寿祺，托询套印曲谱事，据估计每页印三百份，计二元二角。予当复知圣陶，俾与平伯商定。归预业务会议常务会，决定要事多件。

颉刚上午来访，即去，谓须赴杭一行，两日后归沪再叙。

夜赴云彬所饮，盖第四期集会解款已届矣。八时归，少坐即寝。

陕甘事甚棘手，蒋已计穷应付，汪乃冒然顶缸，正不知戏文扮演至何状耳。

1 月 21 日（戊申）星期四

阴。上午五〇，下午四九。（四五.九一三八.三）

依时入馆，仍校《辽地理志考》，并为编所处杂事。

来青阁来电话，谓已与鸿宝斋切谈，套印较难，印工须加算，比昨估尚远，如印五百份每页连纸二元七角馀，如印三百份则须三元以上也。予属调孚归饭时往语圣陶于丐所，已动身返苏，未及晤。饭后遂作书告之。

夜归小饮，饮后看《故宫旬刊》，颇得赏鉴之乐。

日来流行性感冒传染甚速，开明、美成合计，卧病者已达五十人以上云。

1 月 22 日（己酉）星期五

晴。上午四八，下午四九。（四五.三一三三.三）

依时入馆,校毕《辽地理志考》,续校万《表》及黄任恒《辽艺文志》。工行甚利,下月之内决可竣事也。

颉刚已由杭归沪,访予长谈,十时去。约晚间往旅舍共饭。散馆后,予与雪村先往福店,偕晓先诣孟渊晤颉刚,六时同至味雅,雪村、洗人、调孚已在,乃共饮,有顷,愈之亦至。谈至九时,愈之去,予同、振铎来,因偕赴孟渊续谈,至十一时,始别,归时已将十二时矣。

1 月 23 日(庚戌)星期六

晴。上午四八,下午五〇。(四八.七—三〇.〇)

依时入馆,校毕黄《志》及万氏《辽表》多种。

十时接晓先电话,知周凤岐医生已于昨日下午六时在宁国路圣心医院逝世,骤闻之下,如堕冰渊,初不料其人如此下场也。十一时许,与晓先及珏人同车前往临吊之,观其遗父妻儿,十分凄怆,忍泪急归。

下午在馆校《金世系图》、《将相大臣年表》、《宰辅表》。

夜归小饮,饮后随看词集,十时即寝。

1 月 24 日(辛亥)星期日

雨。上午五〇,下午同。(四六.四—三五.四)

上午看报,西安事件仍在五里雾中,日报则盛言妥协,华报则颇嘘讨伐之焰,诚不知葫芦里究卖何药也。

饭后,往恩派亚看昆弋班,韩世昌、白云生俱佳,其馀配角亦尚好,较诸京班终属上乘也。惟北人厚重,表现不免过火耳。

夜六时散,冒雨归,赴天然四十寿筵,丏、琛、盐诸公俱在,甚盛,十时乃散。

1 月 25 日(壬子)星期一

阴雨时止时作。上午四八,下午同。(四五.一——三八.三)

依时入馆,校《金史》诸补表,毕之。

子良自粤归,本约共饮,因伊先有他局,遂罢。予则应洗人、晓先之招,仍出饮于马上侯。洗有老友张、景二君来会,颇多饮,而复与翙新、旭侯续加,遂醉。归已十时,黎明竟呕黄水。

1 月 26 日(癸丑)星期二

阴。上午五〇,下午同。(四八.六—三〇.九)

依时入馆,校吴向之《元行省丞相平章政事年表》。

散馆后即出,过福店,与洗人、子良同往鸿运楼。有顷,客续至,遂开饮,文叔、世璟俱以返乡未到,馀皆至,此处所制排翅及乌参均特佳,惟烫酒较不入彀而伺候复欠周到耳。十时返。

1 月 27 日(甲寅　望)星期三

阴。上午五〇,下午五一。(五六.七—三三.一)

依时入馆,续校吴《表》。

夜归小饮。饮后看词集。九时就寝。

近日大有疾发之感,每中夜醒,即不复能寐也。甚惧。顾绮仲已辞职,将有山左之行。刘叔琴则苏州之局已终,或将来开明任事耳。

1 月 28 日(乙卯)星期四

阴。上午五二,下午五三。(四八.二—四二.一)

依时入馆,校毕吴《表》及黄鞠友《元史》诸表。下午校钱辛楣《元史氏族表》。

夜归,参与雪村会亲筵,与仲盐、希贤、雪村、颂周、雨岩同桌,珏人亦与希贤夫人、雪村夫人等同席云。八时许散,十时后乃寝。

今日为倭侵闸北五周年纪念,无线电播音停止娱乐,如此创巨痛深,只馀此一点微痕,可叹!

1 月 29 日(丙辰)星期五

晴。上午五〇,下午同。(四七.一—三六.五)

依时入馆,校毕《元史氏族表》,接校《元史艺文志》。

晓先将就教育部之聘,为编短期小学课本,已与当局说明,暂准请假三个月云。

夜,雪村请子良、少楼,由丏、洗、盐、晓、云、绮及予作陪。九时许散。雪、云、楼、盐则游王和,二时后乃罢。予睡不安,前后通计不及四小时也。

1 月 30 日(丁巳)星期六

阴,夜大雨达旦。上午四九,下午五一。(五一.四—三三.四)

依时入馆,校毕《元史艺文志》,续校《宋辽金元四史朔闰表》。叔琴已来,大约无甚波折也。

散馆后到福店,夜与晓、洗、雪村、雪山、调、均、易、非在大新街大鸿运吃饭,亦可云为晓饯行,虽事终有离合,然颇感乏味矣。九时许乘车于雨中归,到家已十时矣,即睡。睡至二时醒,展转反侧,迄于天明不能寐,恚甚!

1 月 31 日（戊午）星期日

雨。上午四九,下午五〇。（四三.三—四一.二）

难得休假,满拟往大新游乐场看仙霓社戏,乃竟日雨淋,饭后尤甚,只得枯坐听雨而已。夜与雪村、叔琴及业熊小饮,谈至八时许乃罢,九时就寝,而叔琴等则打牌,不知于何时终了也。

晓先之去,殆成事实,锐钢乃折,理固有然,而群阴为祟,浸润得售,实为主因;世事之难如此,宜有飘然远引之思矣。

2 月 1 日（己未）星期一

晨阴,午后转晴。上午四八,下午四七。（三九.六—三五.二）

依时入馆,校毕《四史朔闰表》。

夜赴小花园聚丰园,洗人请子良、少楼、雪村、雪山兄弟、薰宇、叔琴、徐君及予参焉。饮颇多,归竟大醉。翌晨犹难过,幸未作吐。

晓先持研因两电来商,予劝其弗就,乃下午竟赴京接头,是其浩然之志已决矣。环境之僵局不开,走亦大佳也。

2 月 2 日（庚申）星期二

晴。上午四四,下午四五。（四六.六—二九.五）

依时入馆,校《三史艺文志》。

叔琴聘书已送,任编辑,月薪壹百元。

散馆后到福店,约鞠侯及洗人在马上侯饮酒,即席还酒账,乃乾亦来会,谈甚惬。

2 月 3 日 (辛酉 下弦) 星期三

晴。上午四八,下午四九。(五七.四—三〇.七)

依时入馆,校毕《三史艺文志》,续校刘廷銮《建文逊国之际月表》。燕王之忍与逢恶之臣之残贼,真堪令人发指也。夜归小饮。饮后与珏人挈漱儿乘兴往大新看昆剧,八时到,甫闹场,有顷幕启。是夕剧目为传镛、传沧之《演官》,传锟之《刘唐》,传蘅、传苹、传浩、传艻之《访友》,传淞之《狗洞》,传芸、传芳、传铃之《乾元山》,传茗、传瑛、传鉴之《梳妆》、《跪池》。十二时乃散,到家已一时矣。在场晤乃乾。

2 月 4 日 (壬戌 立春) 星期四

晴。上午四八,下午五〇。(六七.三一三九.〇)

依时入馆,校毕《月表》并续校傅节子《残明大统历》及《残明宰辅年表》。

夜往悦宾楼,赴子敦所主之消寒会也。到子敦、文叔、张君、雪村、洗人、叔琴、晓先、晴帆、世璟、道始、廉逊及予凡十二人。至八时许散,复拉晴帆、晓先、洗人、叔琴、子敦、廉逊、文叔、张君往看昆剧。一时乃归。

2 月 5 日 (癸亥) 星期五

晴。上午五六,下午六〇。(七四.三一四二.八)

依时入馆,校吴向之《明督抚年表》。

下午三时,出席福店业务常会。夜六时,与洗人往饮马上侯,晤良才并及洗人之表兄钟子良。九时散归。

晓先来谈,教部事决就,元宵前后必当前往矣。

2 月 6 日(甲子)星期六

阴,晨大雾。上午五五,下午五八。(五一.三—四三.三)

依时入馆,续校《明督抚年表》。

夜归小饮。饮后少坐便寝,九时即入睡矣。

为清、汉两儿授杜小山《寒夜》七绝一首,为漱、润两儿授《龙文鞭影》四句。

2 月 7 日(乙丑)星期日

阴。上午五四,下午五三。(四八.七—四三.五)

晨起看报,西安事件似有解决之象,中央军已进近长安矣。

午间应家海之招,遂饭其源茂里寓楼,有丏、琛、琴、盐、雄、珊、涤、舟诸人,饭毕便归,偕士敫、清、汉、漱、润、滋、士文、士曼往游邑庙,茶于得意楼。傍晚出庙,各吃面筋百叶而归。

夜在寓小饮,饮后本欲往看昆剧,以事未果。遂续授漱、润《龙文鞭影》四句,清、汉张敬夫《立春偶成》七绝一首,九时许乃就卧。

2 月 8 日(丙寅)星期一

晴。上午四九,下午四七。(四六.九—三七.六)

依时入馆,校黄鞠友《明宰辅考略》及《七卿考略》。

夜归甚倦,小饮自遣。乳佣不慎,盈儿又伤风,眠不安。予为此牵萦,终宵失寐,至五时始一合眼,苦甚。

外孙女昌顺,以昌顯感冒,有出痧子征象,故寄来避恙,已将旬日。幸昌顯已痊,绝非痧子,明日当来迎归也。

为漱、润授《龙文鞭影》两句。

2 月 9 日（丁卯）星期二

晴,夜半雨。上午四九,下午五四。（五一.四—三六.三）

依时入馆,校毕《明七卿考略》,仍接校《明督抚年表》。

是夕祀先,邀文权、濬华、昌顯及文权老太太与怀之、业熊同来吃年夜饭。九时许,文权等归,因接昌顺同去。

十时就卧,移时乃入睡,但至翌晨四时始醒,足偿昨前之失矣。

2 月 10 日（戊辰）星期三

雨。上午五二,下午五六。

依时入馆,仍校《明督抚年表》,止馀五十页矣。

明日起补放年假两日,十三日仍续放,移廿一日星期补之,是连续且得四天矣。将如何遣此乎。

夜归,团坐吃年夜饭。饭后随意阅览,至十二时乃睡。

岁月飞度,又阅一载,徒见艰辛,毫无裨益,可愧亦可自怜也。

2 月 11 日（己巳 朔 丁丑岁正月月建壬寅）星期四

阴雨,寒。上午四九,下午同。（四七.五—四〇.六）

晨起听雨,闷甚。迪康、德馨、趾华、颂周、家海来。怀之挈德镛来。午刻与怀之、德镛、士敏、士敫饮。饭后,独往大新看仙霓社昆剧。游人甚挤,电梯不得上,乃步以登。到场时,方演武技,至三时乃闹场出演。循例《大赐福》后跳加官及招财,副末交过排场后始演正剧。传锟之《训子》,传淞、传苹之《借茶》,传芳、传瑛、传芗之《跳墙着棋》,传钤、传芸、传浩之《十字坡》,传茗、传珺、传鉴、传蘅之《奇双会》。在场遇天然等。七时散归,小饮自适,十时乃寝。

2 月 12 日(庚午)星期五

雨,寒。上午四九,下午四七。(三八.七—三六.三)

竟日未出,午晚两度饮酒而已。午间招仿游、趾华、韵锵、迪康、德馨饮,挺生、志行亦来。饭后与挺生对弈一局。夜乃独酌。

天然来,少坐便去。

2 月 13 日(辛未)星期六

阴寒,风。上午四五,下午四六。(三六.〇—二七.三)

上午九时,珏人挈清、汉、漱三儿赴天然家,十时许,予亦往,即偕珏人返。饭后,珏人挈同、复两儿及德镛往大新看仙霓社戏,予则往福店晤晓先及索非。傍晚,予与晓先步至洗人所,参加消寒会。入夜,诸友毕集,惟雪村以幼雄、云彬之王和局竟缺席。饮至畅,良才亦被邀焉。十时半乃散归。

2 月 14 日(壬申)星期日

晴。上午四六,下午五三。(三九.〇—二五.九)

文权、潘华挈顕、顺两外孙来,仲弟夫妇挈涵、淑两侄来,因共饭。静甥亦至,可谓极盛。午后,心君来。业熊来。傍晚仲弟等去,清、汉两儿与同乘,便径赴洗人师母邀宴。盖请珏人未能往,特遣之应席也。十一时乃归。夜饭后,潘华等去。有顷业熊亦去。

开岁以来,倏焉四日,饮酒征逐,弹指便过。明日将照常办事,惟印所装作俱未开工,恐亦无甚事情可作耳。

2 月 15 日 (癸酉) 星期一

晴。上午四八,下午五三。(四三. 〇—二六. 二)

依时入馆,续校吴向之《明督抚年表》。

云斋来,午间陪同小饮。夜归仍饮,饮后为清、汉授范石湖《田家》诗一绝。

看《续世说》,九时许就睡。

今日为金危危日,俗以难得,颇迷信财神必来,而适值旧历正月初五,尤见名贵,于是爆竹声自昨夜起通宵不绝,今日又续闻无间云。时至今时,犹睹此状,我国笃旧之风亦太牢固不拔矣。

2 月 16 日 (甲戌) 星期二

晴。上午四九,下午五五。(四六. 二—二七. 一)

依时入馆,续校《明督抚年表》毕,续件须印所改进始可校,因别校《汉书艺文志》。并写信复昌群,为冯承钧校注《西洋朝贡典录》事。

夜归小饮,饮后为漱、润授《龙文鞭影》两句。补记四日来日记。

珏人应晓先夫人之招,往饭,入夜乃返。

2 月 17 日 (乙亥) 星期三

晴。上午四九,下午五六。(五二. 三—二六. 四)

依时入馆,续校王先谦《汉书艺文志补注》。

散馆后出,到福店,与洗人等共赴道始所主之消寒会。原班外只多一李季谷。是夕甚圔,晴帆竟至当场呕吐云。十一时散归,到家将十二时矣。

角直旧生严大椿来,将入开明出版部任事,约三月一日正式来店。

2月18日(丙子　上弦)星期四

阴。上午四六,下午四八。(五四.〇一二七.三)

依时入馆,校《汉艺文志补注》。

圣陶自苏来。

夜六时,雪村在家置酒,为晓先钱行。邀丏、圣、云、均、调、洗、珊、索、易及予作陪,九时许散。约二十日予等为晓祖道,在小花园聚丰园举行。

2月19日(丁丑　雨水)星期五

晴。上午四八,下午五〇。(五九.〇一三一.八)

依时入馆,校毕《汉艺文志补注》。

夜与圣陶、洗人、晓先应翊新招,过饮马上侯。八时四十分散,复与圣陶、晓先、红蕉往大中华看韩世昌、白云生之《琴挑》、《问病》、《偷诗》。十二时半乃归。睡不安,颇惫。

2月20日(戊寅)星期六

雨。上午五一,下午五三。(四九.五一三九.九)

依时入馆,校《增补史目表》,下午毕之,于是《补编》之排校全部竣工矣,为之大快。

夜六时到聚丰园,践凤约,到前日原班。九时散,圣陶等往大新看仙霓社戏,而予以昨夕欠寐故先归。

2 月 21 日 (己卯) 星期日

阴雨。上午五三,下午五五。(五二.二一四五.三)

今日补工,仍依时入馆,校赵庆熺《香消酒醒词》。

午间与圣陶、丏尊、雪村过饮仲盐所,应其招也。二时乃复入馆。散馆后,圣陶独去看戏,予则在家小饮。自旧历开岁以来,终日酒食,无事可述已。

盈儿又感冒,夜卧不安,甚唠嘈也。

2 月 22 日 (庚辰) 星期一

阴雨。上午五四,下午同。(五一.三一四〇.八)

依时入馆,校冯登府《种芸仙馆词》。

散馆后与圣陶出,过福店,晤洗人、丏尊,同过饮高长兴。八时三刻归。

盈儿仍未痊,甚忧之。

2 月 23 日 (辛巳) 星期二

阴雨。上午五四,下午五二。混乱无最高最低纪录。

依时入馆,校张琦《立山词》,并写信与乃乾。

振铎来,散馆后因约归小饮,并拉云彬共与之。雪村与予同主,畅谈至八时半乃散去。九时后,补记日记,并结算半月来用去帐目。

盈儿已略痊,颇喜慰。

圣陶今日归。

2 月 24 日（壬午）星期三

阴寒。上午五〇，下午五一。（四二.四一三五.二）

依时入馆，写信与予同，并为编所处杂事。

盈儿多哭，想体中尚未大安也。

夜为清、汉、漱三儿授陆次云《费宫人传》两节。仍小饮。

2 月 25 日（癸未　望）星期四

晴。上午五一，下午五五。（五一.八一三四.三）

依时入馆，校《隋书经籍志》。

夜预雪村家宴，饮甚欢。饮后与雪村、仲盐、庆三打马将，二时乃罢，输钱六千。

2 月 26 日（甲申）星期五

晴，夜大雨达旦。上午四九，下午五〇。（五六.七一三四.〇）

依时入馆，续校《隋志》。

四时出，先过福店晤洗人，接洽款事。旋访道始，谈移时，乃与同过来青阁，晤寿祺，平伯印曲事大约可得一结果矣。六时许复同载返福店，拉洗人饮马上侯，并电招廉逊共饮。十时许返，值大雨，惟蔽以车帷，抵家衣尽沾湿也。

2 月 27 日（乙酉）星期六

阴雨，晚晴。上午五一，下午四九。（四三.九一三八.一）

依时入馆，校彭甘亭《小谟觞馆词》。毕之。续校改七芗《玉壶山房词》。办出初中国文教本及高小历史、地理、国语、社会、自然课本之送审。时值月底,琐务蝟集,而所得税办事处又催报诸表,忙迫甚矣。

夜归小饮。饮后为诸儿续授《龙文鞭影》两句、《费宫人传》三节。

2 月 28 日(丙戌)星期日

晴阴兼施。上午四七,下午四九。(四七.七—三一.六)

晨九时,与雪村、洗人、雪山口试被招来考之人员,计二十六人,十二时三刻乃毕。下午笔试,予则独往邑庙一游,人挤甚,乃由僻路觅径归,惫矣。

珏人挈诸儿往怀之所饭,傍晚乃归。

步丹来访,谈移时始去,察其情,恐不安于现地矣。

夜小饮,饮后为清、汉、漱等授毕《费宫人传》。

感冒甚,夜咳甚剧。

3 月 1 日(丁亥)星期一

阴,未雨。上午四八,下午五〇。(四九.六—四〇.六)

依时入馆,校毕《玉壶词》,续校刘醇甫《筝船词》。

夜归小饮。饮后为清等授袁子才《费宫人刺虎歌》一章。

珏人至晓先、调孚家,与雪村夫人俱,闻约伴将于日内同往苏州访墨林也。

3 月 2 日(戊子)星期二

雨。上午五一,下午五三。(五〇.九—四一.九)

大气浸润如霉天,不快之至,宜咳嗽之不能即愈也。

依时入馆,校毕《筝船词》。

印曲估价事,寿祺已有代契约之信来,即写信分寄平伯、圣陶接洽。俟北平复到,即可进行矣。

珏人往瀋儿、仲弟所,未及归饭,饭后得瀋儿电话,谓须请母看白云生、韩世昌戏,约予往,予未之许,特嘱汉、漱两儿往会,俾戏毕奉母同返。十二时半始归,予因以失寐。

3月3日(己丑)星期三

阴雨。上午五五,下午五四。(四九. 五—四六. 八)

依时入馆,校《隋书经籍志》。丏尊已自湖上归,遂为编所办出积件多种。

夜归小饮。饮后为漱、润、滋三儿授《龙文鞭影》两句。九时许就寝。

冀野见访,承书赠近作词一幅。

3月4日(庚寅)星期四

晴。上午五五,下午五八。(六六. 六—四一. 〇)

依时入馆,校陈鳣《续唐书艺文志》。

下午洗人来梧厂,予因托调动存款事,本拟出外访之,遂省一行。

夜归小饮。饮后,梦岩见访,谈移时乃去,知渠经营新屋,端节前便可入居矣。九时许就卧,失寐,转侧至翌晨五时始合眼,甚惫,旧疾发动如此,殆不可任,吾其不得永年乎。

3月5日(辛卯　下弦)星期五

晴,午后阴,夜雨。上午五七,下午同。(五九. 四—四三. 七)

依时入馆,校毕《续唐书艺文志》,续校《旧唐书经籍志》。以昨夜失眠故,精神颇不继。盖今晨七时未到,已醒而蹶起也。

夜归仍小饮。饮后为清、汉、漱授《梅雪争春》一绝,又令漱、润、滋三儿还讲《龙文鞭影》。九时,记日记并计帐。十时许乃寝。幸睡尚好,足偿昨失矣。不识往后得弗再动否?

3 月 6 日(壬辰　惊蛰)星期六

上午晴,下午阴,入夜雨。上午五八,下午五九。(五六.三—四八.二)

依时入馆,仍校《唐经籍志》,并为编所处理稿件及重为《月报》向市党部登记。竟日栗六,一瞬便晚矣。

夜归小饮。饮后整理架书,检《匋斋古玉图》为硕民六十寿,题识其上。明日珏人将有苏州之行,托带圣陶所转送之。

存款调动事已办妥,数虽戋戋,而应缴所得税却已付出八角九分矣。

3 月 7 日(癸巳)星期日

阴晴兼施。上午五四,下午五三。(四六.九—四一.五)

七时起。珏人挈漱儿于七时四十分行,由清、汉送至北站。予在附近散步,不久即回。

业熊来。怀之来。饭后,予独出,先乘车至五马路,然后步由老北门,郑家木桥,福建路,南京路,百老汇路,华德路,狄思威路,汤恩路而归,甚倦矣。到家未久,清等出看电影于百老汇。予则于傍晚时挈复儿复出,诣王宝和饮,至则楼上暂停,即退出,欲赴马上侯,途遇祖璋,乃拉之同去,八时许,乃散归。

珏人到苏住圣陶所,想下车后,尚须访问翼之、幽若、彦龙及红蕉夫人也。

3月8日(甲午)星期一

晴。上午五二,下午同。(五五.六—四一.五)

依时入馆,勒定《历代艺文全志总目》,仍续校《唐经籍志》。

午后四时半,出访洗人于福店,知发胃病,近虽愈,但精神甚差也。六时归,小饮。知晓先夫人已归,传言明日珏人将与墨林同来,到沪午饭云。

3月9日(乙未)星期二

晴,风峭。上午五〇,下午四八。(五五.六—三四.三)

依时入馆,续校《唐经籍志》毕。并校刘嗣绾《筝船词》及刘履芬《鸥梦词》。二刘工力悉敌,殊难第甲乙也。

珏人果于本日午前十一时五十分偕墨林同来,犹及共饭也,慰甚。

午后洗人来梧厂,举行业务常会,议决要案多件,以练习员改外宿及推广部主任由经理兼领为尤要云。明日当分别通传及布告之。予突感不舒,身寒筋缩,头重气逆,勉强支持至六时会毕乃归。夜间,章家请墨林,予不得不陪,又强饮一杯。至八时,竟无能再坐,即睡。是夜发烧甚剧,兼失寐,苦痛之至。

3月10日(丙申)星期三

阴雨。上午五三,下午五四。(五二.七—一四五.七)

晨觉热退,强起扶病,依时入馆,校《唐艺文志》。办出昨议各件。

午后,珏人及雪村夫人等陪墨林往看仙霓社戏。

予午后仍形寒,颇类疟。入夜仍小饮,惟减半。引被卧后仍发烧,及晨始退,然汗出不畅也。便不行,服果子盐后始少解,而头部大发风斑,红肿隆起,颇痛。

3 月 11 日(丁酉)星期四

阴寒大风,风撼户作声。上午五一,下午四八。(四八.七一三七.〇)

仍强起依时入馆,续校《唐艺文志》。

夜饭后,珏人、雪村夫人、清华等陪墨林往大中华看白云生、韩世昌《断桥》等戏,一时乃归。予以仍形寒发热,少饮后即卧,然不能睡,依旧难过,而佣女袁珍之女伴偏于十时许来叫唤,恼甚,明日即须开发之。

3 月 12 日(戊戌)星期五

晴。上午四九,下午五〇。(五四.七一三〇.二)

是日为孙中山逝世纪念放假一天。予得从容休息。

午间请墨林吃饭,邀章氏夫妇及吴小姐、丁师母作陪。

夜六时出席聚丰园雪村邀集之消寒会。特别当心,仍未多饮,且吃菜亦只取汤避质。在席居然发畅汗,归家又得畅便,是夕大安,竟未发热。而汉儿忽腹痛狂呼,使留宿之墨林为之不宁焉。

3 月 13 日(己亥 朔 二月月建癸卯)星期六

阴寒。上午五二,下午五四。(六〇.三一三八.三)

依时入馆,仍校《唐艺文志》。

坚吾电话约出,散馆后往过之,并约洗人、晓先、季康同饮于马上侯。予寒热已退,惟头风未愈,故仍极少饮。九时即归。夜卧尚好。汉儿亦好些矣。

墨林于午十二时车归苏,清儿往车站送行。

3 月 14 日 (庚子) 星期日

晴。上午五四,下午五五。(六八.二—四〇.八)

上午未出,看报啜茗而已。午后四时,晓先来,因同过福店,少憩。五时许乘十七路电车往洗人新居。至则晴帆已在,馀客未到。良久,始来世璟及良才,又有顷,道始始至。饮尚适,十一时乃得归。洗人新迁于白尔路承庆里卅三号,今日消寒集同人公贺之,所未至者子敦、文叔及雪村耳。

晓先当晚乘夜车赴南京。

3 月 15 日 (辛丑) 星期一

晴。上午五〇,下午五一。(七〇.二—四三.二)

予别无他苦,而眼肿不消,头风未愈,且蔓延于右颈,扪之起核也。不得暂与麹友绝矣。今日起废饮,须复康始得议开戒焉。

依时入馆,校《唐艺文志》。丐尊已由京归,询悉教科书审查状,殊可气。

夜饭后濯足自适,少坐便睡。天然日间曾来为汉儿诊病,入夜以不能放心复来相视,予适就卧,起逆之,属清儿而后睡。据云右小腹部有肿块,疑其为盲肠炎也,甚忧之。

3 月 16 日（壬寅）星期二

晴。上午五九，下午六一。（七二.五—四六.六）

晨起，见汉儿肿块依然，电请杜克明医师来诊，断为盲肠炎，甚剧，已不能割疗，只得用冰掩护，使勿扩大，戒绝不可动，仅饮流质。今明日如热度不增，现象不恶化，可无虑，当心为要云。其时天然亦来，饭后乃去。饭后即由清儿切脉量热，按时记录，计二时、五时、八时三次，每次均见步减，心稍慰。

依时入馆，校毕《唐艺文志》。

予右耳根及颈部核粒仍旧，左眼下及鼻梁仍肿，馀无所苦。顺叩克明，亦云丹毒，惟性轻为幸耳。予或从此废饮乎。

3 月 17 日（癸卯）星期三

晴。上午五五，下午同。（五〇.九—四三.二）

汉儿热度渐减，险象似过，仍延杜克明医师来诊，谓冰囊仍不能去，须用一星期云。天然亦来视，帮同照料，予甚感之。清儿为伏侍汉儿，已两夜不能好睡，漱儿亦中宵数起，已闹得大家不宁矣，为之奈何。

夜六时，雪村宴愈之、仲持及《月报》同人于家，丐尊、洗人、调孚、雪山及予作陪。饭后谈至十时半乃散，予仍断酒，防面肿不消也。日来果稍好矣。

潘儿来省汉儿，夜饭后去。

依时入馆，处杂事。

3 月 18 日（甲辰）星期四

风雨。上午五四，下午同。（五〇.〇—三九.九）

汉儿热度已退,惟精神委顿。潗儿仍来省,夜饭后去。清、漱两儿则仍轮流伏侍耳。

依时入馆,处理杂事。

夜饭后,看新购光绪戊子铅印《留青新集》。此书向有之,倭燹后迄未遇得,今始于蟫隐庐书目见之,遂令金才买以来。

3月19日(乙巳　上弦)星期五

风雨。上午五五,下午五六。(五二.五—四五.七)

依时入馆,处理杂事。下午校端木子畴《碧瀍词》。

圣陶来。昨日即至,仍寓虹口公寓。

汉儿寒热未加,险象大减,惟电询克明,仍不能去冰袋耳。已能多进牛乳及豆浆,则于心大慰矣。

3月20日(丙午)星期六

晴。上午五四,下午五五。(五八.三—四四.六)

依时入馆,校《碧瀍词》及处理编所杂事。

汉儿寒热已退,冰囊时置时辍,患处已不觉痛。静甥来,留侍过宿。清儿得稍休矣。

是日举行第五次会,仍由予主催,即夕在家聚餐。托仿游弄菜,即元旦所用者,甚好。此次洗人收会,下次将由丏尊收云。八时许散,圣陶留谈至九时乃辞去。

3月21日(丁未　春分)星期日

晴不甚烈。上午五五,下午五四。(五四.七—四二.一)

是日为旧历二月初九日,乃予四十八岁初度之辰,潗儿以予近来境不顺,为备香烛糕桃,祀岁星于家。合家茹素食面。

午后,往福店,出席第八届第四次董事会,司纪录。到丏、洗、琛、珊、觉、道等五六人,重要提案为朴社盘并于本店事。决议原则接受,由经理接洽办理。

雪村发起,组生日会,今夜即在新半斋举行。加入者为丏、琛、珊、子、圣、蕉、道、挺、洗及予十人,预拟拉入者有晴帆。八时席散,乘兴登天韵楼新建筑部分游眺,九时许乃归。

3 月 22 日 (戊申) 星期一

阴霾,夜半大雷雨。上午五六,下午五九。(六五. 七一四四. 四)

依时入馆,办重订版税契约事。校郭频伽《灵芬馆词》。

散馆后,与雪村、圣陶同过来青阁,未遇寿祺,少停便行。小饮于高长兴。待丏尊不至,至九时乃各归。

汉儿已脱险,患处不觉痛,寒热已无。惟仍遵医戒,不食有凝固质之物及安卧不许多动耳。

仲弟来,予适外出,未之晤。据珏人言,将来领盈儿往住也。

3 月 23 日 (己酉) 星期二

阴雨,还潮。上午六〇,下午六三。(七〇. 九一五二. 五)

依时入馆,校频伽词。

上海市长吴铁城调任广东省委兼主席(前任黄慕松因病出缺),遗职暂由秘书长俞鸿钧代行。想逐鹿甚竞,谋夫孔多,中枢一时不易发落耳。日报喧传有钱大钧或张群后继说,不审究竟如何也。

夜九时睡,十二时醒,转侧至三时始复合眼,恚甚。起看孔巽轩骈文,仍不能睡。

3月24日（庚戌）星期三

转寒,午雨,傍晚霰雪交作。上午五五,下午五六。（无最高最低纪录）

依时入馆,校毕频伽词。为梦岩撰《岩筑记》成,将俟晓先归沪时写之。夜饭后,正读林切盒《集宋四家词联》,剥啄声喧,闻老太太偕云斋来访,谓友人方租一船走闽海,将任二买办,须保证金,尚短二百元,欲向予移百元以应急需。予无力滋愧,而势有所难却,允明日为设法凑借之。鸣呼,无钱之苦难如此,人世味亦够受矣。

汉儿大好矣,今日始进软面包两片,鸡汤炒米一碗。

3月25日（辛亥）星期四

晴,融雪寒甚。上午四八,下午同。（四四.二—二九.六）

依时入馆,校《宋史艺文志》。

夜归小饮。饮后怀之来。有顷,云斋来,遂措百金假之,谈移时去。又有顷,怀之亦去。九时许就卧,得好睡。

3月26日（壬子）星期五

晴。上午四八,下午五一。（五五.六—三四.三）

依时入馆,校宋于庭《浮溪精舍词》。

夜饭后与珏人往大新看仙霓社戏。七时开场,十时毕。剧目为镛、钤、沧、澜之《遣青》、《杀海》,锟、瑛之《芦花荡》,鉴、芸之《寄子》,淞、芗之《活捉》,叶小泓客串之《思凡》,茗、珺、沧、苹之

《设计》、《赠剑》。俱满意。在场遇天然等一行七人。归家时已十
时三刻,睡不甚好。

3 月 27 日(癸丑　望)星期六

昼晦,细雨如雾。上午五一,下午五二。(四八. 四—四二. 八)

依时入馆,续校《浮溪精舍词》。并撰词人小传五家。

散馆后到福店,晤洗人、愈之、振铎、廉逊,因共饮于马上侯,愈
之先行。八时许散,予与振铎过来青阁,购得鲍刻《太平御览》及
《集成曲谱》等,嘱包好,将饬人去取也。旋归,已九时半矣。

珏人、清儿、雪村夫人、士敦等往看仙霓社戏。十时三刻归。

3 月 28 日(甲寅)星期日

晴。上午五二,下午五七。(六六. 四—三三. 三)

晨九时许,晓先夫妇来辞行,谓明晨八时半特快车全家迁京
矣。此日文权搬家,与文杰合住,珏人及清儿等黎明即往襄助,故
未及晤。十时许,予与晓先同行,伊赴徐家汇省其妹愈昭,予则由
宝山路口乘三路公共汽车赴真如福崇新居之宴也。到真如后再三
问讯始达,坐客只王玉章一人,及午后一时,子敦等仍未至,仅来孙
君及一学生,即入饮。二时许散,便道过煦先长谈,日既夕,福崇复
拉煦先及予往饮其家,复麈谈。予与煦先虽稔,迄未深谈,今乃得
倾吐之乐。十时许,承二位走送至车站,乘蒸汽车以归。到家已将
十一时。回味张居之野趣及暨南校中之柳塘月色,不禁神驰也。

3 月 29 日(乙卯)星期一

晴,有风。上午五六,下午五八。(六二. 一一—四二. 九)

今日为黄花岗烈士殉国纪念日,照章放假一天。

珏人上午往送晓先夫妇之行,下午与雪村夫人往天然处送缄三生子弥月礼。竟日在外,晚饭而后归。清儿则与士歔及开明同人旅行昆山,十时乃返。

予于午后挈同、复游邑庙,茶于得意楼。有顷出,吃面筋百叶,徜徉至南京路,乘六路电车至沈家湾转步以归。

3月30日(丙辰)星期二

晴,午后阴,入晚雨。上午五六,下午五八。(五九. 九—四五. 七)

依时入馆,仍校《浮溪精舍词》,并为编所办函件多起。

下午洗人来梧厂,接洽事件。散馆后因约雪村、云彬及予出,小饮于高长兴。九时许归,即睡。三时醒,又不寐达旦。

近日天气失常,感冒者轮替不断。珏人以连日辛苦,又患咳嗽气急。予亦旧疾时动,有触即发,甚以为苦也。

3月31日(丁巳)星期三

晴。上午五八,下午六〇。(六八. 五—四八. 七)

依时入馆,校毕《浮溪精舍词》,接校杜小舫《采香词》。今日适值月终,杂务蝟集,签发各款,至猥琐也。

晨接文权电话,询潜华归未,谓与其母负气出走也。予早知强为合住之不妥,而不便阻之,今果事作矣,下午饬漱儿等往省之。潜儿已回,而景况殊欠佳也。予徒增烦恼,无术解除,愤愤而已。

夜饭后与珏人往访仲弟,约期扫墓,未遇,废然返。后日即遣清儿行矣,不候也。

周志才夫人见过,以志才墓碑像赞属题,允之。

4 月 1 日（戊午）星期四

阴,夜雨。上午五九,下午六一。(六五.五—四五.七)

依时入馆,校毕《采香词》。

接仲弟电话,谓即将搬家,下星期五(九日)决往苏扫墓,不复拢此。予因令清儿止行。

散馆后往福店,晤洗人、子敦、良才,有顷云彬、叔琴亦至,乃同赴大新街大鸿运聚餐,盖二元聚餐会第一次集会也。坐定,晴帆、雪村、丐尊、道始先后至,乃唤王宝和竹叶青共饮。通过会章,并决定基本会员为十二人,今日所到外,有谭廉逊及沈世璟。二人俱因病临时来电话通知者。洗人以赶会故,定明日返里一行。

4 月 2 日（己未）星期五

晴。上午五八,下午五九。(五五.二—五〇.〇)

依时入馆,校《宋史艺文志》。

夜,公司宴请周淦卿于聚丰园,丐尊、雪村、振铎、挺生、愈之、煦先、大雨及予与焉。八时许散,乘兴往扬子饭店开房间。予从容就浴,甚适。浴罢出,见煦先所招泰山社女向导嫦娥者在,举止豪爽,能饮善谈,颇赏之。至深夜一时许,乃与雪村共载归。

4 月 3 日（庚申）星期六

阴。上午五六,下午五七。(六〇.六—四五.九)

依时入馆,续校《宋史艺文志》。

散馆后,与雪村共赴振铎之招,就饮其家。盖宴请淦卿夫妇及大雨夫妇,因及丐、琛、彬、煦、调及予也。丐畏连饮,未赴。九时许散,与琛、调、彬、煦共乘以归,伊等则往麦加里打牌,予乃到家稍休,看夜报后就寝。

4月4日(辛酉 下弦)星期日

晴。上午五七,下午六一。(六六.二—四六.八)

晨起,整理架书。看报数种,已十二时矣。饭后,珏人挈漱、同、复三儿往游新新诸公司,趁儿童节之热闹也。予乘此清昼,为周君志才墓碑题辞一首,计百二十言,并画格书之。五时珏人等归,予已毕事矣。

盈儿感冒咳嗽,入夜加剧,自九时后,隔不一刻钟,必狂哭一次,予为之彻夜失寐。及翌日凌晨,始恍惚睡去,反致晏起也。

夜饭后,为清、汉、漱诸儿授范希文《岳阳楼记》,汉卧听之,甚饶兴趣。

4月5日(壬戌 清明)星期一

晴。上午五七,下午六一。(六七.一—四二.八)

八时半入馆,处理杂事外,仍校《宋艺文志》。

夜饭后,少坐即睡。盈儿疾稍痊,予亦少安。但至三时许,盈儿又醒,不肯复卧,予为数起,扰之至五时,天明矣,儿始睡,予乃入盹,又不免晏起焉。

写信与晓先。

4月6日(癸亥)星期二

晴。上午六〇,下午六三。(七七.〇—四四.四)

八时三刻入馆,仍校《宋志》。下午校董祐诚《兰石词》及承龄

《冰蚕词》,毕之。并办编所退稿诸事。

写信与翼之,绘九曲港墓地草图寄之,托进行土地登记。

鞠侯来谈,四时乃去。

夜饭后与雪村闲谈,九时半乃罢。予亦少坐,记日记,十时许便睡。

晓先胞妹,孟君谋夫人,昨日下午十一时病逝,今接报丧条,惨甚,因为晓先代送花圈两元,予夫人亦送花圈两元。

4 月 7 日(甲子)星期三

晴,间阴。上午六五,下午同。(七〇.九—五一.二)

依时入馆,赶校《丛书子目类编》。

写信与晓先,告君谋夫人之丧。

散馆后往聚丰园,举行生日会。是日为红蕉生日,到丏、琛、珊、子、挺、道、铭及予,惟洗人、圣陶缺席耳。饮甚欢,九时散,共往大新看昆剧。十一时乃归。少坐即就卧,甚好。至二时,盈儿醒,来缠甚久,即哄之同睡,至四时,又抱去哺乳,予因卧不甚贴矣。

4 月 8 日(乙丑)星期四

晴。上午六二,下午六四。(七〇.〇—五〇.四)

依时入馆,校毕《丛书子目类编》一批,接校王定甫《龙壁山房词》。

夜饭后,为漱、同、复三儿授《龙文鞭影》四句,为清、汉、漱及士敩授苏东坡《前赤壁赋》,九时半乃罢。濯足啜茗,十时许始睡。

4 月 9 日(丙寅)**星期五**

晴。上午六五,下午六七。(七五.六一四六.六)

依时入馆,校毕《龙壁山房词》。

夜饭后为清等温旧课。

仲弟前言今日返苏扫墓,不识成行否?果往则大佳,自可省予一行矣。

盈儿将择十二日断乳,惟近甚贪恋,届时或不能爽快也。

散馆后,与云彬出,小饮于同宝泰。七时许,调孚夫妇来会,因偕往黄金大戏院看程砚秋、俞振飞、陈少霖戏。预先定座不可得,仍由案目之路获楼座二排四位。前数出无足观,陈少霖之《碰碑》,确臻炉火纯青之境,俞振飞与哈宝山之《撞钟》、《分宫》,程砚秋之《刺虎》,载歌载舞,吾无间然矣。十二时散,乘车急归。

4 月 10 日(丁卯)**星期六**

晴。上午六五,下午六七。(八四.六一五二.七)

依时入馆,校蒋鹿潭《水云楼词》。

下午予同来。傍晚圣陶来。振铎适约予出饮,而鞠侯亦电招到福店相晤,乃与雪村、圣陶往晤之,共饮于豫丰泰原址新开之王宝和。丐尊亦继至。王宝和陡改旧观,亦卖菜肴,价奇昂,其将步豫丰泰之后尘乎?九时散,复与丐、圣、铎、同偕过太平桥访庄花。少坐便出,伴圣陶往二马路源源旅馆下宿,予即归,抵家已十一时矣。

4 月 11 日(戊辰　朔　三月月建甲辰)**星期日**

阴晴靡常,时见细雨。上午六八,下午七二。(七二.〇一五

九. 四)

上午八时许,圣陶来,与雪村共商修订《小学国语课本》事。因共饭,饭后,予与圣陶啜茗于邑庙得意楼,约雪村开室于新亚,薄暮往会之,仍同返雪村所饮。九时许,圣陶始返旅舍。

珏人率清、漱、同、复四儿,偕业熊、士敫于上午九时乘车往漕河泾游黄家花园,兼游冠生园农场及曹家花园。下午四时许乃归。

4 月 12 日(己巳)星期一

晴。上午六七,下午七二。(七八. 四—五五. 二)

依时入馆,校毕《水云楼词》,处分杂事。下午得索非书,谓汉口分店欲在武昌设支店,洗人不在,无由复决。予因出,拟电复令从缓进行。雪舟骄蹇自是,前途殊难乐观,此开明之症结所在也。思之可叹!办电讫,即返梧厂。

夜七时,仲弟挈淑侄来,备言九日返苏扫墓状,甚慰。夜饭后又续谈至九时乃去。是日盈儿初断乳,不肯安睡,而乳佣反庆得归,怡然入梦,亲疏之分,诚非人力所能强为也。惟有付之叹息而已。自九时至二时,狂啼极哭,终于开戒,乳佣亦肯延期归去矣。儿得乳,即入睡。

4 月 13 日(庚午)星期二

晴燠风沙。上午七二,下午七四。(七七. 五—六四. 六)

依时入馆,校汤雨生《画梅楼倚声》,毕之。接校周介存《味隽斋词》。

夜归小饮。饮后为同、复授《龙文鞭影》两句,为清、汉、漱及士敫授《后赤壁赋》。九时后,且为乳佣写信告其夫,须延至七月断乳矣。刻下固无问题,不识往后有无多嘴耳。

弘一法师手写《金刚经》,珂罗版印,极好,蒙丏尊转送一册,至以为感。

4 月 14 日（辛未）星期三

晴。上午六六,下午六八。（七一.八—四九.五）

依时入馆,校毕周止庵《味隽斋词》。

散馆后往访道始,薄暮同过来青阁,晤寿祺,因将平伯信交托答复,少坐便行。独饮于大马路王宝和楼下。王宝和自接盘豫丰泰开设总发行所后,原址乃大紧缩,门面让去一间,楼上且不卖热酒矣。将阑,遇赵厚斋,谈有顷乃各归。

4 月 15 日（壬申）星期四

晴。上午六六,下午六七。（七四.一—五一.三）

依时入馆,校董晋卿《齐物论斋词》。办杂务甚剧。

洗人已自杭返,散馆后往福店会晤之,因与共访其湘友金御孙于惠中旅舍,遂同往聚丰园小饮。九时许散,径归。

明日之会在二马路聚兴诚银行对门之正兴馆举行,已编发通知矣。

4 月 16 日（癸酉）星期五

晴。上午六四,下午六六。（六六.六—五四.三）

依时入馆,校毕《齐物论斋词》,接校《丛书子目类编》。

散馆后与叔琴往福店,晤洗人,因同到正兴馆。未几,会众陆续至,除子敦因身体不适事先请假外,馀俱到。心如、厚斋且临时阑席焉,饮甚欢。九时许散,予即归,雪村、云彬、圣陶、叔琴、心如、厚斋复别组一局,再谋狂欢,卒至大醉而归,予竟未及闻知也。

4 月 17 日(甲戌)星期六

晴。上午六二,下午六〇。(六四.九—五二.七)

依时入馆,校《丛书子目类编》,送出两批。

下午四时,愈之来,谈《月报》事,定重订约,月支七百元云。

珏人挈漱儿往省澂儿,并过访胡宅,下午看仙霓社戏,七时乃归。

夜饭后看《西清散记》,十时就卧,睡尚好。

4 月 18 日(乙亥 上弦)星期日

阴雨,突转寒。上午六三,下午六〇。(五八.六—五一.八)

上午未出,看报而已。怀之来,饭后乃去。

午后一时半,冒雨出,适电车罢工,踉跄坐人力车到福店,衣袂尽湿矣。二时三刻始开董事会,到者仅夏、范及二章四人,连代表在内六人耳。决定变更年度修改章程及着手接盘朴社两案。四时许散,予顺道于大马路王宝和购竹叶青一瓶归,入晚独酌焉。

夜饭后为同、复授《龙文鞭影》两句,敫、清、汉、漱授张子野《天仙子》词一阕。九时听蒋、朱挡《双金钟》,久不聆此,朱唱转佳,惟蒋因事未至,不识究如何耳。十时就睡。

4 月 19 日(丙子)星期一

阴雨,仍冷。上午六一,下午六四。(六五.一—四九.五)

依时入馆,办董会馀案,接校项莲生《忆云词》。

夜归小饮,饮后写信与晓先,告美展恐无法参观矣。

4月20日(丁丑　谷雨)星期二

阴晴无定,燠闷。上午六四,下午六七。(七九.二—五五.八)

依时入馆,校毕《忆云词》。接校龚璱人《定庵词》。发出董事会纪录。

夜六时,往饮觉林,盖莹处请济南代办分庄经理王畹芗、刘震初,邀丐尊、索、二章、子恺、圣陶及予往会也。八时半毕,与圣陶、子恺、洗人、雪村过大新仙霓社听歌,入坐后得见《刘唐》、《前诱》、《后诱》、《杀惜》、《放江》、《活捉》,传淞一息不懈,深赏之。十一时三刻乃归。入睡已十二时半矣。

4月21日(戊寅)星期三

昼晦,晨雨,奇湿。上午六八,下午同。(六三.三—五九.七)

依时入馆,校毕《定庵词》,接校《丛书子目类编》一批,下午又换校边袖石《空青馆词》。

夜归小饮,与圣陶谈。八时为诸儿授何景明《躄盗》一篇。

晨为君松挽张吴君一联:"伟绩承乡邦,最难堪英雄老去;悲闻敷沪海,那禁唤楚屈归来。"夜为云彬挽许朱夫人一联:"一生辛苦赖撑持,彤管扬芬夫子笔;十载沉疴终解脱,梵天证果慈悲船。"

4月22日(己卯)星期四

雨,冷。上午六四,下午六五。(五九.五—五三.四)

依时入馆,校毕《空青馆词》,接校方履篯《万善花室词》。抵暮毕之。

夜与圣陶饮雪村所，谈至九时许乃散。圣陶为赶改《国语课本》事，来沪已半月，明日当可竣事，后日返苏矣。

4月23日(庚辰)星期五

阴晴间作，冷。上午六二，下午六三。(六三. 九—五三. 六)

依时入馆，校周稚圭《心日斋词》。

夜与圣陶、丏尊、洗人、调孚饮马上侯，并邀红蕉来会。九时三刻始散，到家十时许矣。雪村曾叫嫦娥来，适缘喉疾不能饮，废然命之去，予等亦遂归，少许多兜搭，亦清静之道也。

圣陶明日行矣。

4月24日(辛巳)星期六

寒雨。上午六三，下午六五。(五九. 二—五四. 三)

依时入馆，仍校《心日斋词》，以篇幅多，及晚犹留馀尾也。

散馆后，与珏人挈同儿过濬儿家，晤文杰、文权昆弟，并及道始夫人与其二公子。小饮讫，已八时，乃偕濬儿赴大新公司看仙霓社戏，幸先属珏人及同往看座，勉强插坐，否则无立足地矣。在场遇调孚及天然等多人。清儿、士敭亦先在。是夕以有客串，观众特盛，虽寒雨，不沮，其况前此所未见也。予入坐时《痴梦》已过，方演《寄信》。无甚精采，既而淞、菁、锟之《评话》上场，气为一振。嗣为鉴、芳之《寄子》，珺、芗之《小宴》，芸、钤之《借扇》，茗、瑛之《琴挑》，出出精好。殷震贤、叶小泓二君爨弄之《问病》、《偷诗》则为终场之压轴，采声同播，忘其时晏矣。及散，已十一时一刻，急切觅汽车不得，濬儿先乘人力车返去，予遂偕调孚、珏人、清儿、同儿、士敫步至北京路祥生总站,乃同乘以归。

4 月 25 日(壬午　望)星期日

阴,细雨。上午六一,下午六〇。(五八. 一—五一. 三)

晨看报,未出。饭后与珏人挈漱、复二儿往大新游乐场看仙霓社戏。到尚好,坐第二排,有顷乃开始闹场。是日剧目:王传渠、范传钟《蕲卖》,周传筝、顾传澜《磨斧》,王传淞、邵传镛《狗洞》,姚传芗《思凡》,赵传珺、周传沧《吟诗》、《脱靴》,方传芸、沈传锟《雅观楼》,朱传茗、张传芳、郑传鉴、周传瑛《闹学》、《游园》、《惊梦》。其间《磨斧》最劣,馀都好,而芸之打武,茗、芳之唱作,可谓极视听之娱矣。惜时不足,瑛、茗之《惊梦》竟未上演也。六时散,坐人力车归,车夫顽劣可恶,呕人欲绝,予大怒。

夜赴仲盐宴,畅饮陈酿,快甚。饭后看打牌,十一时半乃归寝。

4 月 26 日(癸未)星期一

阴雨。上午六〇,下午六一。(五九. 五一—四八. 〇)

依时入馆,校毕《心日斋词》,发二元会通知,续校杨伯夔《真松阁词》。

夜发王宝和所售瓶装竹叶青饮之,上口觉甜,奇之,令家人遍尝,果然。予为之罢饮,草草晚膳。王宝和不顾信誉,出此劣货,固可恨,然设予从此见酒自厌,不亦大可慰藉之佳事乎!

晚饭后为诸儿授宋本《工狱》两段。文言白话,反覆剖比,乃得彻解焉。

同儿昨日栽跤,今日卧床未上学,幸无热势,将养当自愈也。

4 月 27 日(甲申)星期二

阴晴间施。上午五九,下午六二。(六七.八—四八.六)

依时入馆,仍校《真松阁词》。杂事蜂集,进行颇滞。下午在明轩商定校点《太平御览》大例,夜归试之,自七时至十时,仅获卷半,其间惟云斋来谈占去半小时耳。

乳佣方徐氏今日忽坚欲归乡,无法强执,午后由汉儿送之至其姐娌所。此人来吾家一年馀,始终淘气,今辞去,甚惬,惟盈儿夜间仍不时啼闹,未免不忍耳。然过此数夕,必无事矣。予连起三次,抱持呜睡之。

4 月 28 日(乙酉)星期三

昙。上午六二,下午六三。(六三.〇—五三.四)

依时入馆,仍校《真松阁词》。琐务丛脞,竟未能迈进也。

散馆归,少坐即进晚膳。膳后校点《御览》,至十一时,仅得三卷。疲甚,即寝。

云斋约今日来返款,未果。

盈儿夜睡尚好,不十分想念吮乳矣。

4 月 29 日(丙戌)星期四

阴雨。上午六四,下午六六。(六一.五—五二.五)

依时入馆,校毕《真松阁词》。下午四时到福店,六时过一家春开临时董事会,决定十六日召集临时股东会,提请变更年度、修改章程、股利升股及投资温溪造纸厂等案,均通过,在沪董监全体出席,为本届空前盛况云。

九时归,甫坐定,教部科长戴应观等来访雪村,予亦为此波及,只得出见,十时客去,乃就卧。

4 月 30 日(丁亥)星期五

阴,细雨。上午六四,下午六五。(七〇.三一五六.三)

依时入馆,校冀野论"清名家词"《望江南》一百首。毕之。办出昨日董会纪录及《英文教本》送审等事,至为忙碌。散馆后,往聚丰园出席生日会,到者甚众,惟红蕉未到耳。晴帆且偕其爱人来,至十时乃尽兴各归。明日本有锡、宜旅行之约,以连日淫雨霏霏,恐不能成行也。因当场约定,如天雨不果行,则一日例会亦只索延至十六日并行矣。

十一时到家,一时乃入睡。

午饭时,云斋来,先还款八十元。

5 月 1 日(戊子)星期六

阴雨。上午六六,下午六九。(六四.四一五七.九)

今日照章放假,本有锡、宜之行,天雨未果,竟未出门,看报外,点校《御览》两卷。是日为士敫二十初度,潸儿、文权、昌顯、昌顺及予弟妇暨涵、淑两侄、静鹤甥与业熊等俱来吃面,甚热闹。午间挺生亦至,因于饭后与之对弈两局。是夜章家具酒聚饮,至九时始罢,予弟妇等乃归去,潸儿等且下榻于此焉。

5 月 2 日(己丑)星期日

阴,午后晴。上午六八,下午七二。(七七.五一五八.三)

午前与文权、业熊打牌。饭后独往仙霓社看戏。二时开场,铮

《罗梦》,渠、菁、浩、澜《金锁记》,钤、锟《九莲灯》,淞、瑛、芗、浩、衡《游殿》、《闹斋》、《寄柬》、《佳期》,均尚卖力。《佳期》上场亦六时馀,其后尚有珺、镛之《击鼓》、《堂配》,须至七时始毕,因早走。过河南路德信昌独饮两碗面而后归。

假期两日,倏焉已逝,因循坐谈,竟未能远游也,懊甚。

5 月 3 日(庚寅)星期一

晴。上午六九,下午七二。(八二.〇—五四.一)

依时入馆,处理杂事。午间,史叔同来访,接洽出版等务多件,因与丏、珊共邀之,同饭于北四川路味雅,二时别,仍返厂。散馆后出,过福店,晤洗人,同饮于马上侯,遇立斋。本约梦岩,以尚滞周浦未出,不果。十时乃散归。到家后看夜报两份,十二时始就卧。

仿游病已略愈,今日到店服务,转瞬间告假已逾半月矣。

5 月 4 日(辛卯　下弦)星期二

晴。上午六八,下午七一。(八二.八—五六.一)

依时入馆,办理杂事甚剧。午后校《丛书子目类编》一批。

梦岩仍未出,晓先送来之《岩筑记》乃不能送达,须晤叙时始可面交矣。

夜饭后点校《御览》,尽两卷,十时三刻乃睡。

5 月 5 日(壬辰)星期三

晴。上午七三,下午七六。(八七.一—六〇.六)

依时入馆,上午校《丛书子目类编》,下午校黄燮清《倚晴楼诗馀》,送出《初中国文》覆审本一、二两册。

得梦岩电话,知已来沪,因于散馆后往访之,同过福店,取《岩筑记》与之。复偕过坚吾,未晤,因对饮于马上侯。九时许乃散归。

5月6日（癸巳　立夏）星期四

阴霾,细雨时作。上午七〇,下午七四。（八八. 七—七七. 六）

依时入馆,校毕《倚晴楼诗馀》,接校王幼霞《半塘定稿》。送出周编《初中植物》覆审本。

夜归小饮。饮后为诸儿授毕《工狱》。九时后倦眼肠涩,即睡。一半气候困人,一半实为盈儿夜醒终宵数起之故耳。初睡尚好,至三时,盈儿又醒,竟坐待天明焉。

5月7日（甲午）星期五

晴。上午七一,下午七〇。（七八. 一一—六一. 三）

依时入馆,续校《半塘定稿》,下午二时许毕之。接校《丛书子目类编》。

写信与圣陶,托代送允言继母开吊礼。又复起潜,允赠《廿五史补编》。惠泉、心庵亦将《锦绣万花谷》缺页补到。遂复知送书与起潜。

夜归小饮。饮后濯足剪爪,至九时乃竣。未作事,即寝。

今晨起,服用鹿茸精,雪村送予一瓶,劝试服者,予分三次服,各服十滴,和温水一杯下之,量虽微二气甚烈,似带膻味也。

5月8日（乙未）星期六

晴。上午六四,下午六六。（七〇. 三—五四. 五）

依时入馆,校《拜石山房词》及《宋史艺文志》数叶,顾词仅及三之一也。

同光自杭来,本当陪同饮酒,以先与红蕉约,将于今夕七时偕调孚同往康脑脱路徐园看赓春社彩氍,遂未加入。散馆后,与调孚往天津路美亚厂管理处访红蕉,少坐便同出,过饮于山西路茅长顺,即以面作餐。七时许,驱车径赴徐园。至则戏方开锣而坐位已满,仅在末后之排勉得二坐耳。剧目:屠振初《定情》、《赐盒》,黄旭东《夜奔》,王育之、徐小隐、管际安《寄子》,徐德和、周少华《折柳》、《阳关》,胡其珏、胡其珮、胡韵秋《春香闹学》,赵星叔、叶小泓、殷震贤《游园》、《惊梦》,徐凌云、陈宝谦《钟馗嫁妹》,张英阁《刺虎》,程坚白、陆麟仲《连环计》,刘诉万、徐凌云、徐烈丞《见娘》,张慰如、赵星叔、叶小泓《断桥》。一时始散,尚悦意。出徐园,无汽车可雇,竟与调孚步至北京路祥生总站始得乘坐遄返,抵寓已二时矣。

5 月 9 日(丙申)星期日

晴。上午六五,下午六六。(七五.九一四六.九)

昨夜晏眠,今日八时即起,睡不足,疲甚。午前十时,修妹、静甥、濬儿、昌显及弟妇毓玲、涵、淑两侄均来,因与珏人约,率同诸儿前往高郎桥天主堂公墓祭扫先庶母墓,予与盈儿及修妹在家坐守,至午后一时半乃见归来,始共进饭。饭后,予昏然入睡,醒时已四时许,毓玲、涵、淑、濬、显同去,晚饭后修、静亦去。未及八时,予即就卧,十一时,盈醒大哭,予起抱之。将一时,始复睡。至四时许,盈又醒,盖感冒微嗽,睡熟便作也。及天曙,予反入睡,至翌晨七时乃起。

5月10日（丁酉　朔　四月大建乙巳）星期一

晴。上午六六，下午七一。（八一．九一—四六．八）

依时入馆，续校《拜石山房词》。下午为编所事大写信，并办出顾、贾合编《小学自然课本》覆审本。捕房派探目邓海林来调查《民众周报》事，今日已为第二次，由予接见。大抵"民众"字样不问何处总为警察机关所注目也。来者态度尚好，详询登记经过而去。

夜归小饮，饮后补记昨日日记。少坐即寝。是夕恶梦频作，战争、逃难、虐杀、掠夺，不一而足，至为恐怖。不审究缘何故也。

5月11日（戊戌）星期二

晴。上午六七，下午六九。（七〇．〇—五四．〇）

依时入馆，办编所退稿诸事，至烦剧。校毕《拜石山房词》，接校蒋剑人《芬陀利室词》。并拔校休宁陈研楼《传家格言》，得半部，盖道始为其友代印分送以培福田者。冀野来，《清名家词》小传七家乃属伊补完，亦快事矣。

散馆后出，过福店，晤洗人，同饮于浙江路福州路角之王宝和。饮后出，散步于虞洽卿路，趁英王乔治六世加冕典礼之热闹。至上虞里，已挤塞不能行。遂沿二马路东行，人山人海，至为可怖，到江西路，洗人乘十七路电车南归，予亦走北京路乘十七路电车东返。本待十五路，久不至，乃改路行，不知到汉璧礼路后即下车，仍另雇人力车以归。到家已十一时矣。

漱儿到潜儿所，乘西侨青年会高楼以临观跑马厅英兵之演礼，即止宿潜儿家，嘱明日归来，免途次牵挂也。

5 月 12 日（己亥）星期三

晴阴兼作。上午七二，下午七四。（八三.一—六三.七）

依时入馆，校毕陈研楼《传家格言》。续校《芬陀利室词》，仍未完，以编所琐事甚多，不免牵扯也。

散馆归，在家小饮。饭后挈汉、滋两儿走外白渡桥看热闹，游人甚众，而夜凉陡添，遂与两儿小立即归。清儿、润儿则偕幼祥、蓉娟、士敦别出看会，至十时三刻始归。据云在外滩公园照相闲谈，开明同人不少在彼云。

5 月 13 日（庚子）星期四

上午阴雨，下午放晴。上午七三，下午七一。（七七.〇—六三.五）

依时入馆，校毕《芬陀利室词》及庄蒿盦《中白词》，并接校朱古微《彊村语业》。

为《民众周报》事，捕房邓探又来，取去邮局挂号执据，谓将复西探长之命，以后日送还云。

夜归小饮。饮后少坐便卧，九时已入睡矣。

十六日之二元会决在四马路浙江路口大雅楼举行，已发出通知矣。惟子敦恐尚留苏，则本期仍不能来耳。

5 月 14 日（辛丑）星期五

晴。上午七一，下午同。（八一.九—五八.三）

依时入馆，续校《彊村语业》，杂事牵惹，仍未毕。

珏人挈漱、湜二儿往宁仲弟，入夜乃归。湜儿本微嗽，今日一经风,晚乃加剧,夜中数起,为抱持弗释云。

傍晚独出,小饮于四马路高长兴,吃酒三碗,薰水鸡二只,牛肉两许,鳝丝面一碗,怡然而返。甫出门,遇越然,邀再入复饮,谢之。归途入理发馆理发,八时半乃抵家门。时珏人已归矣。

5月15日(壬寅)星期六

晴阴兼作。上午七一,下午七二。(七七.七—五九.二)

依时入馆,校毕《彊村语业》,续校王壬秋《湘绮楼词》及陈伯弢《襄碧斋词》,俱毕之。办出《初中国语课本》覆审及武昌支店成立迁调诸函。

夜归小饮。饮后记日记。随意看旧尺牍,亦有味乎其言矣。

明日公司召集临时股东会于福店,诸事俱已部署妥贴,趾华之力为多。

越然电话来告,英文函授学社已迁至南京路石路附近,并约往王宝和饮酒,予以忽寒不爽,谢之。

5月16日(癸卯)星期日

阴霾。上午六九,下午。(七一.二—五三.八)

上午文权、潏儿、昌顯、昌顺来。饭后,往福店出席临时股东会。三时开,四时十馀分即了。董事会提案俱通过,惟因人数未足法定人数,修改本公司章程一案只能作为假决议,须择期再开第二次临时股东会予以决定云。

夜六时,在大雅楼举行二元会,除良才先期告假及子敦无故不到外,馀俱到,且临时加入心如及子如焉,十时散。心如坚欲再饮,予与云彬、雪村劝罢之,即归。云、雪联袂往仲盐家,想抹牌角胜,又须通宵矣。

5 月 17 日（甲辰　上弦）星期一

如昨。上午六九,下午七二。（八五.五一五九.〇）

依时入馆,校谭仲修《复堂词》,毕之。

散馆归。予近日心绪颇劣,不识何故。因挈同儿往省仲弟,遂小饮于弟所。九时归,到家已将十时,少坐即睡。盈儿本有长住仲弟所之说,经此察看,尚不适宜,只索待将来再说也。

5 月 18 日（乙巳）星期二

晴热。上午七五,下午八六。（九四.八一六七.三）

依时入馆,处理杂事外,校《宋史艺文志》。

下午四时,中央捕房及嘉兴路捕房突派中西搜捕多人,持法院搜查据,分向福店及梧厂搜取《民众周报》,将存书一万馀册,悉数车之,预以送特区第一法院起诉,明晨九时在第九庭传讯,必须出庭听审云。愤极!然处境如此,如何抗争,只得听之,一面即与雪村往晤道始,道始允明晨代出庭,予等亦遂回店候圣陶。到店后,知圣陶已去生活看仲华矣,丏、琛、予三人乃小饮于王宝和楼下,至十时三刻乃散归。

圣陶是日上午九时到馆,盖凌晨自苏乘车东下,居然饭前即来梧厂矣。

5 月 19 日（丙午）星期三

晴热,夜电光四射,大雨,旋止。上午七六,下午八二。（九一.〇一六七.八）

依时入馆,办编所诸杂事外,校出叶大庄《小玲珑阁词》。下午为云彬字典事,召集临时编审会,阅时甚久,无非闲谈,云为自卸之地耳。散馆后,予与圣陶出,访红蕉于美亚,以正值开会,未能即出,予二人遂小饮于茅长顺,八时许散归,已见雨,幸到家未濡也。

《民众周报》事,日报居然以妨碍邦交作评料,而特区第一法院之裁定,竟予以扣押,听候侦查,以此,律师不能抗告,只有静候下文耳。颉刚知之,必有表示,且看两方面如何斗头也。但大势所趋,恐难操必胜之券耳。

5月20日(丁未)星期四

阴霾,骤凉。上午七九,下午七四。(七四.七—六八.七)

依时入馆,办出编所送审及退稿各事外,校姚梅伯《疏影楼词》。午刻在雪村所饭,到丏、洗、珊、圣。饭后开业务会议常务会,召调孚参与之。通过变更组织及人事异动两案。四时许复入馆,仍校姚词。散馆后往云彬所,盖会期吃饭也。是期为丏尊收,全体会友到,八时散归,记日记。

《太平御览》事早讲定,今日云彬忽有异论,雪村附之,尽反前所讲客观参校异同法,必欲以意改窜,务示求是酌取之能。予谓尺有所短,寸有所长,逞臆而往,宜无善果,如不见听,各行其是,何必强冶一范,独申己见!云擅自襮,而主者短视,反以矜慎为拙劣,不胜浩叹矣!

5月21日(戊申　小满)星期五

晴。上午七二,下午七四。(八四.九—六〇.六)

依时入馆,校《疏影楼词》。

散馆后,与云彬、圣陶同过福店,偕洗人乘电车至董家渡大街王恒豫酒店吃酒。酒味确甚醇和,殊多佳趣也。饮后走小南门坐电车至老西门,复走至太平桥,坐十七路电车以归。到家已十时矣。

《民众周报》事仍在扣押中,无下落,不识究将如何也。颉刚处已有信去,而未见回复,亦甚盼之耳。

《丛书集成》之书橱已做好送来,装置妥贴,甚佳。惟价则微昂,须壹百二十金,距原估九十元竟伸三分之一矣。

5 月 22 日(己酉)星期六

晴。上午七三,下午同。(七三. 四—六一. 九)

依时入馆,校毕《疏影楼词》,又接校张公束《寒松阁词》。

夜归小饮。饮后少坐便欲整理近日来诸会议议事录。从清儿之请,为授方正学《吴士》一篇。九时许就卧,不及问事矣。

《太平御览校点略例》已重行勒定,印发各人,想不致再有反覆矣。惟如果入手进行,事务上恐不能肆应耳。且排样印装在在需时,必欲卖预约,殊难从容如期出版也。

锦珊三儿培乡在锦州结婚,前日接到喜柬,昨日购上海银行礼券十元挂号寄去。旋接章式之讣,廿八日在平寓开吊,因即飞函平分店吴心庵托就近代办奠幛,届时送去。

5 月 23 日(庚戌)星期日

阴雨。上午七二,下午同。(七二. 五—六三. 三)

晨起,整理前日业务常会所议诸案,足足费去半日,至午饭顷,始得完成转提下午之董事会。饭后先理《丛书集成》之一部入橱。

至一时三刻,乘车到福店。三时许董事会开,通过第二次股东临时会召集期,及业务会议所提各案。

四时许散会,与丏、洗、孖、道共往大新公司四楼参观全国美展之广东出品展览会,陈件甚富,看至五时许乃出。复看大观园模型,遇予同仇俪,匆匆即别,少顷,洗、道、孖俱去。予独与丏尊饮新半斋,至八时即各归矣。

5 月 24 日(辛亥)星期一

昙。上午七二,下午七四。(八一.〇—六三.九)

依时入馆,仍校《寒松阁词》,并赶制董会纪录分发。

为《民众周报》事,今日第一特区地方法院开庭付审,雪村亲到,陈述一切,法官令于礼拜五再审,即退出。默察形势,未必若何严重也。

夜饮牛庄高粱酒一小杯,盖洗人送我者。味香俱佳,如不外出,当日饮此觊矣。晚饭后督汉儿为我整理《丛书集成》,第三箱亦已入藏矣。快甚。

5 月 25 日(壬子 望)星期二

晴。上午七一,下午六八。(六八.四—六一.六)

依时入馆,仍校《寒松阁词》,毕之。接校郑叔问《樵风乐府》。

夜小饮,随便抽架书看之。心绪终觉郁郁,想为《民众周报》讼事所牵萦耳。

5 月 26 日(癸丑)星期三

晴。上午七二,下午七五。(八一.三—六三.五)

依时入馆,校《樵风乐府》。

夜归饮牛庄高粱一小杯,旋即进饭。饭后仍未作事,无聊中入睡。

仙霓社之在大新,本月底无论如何截止矣,一般爱好昆剧者闻之,无不叹惋,予家妇孺亦连日往看之,示惜别之意焉。

5 月 27 日(甲寅)星期四

晴。上午七二,下午七四。(七五. 二一六二. 二)

依时入馆,校毕《樵风乐府》。下午撰《太平御览排样略校》成,即召集各担任者商一交卷之期。决定自下月十五日起每半月交三本。散馆后,约叔琴、云彬过福店,拉洗人复往董家渡王恒豫饮酒,十时乃散归。

明日法院须开第二次审讯,雪村必须前往,想又有一番辨论也。

5 月 28 日(乙卯)星期五

晴。上午七一,下午同。(六七. 五一五八. 八)

依时入馆,校《宋史艺文志》。

九时许,雪村往法院,十一时归,谓循例再讯一过,定下星期三宣判云。

傍晚出,先过道始,有所接洽,盖渠介绍杨某在美成印刷之《传家格言》今已送去,杨某跑来挑剔,大有重印之势,结果属多开四十元,彼即允收货,明明中没入私也。予最愤疾此等事,竟无意中遇之,甚窘,故与道始一剖之。旋辞出,过来青阁,属为开节帐,俾分别结算之。以图书馆外尚有周、宋、章诸公所购及予自购者,不得不分别轧清也。

5 月 29 日（丙辰）星期六

晴。上午七二,下午七四。（八三.一一五四.三）

依时入馆,校毕《宋史艺文志》。

夜饮仲盐所,八时许归。多饮不免薄醉矣,少坐便睡。

珏人、汉儿、同儿俱往大新看仙霓社戏,汉、同且连夜场,即住天然所,翌晨始回,足征热烈矣。

5 月 30 日（丁巳）星期日

昙。上午七三,下午七五。（无报）

上午未出。下午挈复儿往游大世界,晤仲弟。傍晚出场返家,过饮于大马路王宝和老店,八时即返。

5 月 31 日（戊午）星期一

晴。上午七一,下午七二。（七八.四一五九.七）

依时入馆,校《丛书子目类编》。

仙霓社今日在大新出演为最后之一日,予全家往看,并连夜场。

散馆后往福店,欲约洗人同看昆剧,至则已行,遇子如,子如乃偕予同饮王宝和新店,并同往大新坐至十二时乃各归。

6 月 1 日（己未）星期二

晴。上午七一,下午七四。（八二.〇一五五.四）

依时入馆,仍校《丛书子目类编》。

散馆后赴静安寺路西摩路口安凯第三楼十九号静社,盖出席二元会也。是日到会员足数,地甚幽静而菜亦适口,兴乃大豪,不觉多饮。十时许归,竟醉矣。

6 月 2 日 (庚申　下弦) 星期三

阴霾,晚细雨。上午七四,下午七二。(七九.九—五八.二)

依时入馆,得飞卿电话,知梦九同来,住惠中旅舍,予因于十二时往会之。晤及其友龚伯昂,遂同饮于高长兴。下午三时仍回梧厂。散馆后,复与云彬出,访鹰若,亦住惠中,久之,雪村至,乃同饮于小花园蜀腴饭店。是日陡冷,予归途甚不舒也。

法院第二次开庭,定今日宣判,未往,不识结果如何,须俟判决书送达始知分晓也。

6 月 3 日 (辛酉) 星期四

阴晴兼施。上午七三,下午七五。(七四.一一—六三.九)

徐心君上午来,取予所出保信一封去,盖渠新考入艺文印刷公司,需要二千元保,其母曾于前数日来商恳,予将拒之乎,似太忍,依之实怀惴惴也,然终与之矣。

依时入馆,仍校《丛目》,毕又一批。接校郑渔仲《通志艺文略》。

上午洗人来梧厂,商各事。

判决书节本夜间由道始转到,大意妨害秩序无罪,未经登记即发行罚三十元,《民众周报》暂停发行。或者法官已受日子之属故为纾屈其词耳,然未经核准登记不能发行杂志一节所关甚大,不能不争,恐终须出于上诉之一途也。

夜访梦九、飞卿,仍晤伯昂,同饮马上侯。十时散,伯昂车送回寓,又醉矣。

6月4日（壬戌）星期五

阴。上午七二,下午七四。（八〇.二—六五.一）

依时入馆,校《艺文略》。

散馆后,到来青阁,为图书馆还帐,继过惠中访梦九、飞卿,其友刘子庚至,乃同饮高长兴,十时许归,饮尚好。明后日已约定不再出晤矣。或可稍稍休息乎。

6月5日（癸亥）星期六

昙热。上午七六,下午八〇。（九一.四—六九.三）

依时入馆,办编所诸事,并校《艺文略》。

夜补记十日来日记,至十时半始毕。连日牵事耽酒,荒唐甚矣。今后得好好坐定始可。

《图书集成》版《九通》,"一·二八"后经乃乾手购来,价七十元,今以不能过节,抵帐于来青阁,仅作四十八元算,不得已,只能忍痛矣。日来苦况可想,明后日当捆载送去也。

6月6日（甲子　芒种）星期日

晴不甚烈,颇热。上午七九,下午同。（八五.五—七〇.五）

竟日未出,将房内器具略为挪移,并整理架书。因将集成版《九通》检出,交长发专送来青阁。修妹来,怀之来,潜儿挈顯、顺两孙来,业熊来。修妹、怀之午饭后即去,馀俱晚饭后去。

校点《御览》事,本极顺利进行,徒为枝节横生,转杀一鼓之兴。今日本思摆落一切,专途出此,乃缘种种细故,竟未果遂。吾深惧不能快速进行也。

《廿五史补编》精装本及《清名家词》均已出齐,予亦取得,携归插架,日来快事宜无过于此矣。

6 月 7 日(乙丑)星期一

晴热,下午雷雨。上午八一,下午八三。(九七. 二—七一. 一)

依时入馆,处理庶务各事。午后作书与梦九、飞卿兄弟,据旅舍人言,已行矣,不审返徐抑游杭也。

校《艺文略》,毕一批。

夜为诸儿授《桃花源记》。旋以盈儿不寐,屡拍鸣之,浴汗者数四,竟无法坐定。十时始得放手濯身,《御览》一字未及沾,而倦眼已饧矣。由是计之,殆无终事之可能乎。

6 月 8 日(丙寅)星期二

晴转冷。上午七八,下午七六。(七三. 九—六八. 四)

依时入馆,校《艺文略》。夜归小饮,饮后正欲点校《御览》而文权、怀之来谈,只索废之。九时后去,乃静摄此心以应付,至十一时睡,尽两卷。

6 月 9 日(丁卯 朔 五月小建丙午)星期三

晴。上午七三,下午七五。(八一. 五—六三. 七)

依时入馆,校毕《艺文略》一批,只馀尾剩十馀纸矣。接校《清史稿艺文志》。并为编所处理稿件。

散馆后出,与洗人、子如饮马上侯,顺便还节帐。并电约红蕉共酌。九时乃散归。

闻之丏尊、小墨回苏后忽染猩红热症,送博习医院疗治,甚念之。

6月10日(戊辰)星期四

晴。上午七五,下午七七。(八一. 五—六三. 〇)

依时入馆,仍校《清艺文志》,并为编所处理稿事。

下午出席业务会议,于人事问题有所商决。

夜归小饮,饮后点校《太平御览》,至十时许就寝,得两卷半,犹未能毕一册也。

6月11日(己巳)星期五

阴雨。上午七四,下午同。(七三. 八一—六三. 〇)

依时入馆,校《清史稿艺文志》。

挺生之友胡公冕新任甘肃平凉行政督察员,坚邀挺往,今日挺生已正式提出请假暂往帮忙之说,大约不能阻止矣,甚惜之。

夜在家小饮,饮后续点《御览》,至十时,毕第二册又加第三册之一卷。

6月12日(庚午)星期六

阴雨。上午七三,下午七二。(六九. 四—六五. 五)

依时入馆,处理编所及经室庶事外,仍校《清史稿艺文志》。午后得晓先福店电话,知刚自京来,予乃于四时出晤之。五时三刻,同赴蜀腴川菜馆参加生日会,丏翁生日也。丏生日本为旧历五月十二日,以将有福州之行,特提前于今日举行之。到者甚多,喧甚。九时许散,予径返。

沈钧儒等案昨日在苏州高等法院开审,道始为韬奋辩护律师,早去,宋易欲旁听,特托弄旁听券,昨日亦赶往。今日归来,大失望,乃临时禁止特许之人以外旁听也。此案如此认真,政府诸公实无向善之心矣。可叹!

6 月 13 日（辛未　端阳节）星期日

阴雨。上午七二,下午七三。（七〇.三—六五.五）

晨起看报,待晓先不至,十一时,得其电话,谓到徐家汇去,十二时在晴帆家晤聚。届时,予挈同儿冒雨乘车赴晴所,良久,晓先至;又有顷,洗人至。遂同往华格臬路蜀蓉川菜馆午饭,饮大曲十二两,醺然同至福店。未几,晓先乘车返京,而予等乃出席第二次临时股东会,通过甚速,不及半小时也。会毕即归。

夜睡较早,九时许,组青挈其六妹来,剥啄甚急,为之惊起。六姨十二年未之见,偶来小住,长成尔许矣。今日甫自苏州来,询悉叔岳父母俱健适云。

6 月 14 日（壬申）星期一

晴。上午七三,下午七五。（八〇.四—六六.九）

依时入馆,为编所处分稿事,校毕《清史稿艺文志》,接校焦氏《国史经籍志》。

夜归小饮,饮后与组青及六姨谈。天然亦至,谈至九时后乃去。六姨住吾家。

6 月 15 日（癸酉）星期二

阴。上午七五,下午七六。（七九.二一六六.九）

依时入馆,校《国史经籍志》并处理杂事。

挺生应公冕之招,请假一月往赴之,定明晚夜车行。今晚由雪村发起,约丐、珊、洗、调、云、冰、璋、均、志及予为之祖钱,即在雪村家合饮。九时许散,雪村等游王和,至二时许乃罢去云。

《民众周报》案上诉状今日由介丞送来加签,即日起诉,想不久便当传讯也。

6 月 16 日（甲戌　上弦）星期三

晴。上午七五,下午七六。（八五.一一六六.〇）

依时入馆,仍校《国史经籍志》及处理杂事。

五时散馆,过福店约洗人同赴法大马路鸿运楼二元会,会友毕集,气象甚佳,惜菜肴大逊于消寒会时,不免失望耳。九时许散,予与云彬、叔琴乘六路电车至沈家湾,步以归。

午后愈之来梧厂谈,约明夜过饭月报社。

6 月 17 日（乙亥）星期四

晴。上午七五,下午七八。（八二.八一六二.〇）

依时入馆,仍校《国史经籍志》。予同来交稿并约明晚饭蜀腴。

散馆前出,过福店,与洗人商结书橱帐,仍暂宕百元应付之。

五时三刻许,与洗人偕往月报社,至则琛、丐、调、琴、均俱先在矣。谈编制问题及拟编"年鉴"等项,略有眉目,无具体结果也。

十时后共乘汽车返寓。

6 月 18 日 (丙子) 星期五

晴,傍晚阴。上午七四,下午七五。(七六.一—六一.九)

依时入馆,处分稿事外,仍校《国史经籍志》。

散馆后与调、云、琴同出,先过福店,邀洗人共赴予同蜀腴之约。晤振铎及煦先。十时左右散,予径归,雪村、云彬、丐尊、煦先则游王和矣。伊等聚拢即博,十无一二空过者,因无足异也。

二十日红蕉将彩嬲于宁波同乡会,承送予入场券八纸,家人得之真视同拱璧矣。

6 月 19 日 (丁丑) 星期六

晴。上午七五,下午七八。(八三.六—六六.六)

依时入馆,校毕《国史经籍志》,仅馀附录未经排字房送来矣。下午着手编职员录将以刊入本期通信录中。挺生交出之件甚紊乱,颇不易处分也。

潘儿全家来,晚饭后去。怀之夜饭后来,告将返苏一行,旋去。

夜补记数日来日记及用帐,十时后乃就卧。

6 月 20 日 (戊寅) 星期日

晴雨兼施。上午七七,下午七九。(八三.三—六七.五)

上午大椿来,修妹、静甥来,组青来,业熊来。午饭后,业熊偕同、复赴西宝兴路林家花园参加精武体育会欢迎新会员园游大会。组青、修妹、静甥先后去。珏人则偕保珍六姨及清、汉、漱前往宁波同乡会参观同声集十周纪念彩嬲。予独坐窗下点校《太平御览》,

兼招顾盈儿,竟未出。薄暮,业熊、同、复归,怀之亦自苏返沪,携物
过我,俟珏人等至七时,不见回,知连夜场矣,遂与业、怀、同、复晚
餐。八时,业、怀先后去,同、复、盈亦先后入睡,予乃濯足待未归
人,坐灯下看毕吕祖谦《卧游录》、陈继儒《岩栖幽事》、曹元禄《晁
采馆清课》、黄东崖《屏居十二课》、马大年《怡情小录》。与其纷至
沓来撩乱心眼,无宁坐虚寂反得饱看欲看之书也。

6 月 21 日(己卯)星期一

晴。上午七八,下午八〇。(八四.二一六九.一)

依时入馆,处理人事课杂事,并编职员录。下午到福店,四时
过道始,六时乃归。

六姨保珍今日归去,漱儿送至其五兄处,然后乘车返苏也。

夜饭后怀之来,谈翼之及幽若近况,甚涉念之,幽若仍无事家
居,翼之则以师范生作梗,办学颇感棘手,二者均非了局,奈何!

6 月 22 日(庚辰　夏至)星期二

晴。上午七七,下午七九。(七九.二一六八.四)

依时入馆,着手编通信录,以久久失理,颇不易即得头绪也。

散馆后,与调孚出,过福店,再与洗人商人事问题及职员录。
六时许,乃赴来青阁小驻,晤寿祺,谈至近七时,始过小有天,应柏
丞之约。坐客为雪村、调孚及予,此外则大夏校长欧元怀,新华银
行经理、副经理,未详其姓氏,馀则俱暨南同人作陪,吴泽霖、程瑞
霖、程寰西、振铎、予同及李长傅诸人耳。大氐为《暨南学报》致谢
也。九时许散,即归,就卧已十一时。盈儿连日以出遗故,夜不安
寐,数之为之惊起,予夫妇俱大减睡眠矣,困甚。

6 月 23 日（辛巳）星期三

晴阴靡常。上午七七，下午七九。（八一.九—六八.五）

依时入馆，编通信录，兼理人事课诸杂务。下午洗人入梧厂商议秋季教科书备货事。六时乃散。

夜饭后，点校《太平御览》，至十时半乃睡。前后三册，止馀尾卷数页矣。盈儿仍不能安静，中夜数起，甚苦也。

于洗人许见晓先信，报告挺生过京状，殊可笑。此君忙乱异常，抵陇后未必有多大开展耳。

写明片告丏尊，廿六日将偕洗人、雪山由甬转驿亭访白马湖。

6 月 24 日（壬午　望）星期四

阴雨。上午七八，下午同。（七七.七—七一.一）

依时入馆，编完通信录。《太平御览》预约样本亦弄好矣。七月一日将发布之。

夜归小饮。饮后点校《御览》尾页，毕之。明日将以此点完之三本交出，以后续点，甚无把握可以说定何日缴卷也。八时，为诸儿授唐人传奇《聂隐娘传》半篇。

朴社及景山书社盘与开明事，今据北平分店报告，已接收，大约前途甚顺利也。

6 月 25 日（癸未）星期五

雨。上午七五，下午七六。（七六.一—六六.〇）

依时入馆，办杂务外，接校《通志艺文志》。

午前十时，雨中与雪村同过新亚，访子恺，子恺今日午后即须返杭也。旋访北平师范大学校长李云亭于同舍,盖昨得黎劭西书,介与接洽《廿五史人地书名索引》出版之事也。予等提出编制意见四事,彼亦提出出版报酬等条件两事。约于返平后与黎商洽后再通信而别。仍回子恺寓所,至十二时乃冒雨归。

下午处理编所稿事甚久,至四时乃已,仍校书。

夜归小饮。饮后看《金壶七墨》,其书于鸦片战争及洪杨事变多所记载,向未之见,亦自嗤陋劣矣。

梦岩新屋落成,今日送一旧藏古瓷大花瓶贺之。

6月26日(甲申)星期六

上午阴,下午晴。上午七四,下午七六。(八〇.四—六六.四)

依时入馆,办指拟接收景山书社及朴社事,兼及编所处分稿件及教本送审与批回等事。午后校毕《通志艺文略》。仍接校《丛书子目类编》。

夜归小饮。饮后重理书架,翻出发霉之处甚夥,否则坏矣。

今日本约与洗人、雪山往白马湖会丏尊,以天雨中止,昨已去片回绝矣。午刻叔琴来言,白马湖来信,丏翁之大儿媳亦染猩红热入院求治,丏翁夫妇竟心悬两地,去住都难焉。然则予等之不果行,乃大幸也,否则乘人之乱忙而从旁取扰之,殊觉不好意思耳。

6月27日(乙酉)星期日

晴闷。上午七五,下午七六。(八五.八—六四.六)

上午未出,在家写书根。抵午,乃往云彬家饮,珏人亦往,盖其外孙弥月也,饮后已二时,即与珏人偕归。接洗人电话,谓杭店须亟行改组,约出商谈,予因饬人邀琛、珊而身与复儿先出。至暮,索非及雪村乃来,遂同往南京路冠生园小酌,以晚凉,复儿衣汗衫不能胜,先过国货公司为购蓝布单衣一袭。席间谈杭支店事,决由洗人明日先往一行,俟房屋大定,将派函购课主任赵廷玉前往试办。九时许散,复儿先随雪村同车归,予则在永安公司之东侧候六路电车,良久弗得,仍乘人力车而返。梧州路之交通,不便甚矣。

6 月 28 日（丙戌）星期一

雨,午前晴。上午七六,下午七九。（八一.——七〇.〇）

依时入馆,校《丛书子目类编》,并为公司及编所办杂事。

洗人今天偕彬然、关通赴杭,筹备组织杭支店,大约须下月初始能返沪也。不审此行究能顺利否。

圣陶来信,知小墨、三官已于前日出院矣。

丏翁不来,白马湖亦为病人放不得心也。今日知采文、龙文已大好,想无碍,丏尊或于日内归来耳。

6 月 29 日（丁亥）星期二

晴。上午七九,下午同。（八五.八——七〇.九）

依时入馆,校《丛书子目类编》,作书复圣陶,并为编所处分稿事。下午为修正组织发表人员异动事,办公函三件、通启一件,交德馨打清本,以时晏,须明日办出矣。

夜归小饮。饮后看冯梦龙《智囊补》,予于此书向未之见,以为小说之流无当大雅者,今知不然,其书殊佳,殆有过于《世说新语》耳。继看《荟蕞编》,初亦谓随笔闲谈而已,孰知会最群书,识其小而特志时人者,于有清掌故颇有裨益也。

6 月 30 日（戊子）星期三

晴。上午七六,下午七九。（八五.八—六七.八）

依时入馆,办出修正组织及颁发新印章诸公函,并校毕《丛书子目类编》手头校样一批。

丏尊已归沪,以两地感冒且途中辛苦故,卧床发热,明后日或能痊,可来馆耳。

今日又买广益书一大批,计廿八种,共费法币一元三角九分耳,不可谓不便宜矣。夜小饮,饮后就灯下看之,览近出各帙俱见逊色,盖有意学步必致进却失态也。又发见《兰苕外史》之内容与《留仙外史》同,或装钉有误,明日当饬人前往调正之。

振甫为赶钞所编教科书,招清、汉往帮忙,夜十时乃归,据云葳事矣。

7 月 1 日（己丑　下弦）星期四

晴。上午七七,下午八一。（八七.八—六七.五）

依时入馆,办理诸杂事,并校《续通志艺文略》。

午后四时半出,访俊生于商务印书馆,接洽印地图事。旋至福店与索非接洽练习生单稼桂、朱家昌改从业师事。未几,子如来,雪山亦来,乃同赴华格臬路蜀蓉川菜馆参加守宪生日会。廉逊来电告假,晴帆赴省公干,丏尊卧病在家,红蕉乘假回苏,挺生早到平凉,以是到者极为寥落,洗人云当自杭赶到亦未果,幸雪村事先邀守宪夫人、公子及士文同往,否则不太成话矣。十时左右散,同乘汽车以归。

金才由广益回,据云《兰苕馆外史》即《留仙外史》一书异名耳,是坊贾太狡狯矣,可恨,因与易《鉴略离句读本》而返。

予代圣陶编纂部主任事,今日正式交与均正。

7 月 2 日 (庚寅) 星期五

晴。上午七九,下午八二。(八四.〇—七二.五)

依时入馆,仍校《续通志艺文略》及为编所写稿件信。

丏尊来,痊矣。洗人于午后到福店,刚从杭回也,电话告明日上午将来梧厂。

夜归小饮。饮后修妹、静甥去,上午来省,至是归去也。怀之来,九时一刻去。

十时后看书,所买广益诸笔记,书根都为写过矣。

7 月 3 日 (辛卯) 星期六

昙,闷热。上午八一,下午八四。(九一.四—七五.四)

依时入馆,仍校《续通志艺文略》,毕一批。上午十时,洗人入内,商杭州支店人选及进行筹备事宜,拟以谢来为主任,钱中镇为会计,并以新进营业处职员赵厚斋暂行佐理一切。至十二时,出。

下午四时半,予得振铎电话,约在福店相晤。予随出候之,至六时许不来,乃偕洗人共赴静社。到彼时,道始、廉逊、雪村、子敦已先在,既而良才至,有顷而叔琴、云彬、晴帆亦到,遂合坐开尊矣。丏尊以体未复元,世璟以校务羁索,均告假。九时许散,唤祥生汽车以归。夜热骤增,竟夕浴汗,窘甚。

7 月 4 日 (壬辰) 星期日

晴热。上午八四,下午八九。(九四.一—七六.八)

竟日未出，怀之夫妇及玉官来，潜华全家来，烦扰至夜九时始先后去。予乃得澡身设床以寝。终日碌碌，惟抽暇看得《小石山房印谱》及《印苑》耳。《印苑》系民国初扫叶山房翻印本，印款错落，印色黧黯固不必说，脱落至十馀页之多，殊可恶，宜乎人之不信任坊间翻印之本而鄙视之也。

天气暴热，甚感不舒，连宵浴汗，睡不安枕，予性畏暑，更不免感时之先耳。

7 月 5 日（癸巳）星期一

晴热，午前后昙，夜雨。上午八六，下午八八。（九四.八—七七.〇）

依时入馆，决定梧厂、福店暑期工作时间划一，自七月十六日起，至八月十五日止，下午一律于二时上班，四时退班，布告尽知。仍校通信录，下午校《国史经籍志附录》并傅维麟《明书艺文志》。

朴社盘与本店已成事实，惟欠正式立约耳。禹贡会费自本年一月至六月均于今日收集汇缴，仍由分店部转托北京分店划解。

夜在家小饮，饮后澡身纳凉，无事可作矣。

7 月 6 日（甲午）星期二

晴燠。上午八四，下午八七。（九四. 一—七八.六）

依时入馆，校毕傅维麟《明书艺文志》。傅著杂钞皇史宬所藏，漫无条理，分类亦极可笑，若全不知所谓家法伦纪者，何以得传，深可骇怪也。

散馆归后，小饮看书。九时许便睡。

7月7日（乙未　小暑）星期三

晴热。上午八五,下午九〇。（九九.三—七七.〇）

依时入馆,校毕《通信录》。办出杭州支店颁发印章公函。

夜饭后逛于户外纳凉,以天时骤热,室内有如火坑也,十时许就寝,犹难贴枕,窘甚! 所幸天已出霉,湿气可减,终为较胜耳。

7月8日（丙申　朔　六月大建丁未）星期四

晴热。上午八七,下午九一。（九七.五—七七.二）

依时入馆,办理杂事,头昏脑胀,挨至午后五时,几如罪囚矣。

夜饭后纳凉户外,良久入卧,终宵浴汗焉。

今晨一时,倭兵在北郊演习,强欲入宛平城(即卢沟桥拱极城),与廿九军守兵开火。沪上报纸多出号外,惟《申》、《新》两报独镇静如恒,从《大美夜报》得较确之息,我军仍坚守龙王庙阵地,幸未少却。倭横至此,虽尽夷之,不足平我懑也,但预测结果,当不致扩大,依旧不生不死地拖延苟安下去耳。

7月9日（丁酉）星期五

晴热。上午八五,下午九一。（九七.九—七五.九）

依时入馆,仍办杂事。

夜报传来消息,卢沟桥事件,居然双方协定撤退前哨矣,但究竟如何尚未见官方公表,想仍附有丧权辱国之条件也,思之恨恨!

六直旧同事徐育才来看我,谓现任之事下星期将被裁并,希望为之帮忙。

业熊以病请假,今日来此小住,藉避孤舍之岑寂,予怜而留之。

7 月 10 日（戊戌）星期六

晴热。上午八六，下午九二。（九九.〇—七六.八）

依时入馆，上午并出席业务会议。杂事纷纭，竟鲜暇晷也。

报载北平消息，时好时坏，忽而表示撤退，忽而遽加炮击，总之倭情叵测，虚实均难置信也。

夜纳凉后门外通道中，至中夜乃入卧，终宵浴汗，殊不能寐，苦甚！

7 月 11 日（己亥）星期日

晴热。上午八八，下午九三。（九九.七—七九.八）

天气奇热，静坐挥扇，犹难驱暑，只索奋起理书架，将整部《四部备要》重区部门，插入他种版本大小仿佛之籍，积埃尽扫，顺得一度大扫除，至快。自七时至下午四时始竣事，虽浑身沾灰，体力倍惫，而心地愉适，几忘酷暑，此殆绝妙之清凉方矣。

报载卢沟桥事件已协定双方撤兵，然倭无诚意，时时偷袭，故冲突仍不免也。且廿九军退出宛平而易以石友三部之保安队，尤觉可笑。石友三何人，非殷逆第二乎，乃以前方委之，是不啻拱手让倭矣，小冲突何为哉！思之愤愤。

夜热较昨益甚，竟夕未得贴枕安睡二十分钟也。

7 月 12 日（庚子　初伏起）星期一

昙热，午间略阴。上午八八，下午九〇。（九二.三—八〇.二）

依时入馆，为公司及编所处理杂务甚剧。盖以昨日过劳，竟致腰酸腿软,头目晕眩,坐至下午五时殊不胜其楚矣。

夜报到甚迟,北平电极少,交通殆已遮断,惟《新闻夜报》则明揭协定条款,双方各撤矣。究不知如何情形也,闷损之极。

入夜气较昨少凉,遂得安眠,然盈官以此炎热,竟感疾,仍不免数起视之也。

7 月 13 日(辛丑)星期二

阴,阵雨时作,夜闻雷。上午八六,下午同。(八六. 七—七八. 六)

依时入馆,续校《丛书子目类编》一批,为编所办理稿事多起。

平息,倭方有意扩大,竟由关外续开大批队伍压境。在丰台附近与廿九军激战,或者即此扩成宣战之局乎。上海尚平静,而倭队时出示威,难免发露狼子野心耳。我甚注念平友,不审眷属究作如何安顿也。昨有信复平伯及昌群,大抵竟付浮沉矣。

写信与翼之,劝仍守乡校,勿为教委所摇。

盈官热已退,而浑身痱子,咿嘈异常,以此夜间竟与珏人闲争也。

7 月 14 日(壬寅)星期三

阴。上午八三,下午八二。(八〇. 一—七五. 二)

依时入馆,校《丛书子目类编》一批毕,为编所处分稿事。

接颉刚十一日北平所发快信,知平城甚危,然尚有信寄出,则当地或不致十分扰乱也。即时复信与之,不识能否达到耳。

卢沟桥事件不免扩大,战事已迫近北平东南郊,全城殆陷入包围状态。上海谣言尚少,表面亦平静,未知有何演变也。

同儿牙齿跷劣,今日由潛、汉两儿伴往大马路家庭工学社附设之儿童齿科医院诊治,据云须拔去十一枚之多,今先拔两枚,馀俟陆续拔疗。归云尚不痛楚,心力稍舒。

7月15日(癸卯　上弦)星期四

昙。上午八〇,下午八四。(八八.五—七二.三)

依时入馆,写信及处杂事。排样无送进,校事遂不可进行也。

北平一带倭情叵测,而默揣前途,华北必陷于特殊化之境愈深刻,正式抗战尚难实现耳。以是,每日看报之情绪忽张忽弛,真有哭笑不得之感焉。

业熊今日归去,明日将照常到商务服务矣。

同儿上午仍由汉儿伴往齿科医院续拔两牙。

夜饭后,看《梅溪丛话》。

7月16日(甲辰)星期五

晴。上午八三,下午八六。(九〇.九—七五.六)

依时入馆工作。是日起,下午减少两小时,自二时上班,四时即退班,以一个月为度。

五时与丏尊同往福店,赴一家春之会。除子敦先时请假,道始忘未莅会外,馀俱到。九时散归,公决八月一日停一次。

涵、淑忽患喉疾,今日修妹来传言,且托向朱子云处挂号,朱架子极足,隔日不能预定,须明日一早乃可。修妹去,约明日汽车过此一取之。

同儿今日仍由汉儿领去再拔两牙,据云打针甚痛。

7 月 17 日（乙巳）**星期六**

晴热。上午八四，下午八七。（九三.二—七六.二）

依时入馆，办接盘朴社及景山书社合同，惟打字不及，须下星期一始能送出矣。此事往返磋商半年之久，至今乃宣告一结束。

平津局势甚僵，宋哲元、韩复榘之不可靠，甚嚣尘上，有云将对中央宣告独立者，有云已有默契待机观变者。此等谣言固大多出自敌方之挑拨与离间，而自身有分化之隙则无可讳言也。思之甚愤。

同儿今日又拔去一齿，前后已七枚除去矣。

濬儿、文权、昌顯来，晚饭后同、复偕之去，将小住数日焉。

7 月 18 日（丙午）**星期日**

晴热。上午八五，下午八九。（九四.八—七七.〇）

依时兴寝，竟日未出。午后理架，将素不易觅之书悉搬至外屋矣。俟时局略靖，当添置书架也。

卢沟桥事件，交涉中心已移津，局势殊不佳，宋哲元、张自忠以次似受倭方包围矣。而报载倭决动员四十万侵我，且筹定军费一千万元云。此盖吓诈之长技，初未敢悍然出此正式之宣战也。若堕其计中，则全局动摇矣。所幸庐山茗谈，亦因此刺戟而兴奋，朝野间似已形成一致之主张，则未尝非转好之兆耳。

同儿续拔一牙，复儿亦拔去一齿，据医云，须拔去两枚，补修两枚。医后仍往濬儿所，清儿、士敦往濬所饭，汉、漱两儿于饭后往福安看仙霓社戏，俱于傍晚归来。

夜早睡。

7 月 19 日（丁未）星期一

晴热。上午八六，下午八九。（九四.五—七七.七）

依时入馆，处理杂事，校件未到，似反清闲也。

四时后往仲弟所看涵、淑二侄，淑已大好，涵亦大见轻减，脱离险境矣。坐至六时半，过大世界对门杭州饭庄晚酌，盖店中请成都代办分庄经理冯友樵及南京分店营业顾问陈君也。琛、珊、丏、索及予作陪，全座六人耳，九时归，即睡。

夜报载宋哲元已自津返平，拒绝发表言论，似屈辱条件已接受矣，可痛！

7 月 20 日（戊申）星期二

晴热。上午八六，下午九〇。（九七.七—八七.一）

依时入馆，办杂事，并看钱宾四《中国近三百年学术史》。

夜，会期，由予主之，仍令厨房办六元菜，并沽酒六瓶从事。祖璋未到，洗人后至，馀俱集，十时乃散，收会者调孚也。

日本夜报载，宋哲元已派齐燮元往洽，允接受三条件。中国报纸则无动静，令人不能无疑。牙龈痒痒，恨不能生嚼无耻汉奸也。

同、复今日各拔去一牙。

7 月 21 日（己酉）星期三

晴热。上午八七，下午九一。（九五.〇—七七.九）

依时入馆，办杂事外，看钱著《中国近三百年学术史》，毕《引论》。

中国报纸一致登载谈判破裂，平西有剧战，蒋中正留汪兆铭在庐山主持谈话会,而身自返京主持一切,即日报亦同此记出,是昨日之谣传接受条件又是挑拨离间之长技耳。可鄙哉!入夜得读各晚报,知双方确已派员互视撤兵,卅七师防地由保安队接驻,为石友三部抑程希贤部则未能定,盖言人人殊也。又有一息,冀东伪组织将变更,以鲍观澄代殷汝耕,一贼去而一贼继,汉奸可胜诛耶!

夜在家小饮。饮后纳凉屋背,九时即睡。

7 月 22 日(庚戌　中伏起)星期四

晴热。上午八六,下午九〇。(九四.——七五.〇)

依时入馆,办杂事。仍看钱著《中国近三百年学术史》。

报载平已撤防,城门亦开,卅七师已调开,而倭队迄未移动,且有增加势,是宋哲元已私签协定,明明现诸事实矣,中央岂无见闻而默不一声?抑本有默契而故作盘旋之势以欺我民乎!现在全盘形局未展开,故不能过责中央,惟事机已迫,殊不容游移,我人急欲一睹政府有以释疑也。

晚突患腹泻,闭汗发热。天明略退,体疲软极矣。

7 月 23 日(辛亥　望　大暑)星期五

晴热。上午八六,下午九一。(九五.二一七六.三)

力疾入馆,勉强工作。

北平力为粉饰升平,除换防撤御,迎合倭旨外,并勒开游艺场以资点缀,一若晏安无事,无视狡敌在郊者,可叹!

四时归,支持不下,即偃卧,泻泄似不止。

接圣陶信,甚愤慨,谓苏地如不免战事,必云游,拟投效防御机关富力云。

7 月 24 日（壬子）星期六

晴热,早晨微雨即止。上午八七,下午九〇。（九四.五—七七.〇）

依时入馆,仍办杂事,强行支持,泄泻亦稀,入晚仍小饮两杯。

平津形势大和缓,一若并无卢沟桥事件者,在宋哲元已无可说,中央其亦默认耶? 何无声无臭至此! 最奇者,上海各界抗战后援会由王晓籁、杜月笙、黄任之等包办,竟议决一案云,本会已包罗上海各界各团体,不容再有其他组织,如别立名目即为非法。然则救国有罪,抗敌后援须御用机关始可成立,此心昭然若揭矣,庸何望乎?

乃乾约叙,答书定廿六日下午四时后在福店候之。

7 月 25 日（癸丑）星期日

晴热。上午八六,下午八九。（九四.六—七二.五）

上午未出,在家阅报,知昨晚九时许驻沪倭兵曾扬言失去一兵姓宫崎者,陆战队全行出动,分布哨岗于越界筑路各地段,东及于欧嘉路桥,任意搜查行人。且几度闯入闸北,经俞代市长交涉后,始于二时后撤岗,然六三花园及八字桥等处依然驻有数名,一如前年去年之情形。而平津一带转见沉寂,此等张弛呼应之惯技若辈善使之,吾人亦司空见惯,不足耸动。惟由此搬家者又陡见风涌矣。怀之、业熊来。

午后二时往福店,出席董会,道始仍未见到,四时许散,即归。路上甚平靖,昨夜风潮竟毫无迹象焉。

7 月 26 日（甲寅）星期一

晴热。上午八五，下午八八。（九三.六—七一.八）

依时入馆，办董会纪录及诸杂事。

四时散班，即往福店赴乃乾之约，至则乃乾已在而洗人甫去。遇子如，遂同往大马路冠生园饮茶，并为小酌。长谈至八时始别归，子如会钞，甚感不安也。

此间依然平靖，而北宁线之廊坊站又突为倭背信部队轰炸占领，当地驻军为张自忠部卅八师，虽伤亡甚众，而抗战甚力，卒以不敌而退守。张自忠著名亲日者，乃不能指挥其部如此，足见士气之正大，宜乎日报亦发为诧愕之论也。以此推之，战士决不馁荼耳。

7 月 27 日（乙卯）星期二

晴热。上午八六，下午八九。（九四.八—七三.四）

依时入馆，处理杂事外，接校《丛书子目类编》。

报载廊坊事已扩大，据云宋哲元已下令廿九军抗战，不识确否不移耳。

夜饭后，芷芬、振甫来闲谈，据云路上甚平靖，惟搬家者络绎，不免牵动人心耳。调孚、雪山俱住北首，所见纷乱之状更烈，毅然不动，有可佩者。第经此忧扰，恐亦不能自持矣。

挺生夫人来辞，云明日须携儿返富阳矣。挺生既不在此，两儿又乏人照应，当然以回去为宜，况兼重身耶！

接颉刚绥远来书，谓于宋哲元入平翌晨走避之，盖倭方嗾令名捕者有二十馀人，颉刚赫然与其列，遂不得不单身走免耳。宋哲元之心路人皆知矣，尚有何说以自解？

7 月 28 日（丙辰）星期三

晴热。上午八七，下午九〇。（九五.二—七六.八）

昨夜谣传倭队将在闸北一带大演习，以此迁移之家有如潮涌。竟夕无事，今日已略已见和缓矣。报载平津状况，依然沉闷，宋哲元决心抗战否须俟一二日来之事实证明之。

依时入馆，续校《丛书子目类编》。

午后入馆，甫坐定，忽爆竹聒耳，询悉各报俱出号外，今晨平地驻军向倭反攻，先后收复丰台、廊坊，且有克复通州说。民气腾扬固可藉狂欢以表示，终嫌过早，不免浮动，设如"一二八"时白川之谣，其将何以自解！

徐步丹来借钱，给两元去。仲弟派学生来探，且劝早为搬动之计。其意甚可感，然牵掣太多，无法移动，婉辞嘱转复之。夜饭后命静甥及漱、润、滋、浞四儿乘车往濬儿所小住。

7 月 29 日（丁巳）星期四

昙。上午八七，下午八八。（八八.五—七八.六）

昨夜谣言甚炽，闸北及虹口区一带之搬场益盛，满街尽走。以是睡不甚好，至十二时后乃稍合眼。今日入馆，看报，北平形势突变，宋哲元、秦德纯、冯治安等已退保定，丰台、廊坊俱复为倭据，盖张自忠、石友三倒戈，宋等被迫离平也。一时群丑跳梁，故都已无形断送矣，痛哉！

仍校《丛书子目类编》。

天津我军反攻日租界已证实，为敌轰炸甚烈，四处起火，殆成大修罗场。恐仍牺牲力量，予倭之惩膺未多也。

此间谣言甚盛,不减去冬景象,倭陆战队又出岗,但搬场者较昨大减,岂欲搬者早经搬走,不搬者已揣定主意不动耶?

7 月 30 日(戊午)星期五

昙,兼见微雨。上午八六,下午八八。(九二.五—七七.四)

天津战况未明,我方孤军殆已全没,思之甚痛。南苑失守时,师长赵登禹及二十九军副军长佟麟阁俱阵亡。蒋中正发表谈话,决心抵抗。午前得消息,中央军已到达天津。

依时入馆,处日常事务外,仍校《丛书子目类编》。午后,洗人入,商应付时局事,略有准备。

看号外及各夜报,天津已尽陷敌手,焚杀甚惨,而八里台之南开大学所遭尤烈,盖轰毁之不足,且浇油放火也。严氏创办以来,四十年辛苦积累以至今日,一旦尽丧于敌手,其肉尚足食乎。

谣仍烈,作避地想者多,予以累重,且无钱,只索听之已。盈儿及漱儿竟由珏人领回云。

7 月 31 日(己未 下弦)星期六

晴。上午八七,下午九〇。(九五.五—八〇.一)

报载平津全落敌手,敌机且飞保定侦察及投弹。中央军消息如何迄无闻,其有屈伏之兆乎?愤甚!夜报亦然,长辛店已去,前队已撤至琉璃河。殷逆汝耕确为反正保安队所挟走,或已伏诛。倭司令香月竟令委池逆宗墨接代伪冀东自治政府长官。天津极度混乱,亦有汉奸仿北平办法自组地方维持会。

三时半赴福店,以存款单据交托洗人,属于必要时代为提放。一面并将预存《丛书集成》书款六十元提到应用,以备避难时雇车之需。四时半即归。

连日以来,为谣诼所撼,心绪不宁已极,非惟不欲看书,抑且无暇构思。

8月1日(庚申　三伏起)星期日

昙。上午八八,下午九〇。(九四.五—七九.〇)

中央军仍无消息,倭机则飞济南侦察并在海州低飞放机关枪扫射,保定军用车及客车俱被炸,损失不赀。报载如此,恐中枢又弄玄虚矣。但郭沫若通缉令撤销,前日已返国抵沪,沈钧儒等七人昨亦保释出狱,则中央又似决心抗战也。闷葫芦不打开,愁苦之至!

晨起,为云彬写《从历史地理上看平津与中原之关系》大纲九纸。

文权、濬华偕静鹤及同、复与昌顯来。修妹来。业熊来。夜饭后文权、濬华、昌顯归去,同儿仍令偕往小住。修妹去,业熊去。

心绪不宁之至,无力气打叠精神也。

8月2日(辛酉)星期一

昙,飓风。上午八七,下午九〇。(九〇.七—七九.七)

依时入馆,处理杂务。

报载军事消息至沉寂,韩复榘奉召入京息,昨夜夜报有之,今日日文报揭之,而华文报全删,其事或关紧要,不便公露耶。

薰宇将回贵阳,其原租霞飞坊三十五号屋让与予接住,下午渠来梧厂,当面洽定矣。渠定十日成行,予须俟其走后始得搬入也。

8 月 3 日（壬戌）星期二

暴风雨。上午八五,下午八四。（失记）

依时入馆,处理杂事外,仍校《丛书子目类编》。

平津消息,沉寂如故,倭机倭舰则四出活动。倭报载北平伪组织将拥立唐绍仪,川越茂将返南,从反面推测,中枢抗战之气分已冲淡矣,奈何!

夜在家小饮,闷甚。

8 月 4 日（癸亥）星期三

开霁。失记。

依时入馆,照常工作。所有图书馆藏书及出版部重要纸版等均分别装箱,运送霞飞坊三号雪山寓所,但临时制箱及运输车辆等均有问题,三数日内未必能办竣也。

夜在家闷饮。雪村昨发流火,今稍好。

平津消息沉寂,上海风云转紧,和战不定,谣言大布,令人如堕五里雾矣。

8 月 5 日（甲子）星期四

晴。失记。

依时入馆工作,强自镇定。劝雪村、丐尊姑避倭焰,暂迁法租界,不纳。谓要走则只索回乡,决不在沪搬动。予既不能离沪,乃决定单搬矣。

夜仲盐在家治酒,为薰宇饯行。邀予及丐、琛等作陪,畅饮至十时许始散。左右邻里之搬走者比比而是,薰宇乘车回去,遂谣传琛等乘夜迁出云。

8月6日（乙丑　朔　七月大建戊申）星期五

晴。失记。

依时入馆，校《白雨斋词话》。

图书馆重要藏书已搬出，予亦雇工将己书装箱，共钉六大箱，连儿辈者凡八箱。预备有车时先运至霞飞坊。日来搬场者众多，车辆大感缺乏，须托人先为设法始得遂行，故嘱仿游定车。

夜在聚丰园公饯薰宇全家，丐、洗、琛、珊、叔琴、云彬及予作东，陪客只仲盐一人。九时即散，匆匆径归，不敢在外多逗留也。

8月7日（丙寅）星期六

晴。失记。

薰宇言今晚即须上船，故予于今晨七时即由仿游雇车将书箱及衣箱等装运赴霞飞坊，带培锡及华坤同行，俾将《丛书集成》之新橱装配妥当。十时许即了，而薰宇家之女佣非常不可靠，门户洞开，无人照料。不得不派清、汉二儿留守。幸三楼亭子楼已为天然租去，因嘱即日搬来，庶可相托。但二儿待至晚间八时始返，谓天然已搬入矣。予十时返梧州路后，下午仍入馆校书。因不放心，特拜托芷芬夜间过宿，俾照料之。盖霞飞坊中同人之新迁入者甚多，芷芬向与调孚同居，故亦随调孚同行也。

得晓先电话，知已送眷来沪，暂寄源源旅馆，因赶出，晤其全家大小。以未敢多留，仍遄返晚膳。薰宇今晚上船，予明日即拟搬往也。比归，知清、汉返言四川船今甫进口，薰宇或须明日上船矣。乃急嘱仿游止车，展缓一日。

8 月 8 日(丁卯　立秋)**星期日**

晴。失记。

晨起，嘱汉儿送漱儿往新居看守。予偕珏人往源源旅馆访晓先夫妇。晓先已往周浦看梦岩，仅晤其夫人。互道逃难之苦，旋归。看报，知时局益紧，日内恐起大变矣。

午后，往福店，晤洗人，商公司应付时局应办事项，雪村、雪山俱来。至三时，接晓先电话，谓从周浦返，决定送眷暂顿于梦岩所，明晨即须遣往云。因约共饮于华格臬路蜀蓉饭店，属即往会晤，予与雪村、雪山、洗人先往，晓先及良材后来。晓先以须料理行李当夜返京，而予等亦以未便多顿，八时即散。到家，知薰宇仍未上船，明日势不能搬，珏人因以发怒，坚不肯搬，竟致吵嘴讨气。恨极。

8 月 9 日(戊辰)**星期一**

晴热。失记。

依时入馆，仍校《白雨斋词话》。谣言蜂起，一刻数变，同人俱无心坐定矣。甚窘也。夜饭后料理明日搬场事，颇栗六，十一时许，香烟桥方面电灯不明，有多人蜂挤逃来梧州路，脚声喊声，混成一片。予大惊，以为挨延一宵，终致罹难矣。正愁闷间，剥啄声甚急，启视则仲弟之学生公达奉派来接，谓虹桥方面已开火，今晚必不免，人须走出为是云云。予不忍过拂其意，唤醒同儿，嘱随之去，予夫妇及清、汉两儿仍留待，盖部署已定，不得不待旦搬走也。是夕，竟未解带，未明便起，恐慌之至。

8 月 10 日（己巳）星期二

晴热。失记。

清晨七时，搬场车来，即将馀存什物装入，仅留大镜一面，书架全副，大床一张，被囊一件，大桌一顶，椅两把及零物数宗而已。仍带培锡、华坤同行。珏人偕汉儿、陆妈随车押运，予偕清儿则乘电车以行。予等到，什物已发下，车亦开销回去矣。乃令培锡、华坤帮同部署，比午饭，已大致楚楚，予即于饭后到梧厂，仍照常工作，四时后归，五时许到新居。夜小饮，似颇安定矣。

8 月 11 日（庚午　末伏）星期三

晴热。失记。

清晨六时即出，七时廿分便到梧厂。仍校《白雨斋词话》，并促工装箱储藏稿件。午间在雪村所吃面，午后仍入馆工作。四时散班，过雪村所，挈士文同归。

夜在寓小饮。饮后闲谈良久，至十时许乃就寝。

8 月 12 日（辛未）星期四

晴热。失记。

拂晓即起，少停便行，到梧厂尚未及七时二十分也。情形如常而搬动益多，谣言时作，居人均相惊伯有，岌岌乎不可终日矣。上午尚勉强应付，及午饭于嘉兴路大富贵时，几阒寂无人，无法自持。匆匆食已返厂，即赶作收拾，又将编译所随手稿件及校样等分别钉箱，预备送出。乃车辆大乏，颇感棘手，至四时，勉强就理。梧厂留守人员，商定仿游、文清、趾华、韵锴四人，而志行则率领全体练习生即行出发,安插于福店。予与雪山、均正、调孚于四时后步由外白渡桥到福店。予则过访道始,重遇云彬,因小饮于大马路王宝和,萧条凄凉,非复昔时,八时即返新居。

仲盐全家及雪村眷属均于今日下午三时来,即住下,仓皇而行,极狼狈。此间三楼,即回绝芷芬之戚,尚足相容,甚以为慰也。

8 月 13 日(壬申)星期五

晴热。失记。

清晨与雪山自霞飞坊出,步至嵩山路,乘电车达老北门街,复步至福店。晤雪村、洗人、调孚、均正、祖璋、彬然等。雪村昨夜仍宿梧州路,今晨始出。据云尚能平静。十时许,得愈之电话,知今日九时十分倭兵在横滨桥冲我保安队防地,已接触开火矣。有顷,马路上即见纷乱之象,电车即不北过靶子路及海宁路云。十二时归饭,仲盐亦自梧厂返,盖美成已作结束,无法开工也。饭后,复往福店,则琛、洗、珊已定有办法自明日起放假一星期,提前发付八月上半薪,惟应得薪水在廿五元以上者一律发廿五元,除梧厂留守人员外,福店每部分各酌留一二人,馀均在假,且得返里。盖银行已悬牌暂停,金融无法周转,不得不分别遣留耳。五时出店,径往仲弟所,仲弟亦以大世界停业,正在办结束,候至七时乃晤之,即其居小饮以归。抵新寓已将十时矣。

8 月 14 日(癸酉 上弦)星期六

阴雨。上午八四,下午八五。(失记)

未明即起,炮声大震,坐雨未得出视,因发箧记此。溯自四日以来,日为愁牵,公私栗六,废此记浃旬矣,何图于炮声撼户中续之,亦大可资念者。爰排日追忆,分别补记,而著其作辍之故如此。温度失记,无繇强志焉。

八时许,雪山见过,因同往福店,见仿游等,知梧厂已无法维持,只得跑出云云,深用慨然。坐未久,忽有大声轰击起自店侧,予出视,见街上行人车辆,西奔者有如潮涌。纷乱之极,两旁店家遂拉门上板,福店亦然,予无由入,亟遄归,步至八仙桥西嵩山路左右始雇得一人力车,乃乘之而行,颇狼狈。嗣悉我空军派机往炸停泊外白渡桥之倭旗舰出云,倭舰遂发高射炮相御,故有此声浪及纷扰之影响也。午后,又见我机飞往猛扑,投弹多枚,倭高射炮弹飞溅天空朵朵作墨云。予适与调孚、索非、芷芬、振甫往访洗人,归途遇之,竟驻足仰望,历历在目。夜与仲盐饮。卧后有人挨户呼熄电灯,慎防万一。仲盐全家均在楼下枯坐至三时乃睡,予以积倦,仍酣卧至晓。

8月15日(甲戌)星期日

风雨俱猛。上午八二,下午八三。(失记)

昨日清华送密、滋往潜儿所,以高射炮急,未及归,予终宵悬悬,清晨冒雨往问,晤文杰兄弟,知已于予至之前雇车归去矣。予少坐便返,衣裳淋湿,遂未再出。报载消息,出云未炸去,倭机飞杭州、广德等处炸击,均未得大逞,而此间我机误落一弹于大世界左右,致死伤难民达四百馀人,则太不幸矣。

上午炮声甚稀,且渐远,岂倭败退渐东耶?下午四时许高射炮又突发,想我空军又往攻击出云耳。夜雪村来,晚饭后归福店。索非来,为予改装收音机插头,未几便通。眠尚安,未闻炮声。予同、振铎晚间来访,谈移时去。

8 月 16 日（乙亥）星期一

晴，夜半雨。上午八三，下午八四。（不详）

清晨五时，高射炮声大作，似在西南方，想倭机袭我虹桥飞行场或龙华司令部或南车站也。亟起，匆匆食已，雪山、云彬来，谓南站被炸。偕出，途遇芷芬，因同过贝谛坊三号访丐尊。谈未多时，即出，径赴福店。少坐后又与雪村、云彬、沛霖、芷芬往大陆商场六楼文艺协会访周寒梅，云、沛、芷三人登记，愿任后方播音及翻译工作。正坐谈顷，白渡桥方面又发高射炮，以地近而高，殊震，不五分即止。旋返店，至十二时许，予与雪村出，就四如春各啖面一碗，食毕，伊返店，予乃归。往回徒步，腿酸感劳矣。下午未出。组青来，弟妇来，均于傍晚时去。晚饮，振甫、芷芬来谈。饮后，与仲盐长谈，至十一时乃各就寝。傍晚五时顷又有空战，入夜炮声断续，时远时近。《大公报》晚刊息，我军已由其美路冲入华德路大连湾路，如是则倭踞之区截为多节，不难收拾矣，甚欲有以征实也。

8 月 17 日（丙子）星期二

雨，旋放晴。上午八二，下午八五。（未详）

凌晨飞机斗作，即起。与调孚、均正、振甫、芷芬闲谈。补记前缺各日日记，并补记各项帐目毕。下午二时许，予同过访，商送眷返里事。调孚、振甫、芷芬适亦在坐，忽飞机在空大斗，高射炮声如霹雳，屋瓦皆震。有顷，调孚夫人来报，六十三号屋顶着一机关弹，穿射去三层楼板上。予同少坐即去。予等往视，楼板无纤痕，屋顶仅一细间，盖堕下已无甚力量，不足伤人者也。傍晚飞机战又作，旋止。

云彬、彬然来仲盐所打牌，预备明晨乘火车返里。

8月18日(丁丑)星期三

晴热。上午八四，下午八六。

机声盘旋仍时作，惟炮声则竟日沉寂，不知何故。午后，与索非、均正同往福店，步由龙门路过，大世界前被炸之残骸犹有未尽掩埋者，行人掩鼻，见之作恶。守宪行路，被民众误认为倭子，拳足交下，殴伤甚重，送仁济医院，据云肾脏恐有损，性命危险云云。是亦无妄之灾，深用轸念者也。今晨六时许，仲盐得雪村电话，谓天后宫桥庆记轮船公司有轮船可单放湖州，八时半即须开出，属料理动身。一时大起纷乱，仲盐全家及雪村眷属，雪山、涤生眷属，共雇汽车六辆，星驰而去。予家陡觉寂寞，然无如何也。午前道始见过，谈与文杰吵嘴，移时乃行。据其言，似因潜华叫煤而起，殊无谓也。夜独饮。饮后坐看月色，九时许即就卧。

8月19日(戊寅)星期四

晴热。上午八四，下午八六。

机声不绝，已闻惯不足奇。上午八时许，与调孚同赴福店。途次竟未见机影。在店午饭，饭后与琛、珊、洗、调、均、索集议当前公司应急办法，因决定分别遣留办法六项，备明日公布。予薪在一百五十元以上，照新办法应暂支半薪云。四时许归，过访丐翁，告慰备至，旋行。守宪伤势无变化，大约可以弗忧。夜仲弟来，正同饮，道始、乃乾先后至，纵谈移时，九时乃别。予浴身就寝，竟夕未闻炮声。

8 月 20 日 (己卯) 星期五

晴热。上午八四,下午八七。

晨七时,飞机声又大作,炮声及机关枪声一时迸发。想倭机轰炸我南市,我空军起而应战也。八时出,已有电车,乃乘之而行,径赴福店。办出布告四件,已十一时,乃遄返寓所,盖今日中元祝飨,故赶归设祭也。在店遇立斋,谈时局,据云刻下和平空气又甚浓也。观于英法美诸领事之活动,似堪征实。饭后,调孚、振甫、芷芬来谈,三时乃去。夜在家小饮,饮后与芷芬、振甫闲步霞飞路西段,往返步月,至善钟路而还。在店时写信与晴帆,告近况。

8 月 21 日 (庚辰) 星期六

晴热,午前后阴。上午八四,下午八七。

清晨六时半,正在补写昨日日记,倭机又来袭,先闻枫林桥方面高射炮声,继闻高昌庙方面对击机关枪声,想图袭市府未成进而之高昌庙肆虐也。八时一刻,与调孚、均正同行赴福店,行至中汇大楼前又遇飞机在东北空中作战,一时高射炮声大起,路人为之裹足。予等依壁以行,到店照常办事,惟一切欠亏,头绪毛起,只得先事整理而已。分发紧缩开支信与各分支店,并为编所复人询问存稿函一件。午饭后,往访坚吾,遇梦岩之弟海林,询悉梦岩与晓先家俱安住周浦。夜在家小饮,士敫归来,因属浴身洗衣,留住焉。晴帆于午前十时许来店访予,谈两路交通全操诸军事委员会战区司令之手,局方已处被动地位,故运输客货之事一时实谈不到云。虹口方面大火不熄,白昼烟腾,结成愁云,官方谓我空军轰炸所致,实则倭贼纵火图蔽耳。

8 月 22 日（辛巳　望）星期日

晴热。上午八三，下午八八。

机声盘旋不甚烈，虹口方面火热犹炽，残留负隅，何日可了，实未能知之也。上午十一时许，洗人来访，因与共赴道始之约。至则雪山及陈凤鸣已在，有顷雪村至，又有顷乃乾至。饭后，又长谈，至四时始散，雪村与予偕归，文祺夫妇来访，遂共小饮。仲弟、弟妇、涵、淑两侄女均来，组青亦在，盖清儿今日二十初度也。九时许就寝，至十二时许，机声大作，想倭寇又作夜袭矣，为之惊醒，旋声息暂微，则亦睡去。接圣陶十二日信，告近状，并询我况。滋儿今晚随仲弟、弟妇归去，将小住焉。

8 月 23 日（壬午　处暑）星期一

晴热。上午八四，下午八八。

黎明闻炮声断续，似在东南方，或浦东有警乎。八时半到店，为图书馆登记书报，馀无事。饭后，与调孚散步于福州路、福建路、广东路、山东路，甫返店，坐定，与雪山闲谈，忽大声陡作，窗摇地震，屋后玻棚之东北角，碎玻璃一块。合坐大惊。旋据路人相告，倭机在大马路日升楼最闹市街投一炸弹，死伤不亚于大世界前事也。未几，见车送仁济医院者踵接，顷刻逾百，类皆浴血者，鸣呼！惨矣！四时散班，与洗人、调孚同行，到家尚早。夜小饮，饮后与芷芬、振甫闲步于亚尔培路、辣斐德路、迈尔西爱路一带，月色莹澈，碧树弯翳，初不识数里之外烟深火炽，百尺之上爆弹横飞也。九时就寝，二时许又闻倭机袭空之声，历时乃稀。黎明，闻东北排炮十一响，当系倭舰所发。接迪康信。复圣陶信。接晓先信，犹十三日所发,交通之滞可想。张妈辞去,即日回昆山。

8 月 24 日(癸未)星期二

晴热。上午八五,下午八八。

六时许即起,记日记外,惟听飞机声而已。八时半到店,步至吕班路口始乘十路电车。四时许归,在郑家木桥上车,金神父路口下车,两端俱步行。红蕉于饭后来店见访,又接圣陶信,予等前信当然尚未收得也。谈有顷,去。接德馨信、彬然信,俱已安抵家园。并悉云彬亦到硖石矣。夜邀仿游小饮,八时而罢。

夜眠至二时,飞机翱翔声,高射炮声,一时俱作,陡从睡梦中惊醒,细察之,似我机乘月袭倭舰也,移时乃渐稀。

8 月 25 日(甲申)星期三

晴热。上午八五,下午八九。

五时未明,炮声作。初若隐雷,似甚远。予起如厕,旋着衣伏案记日记,忽连珠声响,陡忆"一二八"未了之排炮,不禁悚然。有顷,飞机互斗之机关枪声清晰可闻,大约又在外滩或南市奋战耳。八时十分到店,步而往,行半小时。四时归,甫抵寓,雪村电话来,谓梧厂已遭焚如,巡捕及宝林来言征实,将与洗人来谈云。六时许,雪村偕洗人至,调孚、均正、索非、鳌生等亦到。据告,厂三日前已由欧嘉路方面引火延烧,外面交战甚剧,无法扑灭,遂致全焚,美成、美艺、大有及开明俱罹于难。宝林等即退避经纬里屋中,曾三度冒险出走,终无路可从。有一度五人结集出弄,前三人当场被流弹击死,看弄者即预此难,宝林左臂受伤,巡捕清明右手小指擦伤,只得缩入。今日有救护车过,竭力呼援,始由西人拯之出险,弄中难民仍有少数未及同登云。拟明日先召集董会讨论善后，九时许乃各散去。写信与翼之、彬然、云彬、迪康、德馨、祖璋。接云彬信。梓生有信来，谓晓先由部派赴皖南工作，一时通信址不明，只得俟其来信再复。

8月26日(乙酉)星期四

晴热。上午八五，下午八九。

昨夜十二时许，空军大活动，在屋顶盘旋及饱聆高射炮者历二小时。其时月色昏黄，状至惨怖，中宵不寐，为此次开战以来所未尝经也。六时起，写日记时，犹闻飞机轧轧不息，想不久当有大战展开耳。报载吴淞登陆之倭，进犯罗店，尚未解决，则战局形势已移至北部，而关系之大，更甚于租界附近矣，奈何！依时到馆，四时后返。仲弟挈滋儿、淑侄来，正与晚饮，大桂至。有顷，大桂去。饭后，仲弟仍挈两孩去。文祺来，托设法代支存款。谈移时，去。芷芬、振甫来商行止，谈多刻，去。就睡已十一时矣。日间战情沉寂，夜十二时许，高射炮又大作，我机袭击黄浦倭舰也。店事经丏、琛、洗、珊集议，先由会计部轧一万数，再召集董会依此讨议之，故今日不果开会也。

8月27日(丙戌)星期五

晴。上午八五，下午八八。

日来亢旱，秋阳骄张，感热甚于伏暑，不适之至。依时到店，办出呈文一件，请教部准予展长教本送京覆审期限。又为编所复榆生函一件，告《词刊》稿件有失有存。英大使许阁森昨由京来沪，汽车以揭英旗，行至南翔附近，倭机投弹放枪，许大使脊部肝叶俱受创,已入宏恩医院疗治,势不轻。倭之无行,罄竹难书,不屑评其是否矣。行政院秘书黄濬等十八人敢犯大辟,为贼作伥,或躬为间谍,或助为刺探,或将军事政治之秘密漏泄,经京警备部破获其机关审讯明确,概予枪决。黄濬字秋岳,闽侯人,陈衍弟子,作宋诗有声,馀亦大半服务政界或曾为显官,非不知罪,乃利令智昏,甘心作贼,为天下戮,不亦大可惜哉!战况竟日平静,惟夜十一时及二时曾闻二度飞机及高射炮而已。据仲华言,租界我军有退出说,然则情形殆难乐观也。夜小饮。

8 月 28 日 (丁亥) 星期六

昙,午后起阵,未果雨。上午八五,下午八八。

依时到店,步而往,乘廿二路公共汽车以归。午后二时,倭机十馀架飞南市投弹轰炸,有起火处。旋悉南站受损奇重,待运难民全罹难,死伤约六七百人,馀起火处即救熄死伤不详,倭贼肆毒至此,殆已狗彘不食,奈何甘心做汉奸者犹时有所闻,岂狼子贼性与天俱来耶!英大使许阁森仍在宏恩医院,伤势无变化,不解英人何以容忍倭贼如此。愈之、丏尊俱来福店,据愈之所言,战局殊难乐观,颇致忧虑。夜归,小饮遣愁。饭后闲步里左,返寓少坐,即就浴入眠。十一时三刻,闻密炮震耳,醒起静听,似在南市浦东。二时许又闻东北面有飞机盘旋及高射炮声。如此刺戟,殊难为情。

8 月 29 日 (戊子 下弦) 星期日

晴,午后起阵,未果雨。上午八六,下午八八。

凌晨起,记昨日日记。有顷看报,消息依然,殊不能厌望也。

十时三刻,接洗人从廉逊所打来电话,约往小叙。即步往。午饭后复长谈,至三时许乃散归。到寓,知雪村曾于午前来,在叔琴所饭。予正呼水濯身,拟踵访之,而雪村、叔琴来。雪村午睡后忽微感发热,即乘车返店,未及晚饭也。雪村去未久,道始来,详谈开明情形,因留与小酌,饭而后去。夜九时,振铎来。约乔峰集谈临时出版事宜,预备提供各出版家。予无意见,谢未与。近十时,乃去。

九时后又闻飞机高射炮声,有顷即止,殆我机每日例行公事矣。倭胆如鼠,一闻机声,便乱放高射炮,每夕而然,亦不知虚耗子弹若干矣。

8 月 30 日 (己丑) 星期一

晴。上午八五,下午八八。

竟日未闻炮声,即机声亦甚稀,入夜例袭亦不见,何耶?

晨八时许即到店,四时许道始来,乃再坐谈。至五时许行,偕过晴帆,六时半乃返舍。《中苏不侵条约》昨日公布,是不啻予倭以甚深之打击。约文虽仅规定消极的互不侵犯,而彼此相互谅解之下自可有更进一步之事实也。许阁森伤势已大痊,英向倭所提之通牒亦正式交付,未审如何圆场耳。夜小饮,弟妇挈涵、淑两侄送滋儿归。晚饭后,仍挈两侄去。

8 月 31 日 (庚寅) 星期二

晴热。上午八五,下午八九。

依时到店,四时半返寓。报载各项消息殊不见佳,罗店仍未解决,而北方南口已陷,张垣动摇,平汉、津浦两线之倭反向南进攻,各城市被倭机轰炸者不绝于书。此间日中惟闻倭机盘旋之声,入夜仍静寂,至四时,飞机声大作,似在顶上,且不闻倭舰高射炮之响,是殆非我机侦察,明甚。吾深为此惧,切为之痛矣。夜八时,叔琴过访,略谈即去。我机因炸倭运输舰,误伤美商船胡佛总统号,恐引起纠纷必不在小也。

9 月 1 日(辛卯)星期三

晴热。上午八五,下午九〇。

晨七时许出,步由跑马厅及静安寺路经南京路,一看暴倭掷弹残毁之迹。永安受损尤重,先施所遭亦巨,而大沪银行层楼窗格之玻璃无一不受震毁破,弥觉其奇,毗邻之老凤祥固完好无恙也。旋过五芳斋早点,人满为患,去之,仍食面于福州路之四如春。八时半到店。午间与丏、洗小饮。五时退归,今日起,下午延长一时矣。雪村草拟紧缩组织,经丏、珊、洗等通过,将于明日提董会。人选分配则须酌视情形而定。夜饭后振甫、芷芬来谈,移时乃去。未闻飞机夜袭声,战局殆不甚利也,为之悚惧。

9 月 2 日(壬辰)星期四

昙热,下午微雨。上午八六,下午九〇。

战况在吴淞、罗店方面殊剧烈,倭虽出全力猛扑,仍未得逞。沪郊较为沉寂。松江西石湖荡铁桥为倭机所毁,一时虽修复,其希图牵制后方,乘势进犯之心已昭然若揭,不审我忠勇将士能早烛其奸否。依时到店,上午十时开第八届第八次董事会,报告梧厂损失约计外,决议力行紧缩组织,撤销总务处,并设杂务、会计、出纳、选货、存货、通运六部直属经理室。编译所只管编审及杂志,所属部课概行撤销。营业处仍辖总分支店。下午,酌配人选,已定丏主编所,珊主营处,予往总务部,子如任会计部,安民任出纳部,调孚任选货部,涤生任存货部,索非任通运部。午刻在味雅小宴,为雪村祝嘏,到廉、道、晴、丏、珊、子、蕉、洗,宾主共十人。秋热甚,竟宵浴汗,难过煞人也。

9月3日(癸巳)星期五

晴热。上午八六,下午九二。

依时到店,见雪村拟有本公司非常时间职员待遇暂行办法八条,分别去留,留职人员一律停薪,照原薪额二十元以上概支维持费十五元,四十元以上支二十元,六十元以上支三十元,八十元以上支四十元,百元以上支五十元。危难当前,不容卸委,虽痛,只能忍受之。晨十时后,浦江倭舰陡发重炮轰击浦东,我军还击,炮声震天,竟日互击,流弹落于苏州河以南者甚多,尤以静安寺路同孚路左右为烈。浦东商栈着倭弹起火后延烧甚炽,又不知有若干损失平添矣。本更定待遇办法拟信稿四通分致去留各同人者,交士敔油印,备明日发寄。夜走归,小饮。接丏尊电话,属将予现住之屋腾出两间让之。日内即将搬来也。予复允欢迎。

9月4日(甲午)星期六

晴热。上午八六,下午九二。

炮战少稀,而倭机四飞,在南市、闸北等处投弹甚多,以低飞故,翼声刺耳,颇感胁迫。愤甚。新办法公布,分致函寄讫。今日取到八月份二十天薪及十日减持薪,仍除所得税,计得一百十七元六角。目前收入,此为最富,嗣后月发维持费一次,须待至十月五日始可支五十元也。前途茫茫,将何以为继耶? 归后,属诸儿腾房,俾明日丐翁来时可驻足。芷芬、振甫来谈,九时后去。伊等将谋返里矣。

9 月 5 日（乙未　朔　八月小建己酉）星期日

奇热。上午八七,下午九四。

士敩来,怀之来,丐尊来,雪村来。怀之、丐尊饭后去。雪村晚饭后去。士敩留宿。上午丐尊率子龙文搬物来,已装好床铺矣。饭后丐夫人来,谓龙不愿住亭子间,要搬至三号住,此间之物即须搬去。予初无分租之意,为情面而腾让,今出而反而,确有不快,但何必认真,欢然送之。竟日未出,较入馆办事为尤劳。芷芬、振甫来言,决将返里矣,依依之情,虽不能已,而局势相迫,竟无法挽之,悲愤之至。

9 月 6 日（丙申）星期一

晴热。上午八七,下午九四。

晨闻巨声连发,均在西南面,不似炮,殆倭机又在肆毒耳。依时入馆,往还俱与索非、调孚、均正偕。正式迁入衍福楼办事。热甚。报载宝山已陷落,倭且大增援,深恐我军太牺牲也,为之扼腕。晚报载我军正反攻,将又有恶战矣。厦门已开火,潮、汕戒严,倭机时飞广州窥探掠,并甘冒国际公法之不韪,于不宣战之面目下竟敢宣告封锁我国全海岸。狂妄悖逆,不齿于人,会见自溃耳。圣陶每有信至,辄附近词,想见镇静,殊可慰也。夜小饮,饮后闲步里左,以招凉风,八时归。芷芬、振甫来辞,谓明晨两人将以步行返里矣。予无词可加慰藉,深愧之。

9 月 7 日（丁酉）星期二

晴热。上午八八，下午九〇。

晨八时，丏尊、均正、调孚来。丏先过哲均，予等同往福店。丏后至，至午即归。予等仍于五时后返。夜宋易见过，略坐便行。昨日最高温度达九十九度九分，据徐家汇天文台报告，在阳历九月中气温之高，为创台以来六十四年中所未尝有云。无怪难受如此，疾病因而丛生也。宝山经我军反攻后，城围已解，盖城中原驻之一营迄未退出，故能奏内外夹击之效耳。倭机仍四飞肆炸，大炮之声则少闻。夜一时后，炮声间作，每一分钟必清晰闻之，达旦未辍。不问是否飞机炸弹或大炮所发，总觉我军仍在近郊作战，贼倭枉动干戈，终无奈何我也。报载南口、张垣事甚略，而津浦线则静海以北正激战中。

9 月 8 日（戊戌　白露）星期三

昙。上午八五，下午八四。

是日初凉，爽快之至。加以连日熇热，益衬凉爽之可喜也。七时许出，先过天香斋早点，再行步至店中，时方八时有零也。图书馆携出之书粗粗理出上架矣。馀事无法作起。五时径归。夜小饮。饮后与家人闲谈，知余屋两亭子间已租定与刘姓矣，言明按月付租金廿五元，本月十五日起算云。日间炮声尚不甚烈，倭机肆虐，仍时有所闻。据人言，南市当局已令居民即日迁避，因有倭贼轰炸之说也。且法租界当局亦令十六铺住户速搬，是危机日迫之征矣。夜一时许，闻飞机声甚微，而倭舰高射炮大作，想见我空军又奋神威，褫贼之魄矣，不禁自慰。

9 月 9 日 (己亥) 星期四

晴。上午八〇,下午八五。

晨阅报,知昨日倭机在松江车站投弹爆击,毁水塔、站台等,列车五辆全坏,无辜乘客死伤达七百馀人。贼行如此,言语道断,惟有益励我气,终期歼灭贼种耳。方写此,又闻贼机轰炸南市,声震遐迩,损失当不小也,愤甚! 八时出门,步往福店,五时归。夜小饮。丐尊见过,谈梦痕款事。旋同过均正、调孚谈,索非来言,顷接雪村电话,当予等行未久,福店后面丁仲英医士家屋顶中一流弹,同时五洲药房门前堕一炸弹,当场死伤八人云。又言,文辉之儿传言,午后听到之巨声,乃商务印书馆屋顶着弹成一大洞也。今日出事之区,均距福店不远,丁家尤为迫近,仅隔一小街耳。正谈此时,文祺见访,续谈至八时半乃各散归。夜深后仍闻倭舰高射炮声,想我空军例袭又活动矣。其他炮声亦烈。

9 月 10 日 (庚子) 星期五

阴,旋放晴。上午八二,下午八五。

凌晨炮声甚震,倭机旋空亦久,予即起,看昨日北平寄到之吴承湜《近六十年全国郡县增建志要》。此书自光绪初年迄民国廿五年十月,增建郡县咸具,洵有用之籍也。依时到店,发出分支店紧缩通告三件。平分店昨已令准备收束矣。今日传倭总攻击,故炮声之重且密视往日加甚。五时返寓,在老北门街候电车时尤为紧张,所立之地几为之震撼也。颇不安。亟与调孚走郑家木桥再登电车以归。夜尚不激剧,至十二时,我空军又出动,但闻倭舰高射炮乱鸣而已。宝山已于七日陷入倭手,忠勇将士一营全数殉国,已经官报征实。呜呼！烈矣！

9月11日（辛丑）星期六

晴，午后阵雨。上午八〇，下午八六。

拂晓，炮声又作，但似已较昨日为远，未审何故。及阅报，知倭计徒劳，阵线仍未移动，我空军之袭击则大为倭所戒惧耳。八时许，步往福店。四时许先出，步往潜儿所探视，坐至五时半乃行，到家已六时矣。炮声又作，盖每逢傍晚、拂晓必有发动，殆成常课矣，了不足异。丏尊、道始、晴帆见过，谈移时去。予乃晚饭小饮，饮后少坐便睡。至十时前后即闻我空军夜袭，倭炮乱鸣，想见空军力量之增厚。盈儿体不适，每夜多哭，甚为受累。昨日教部委员及资源委员、动员委员在沧州饭店召集出版业、新闻业各领袖茶会，雪村出席。据归告，此次政府对抗战决持久，上海所有工业须悉移内地，如愿迁动，政府当能贴费力助云。以是，开明总公司拟迁设长沙，惟一时难以入手耳。

9月12日（壬寅）星期日

晴。上午七九，下午八一。

炮声机声，竟日沉寂。至夜七时，复闻倭高射炮声，想我空军又来袭击耳。报载消息殊不见佳，津浦线又失陷马厂，保定右翼已大感迫胁。天镇为倭毒气所攻，我军损失亦重，大同竟受压抑矣。为之痛心。此间战况，各线俱无多大变化，而倭占沿岸各地已获得联络，今后进寇益便，前途殊少乐观也。奈何！雪村来，丏尊见过，因共饭。饭后约洗人来，谈迁店事，雪村主急进，洗、丏俱主持重，无结果。夜小饮丏尊所，叔琴、子如与焉，七时许散，各归。

9 月 13 日（癸卯　上弦）星期一

昙，傍晚雨。上午八〇，下午八二。

依时到店，步而往，乘电车以归。将临时所收所发各件分别清厘摘由录簿，并将所收内教两部执照入册登记。午后三时，红蕉来，询悉迁厂事甚周折，船须自备，押运等等，在在需人，一时决难就理也。雪村于四时前曾往企业大楼访迁厂委会干事，携回表格多种，须从纷乱中打出新路来，亦殊不易耳。月浦、扬行已为倭突入，炮战声似停息，而倭机仍四出肆虐，南市、闸北均投弹，恒丰路、共和路等处俱起火。夜雨甚，我空军遂无出动。盈儿连日咿嘈，今夜稍好，而四时即醒，遂扰至大明，迄未再睡，予为之惫甚。同儿多食受凉，呕泻交作，且有寒热。服麻子油后稍好，但热仍未退也。

9 月 14 日（甲辰）星期二

阴雨，偶露霁色。上午八〇，下午八一。

依时入馆，无事可办，写信三封，分致圣陶、芷芬、振甫。我军已退至北站迄江湾线，虹江码头及市中心区已放弃，正坚守中。倭机仍肆虐，昨日下午四时许，苏州河虞姬墩附近又炸毁小轮拖带之难民船三只，死四百馀人。寇贼无人理，其真为人道之蠹矣。今日炮声甚动，且时闻机枪，想顽寇欲一鼓下北站，以逞其占沪之野心耳，奈不能如志何！今日唤电匠为装一台灯，灯朴明。迁居以来，至是始可夜坐看书，因即乘夜作日记。珏人等今午后往南京路一带购物，实甚危险，予事后始知之，深戒后宜慎之。丏尊见过，与谈有顷，偕往均正所晤素封，谈至八时半乃归寝。

9月15日（乙巳）星期三

阴雨。上午七八，下午同。

拂晓闻发炮声，想倭贼又丛炮密注我闸北阵地，且以飞机胁我也。报载昨晚杨行、刘行俱有激战，倭舰炮击浦东，仍图登陆。张家口得而复失，大同吃紧，石家庄亦被投弹云。果尔，则北方情势较沪尤急矣，奈何！依时到店，事务甚简，雪村往访荫良商合作，印象尚佳，迁往长江上游事似已决定，正着手装箱中。下午守宪来店，已全愈，惟略感乏力耳。深为庆幸。当时如何被殴及在何处发生则均茫然云。雁冰来谈，于近日军事政治俱有所述，大概重心仍在平绥线耳。此间竟日沉寂，惟浦江方面时有炮声，想寇志在浦东，俾减免西进时袭取后方之患也。夜归小饮。刘姓房客原定今日搬来，以雨未果，不识明后日能来否。交安民汇款百元于圣陶，银行只收六十元，谓每日汇苏只可百元，已有他人汇出四十元，故只能先寄此数。

9月16日（丙午）星期四

阴雨。上午七八，下午同。

昨宵安静异常。今晨阅报，不禁血脉偾张矣。此间之倭已悉数登陆，力向西推，罗店之防线已后撤，浦东亦垂危。津浦线兴济受胁，青县已危。平汉线大受轰炸，永定河南之固安已陷。平绥线则张家口早陷，大同亦退出矣。艰危临头，任何人不能卸责，今后惟有咬紧牙关与倭不共戴天耳。依时到店，办出广分店公函一件，接杭支店送到当地实测地图。晚报载收复罗店及兴济，浦东则竟日受攻，恐终难免后撤耳。夜小饮，饮后丐尊、叔琴来谈，移时去。

汇圣陶之四十元今已寄出，因再写信与之。接红蕉电话，据云圣陶曾一度拟乘舟避乡，未果行，而舟子强索卅元去。现在苏州情况甚紊乱，即此可见一斑。归时曾过道始小谈，六时始抵寓。任克昌午前来店晤予，谓大本料半纸影印黄善夫《史记》已装好，送川资十元即可取来云。

9 月 17 日（丁未）星期五

阴雨。上午七八，下午七六。

依时到店，办杂事。接翼之信，报苏地近状。又接圣陶片，知曾断信未到。俱未及复。今长发送十元与任克昌，即取黄善夫本《史记》三十二册回，当晚送寓，并将士敿寒衣携店。报载罗店已复，大同我军亦反攻，兴济亦胜。此间则炮声至稀，倭机时出没于黄浦江上，而浦溪机枪时作，想寇终不忘浦东，其如不能得逞何。大上海印刷所魏炳富曾来接洽，愿将机器生财等件作价出盘与本店，本店拟即将此件运往汉口，已有来议矣。今日炳富来，忽不洽，似有悔意，甚无谓，予主放弃之，不知究如何也。夜小饮。文权、潘华、昌显俱在，晚饭后乃去。

9 月 18 日（戊申）星期六

阴雨，晚晴，月色好。上午七五，下午七八。

依时到店，校元胎《文学史》续稿。士敿小不舒，昨夜形寒，今已稍好，令归我寓少休。接晓先信，知仍惦念周浦，属派人往省。但今日已有信复之矣。报载战局无出入，南北皆然。倭舰扰粤扰厦，似俱未逞，东海之连云港则情势转急，有窥试登陆企图也。此间拂晓闻密炮，十时后止。午后有倭机四出飞翔，其意仍注浦东，入晚七时许,未闻我空军有何声息,而迤东北浦上之倭舰则狂施探照灯、照明弹,高射炮声乃如连珠之迸发,足证倭贼之惊乱。如是断续间歇,殆至彻宵。雁冰来谈,移时去,于生活书店之最近行径颇致不满,历举可笑事实甚多,是亦不自求福之兆,行见日趋衰颓耳。

9月19日(己酉　中秋节)星期日

晴,夜有云,月色欠皎。上午七五,下午七八。

战事竟日沉寂,报载亦无大移动,惟罗店镇恐又失守。西报载昨晚空军之战甚剧,我机被击落一架,报未征实,中心藏哀矣。雪村、丏尊、雪山、叔琴、调孚、子如先后来。雪村、雪山在寓共饮,馀俱归去,丏、调则赴东华之约,午餐于觉林。

午后文权、潜华、昌显来,晚饭后去。雪村、雪山在丏所晚饮,七时许返店。昨日空战时,福店屋顶漏入机关枪弹一枚,穿过天花板,擦过文选木架,堕二楼地板上,幸其时已无人住此,否则不堪设想矣。雪村来时携示之,共相讶叹而已。夜饭后本拟出外步月,以云障失彩,且恐续遭昨夜之战斗,遂不果。其实终宵未闻飞机及炮声也。

9月20日(庚戌)星期一

晴,月色皎好。上午七六,下午七八。

此间但见倭机成队翔于浦东一带,馀无所闻,至为沉静。报载昨日倭机大队袭京,分在苏、嘉等处投弹轰爆,肆意破坏,为我空军击落八架,分坠于镇江、句容等地。而前晚我空军之袭沪亦有损失,有一架竟坠落于贼阵云。今日倭第三舰队司令长谷川竟以海军司令之名义致送节略于各国领事,告以二十一日午后将派大队空军轰炸南京,属将侨民及泊船移开,免遭危险云云。查倭机侵袭,几成常课,而故作偃蹇,分牒各国,其为无耻掩盖前丑,已不可恕。而重兵压境,任意侵击之下,并不宣战,尤属猾贼无人理,我惟有确守正义,予来犯者以甚深之膺惩耳。依时到店,校容元胎《文学史》。写信分寄予同、圣陶、翼之、晓先。接迪康信夜归小饮,饮后看杨升庵《词品》,十时就寝。

9 月 21 日 (辛亥) 星期二

大雨滂沱。上午七七,下午同。

依时入店,校毕容元胎《文学史》之一批。接圣陶信及片,趾华信,晓先信,芝九片。破晓以来,平静之至,及下午四时,始闻一二炮声及倭机轧轧声,未审何故。入夜,无线电报告,倭炸首都以天雨未果,其酋竟厚颜发为展期之谈话,无耻苟活,鬼畜犹羞与比齿矣。下午炮声,又围攻浦东,卒未逞也。且知仍在积极增援中,想沪上大战不久又将展开耳。四时许,独往国货公司购呢帽,出价一元八角五分,仅得一起码货。其地景象极澹,已缩至向日四之一,顾客犹寥寥可数也。夜归小饮。饮后文祺来谈,移时乃去。十时,予就寝。

闻洗人将俟天晴送眷归上虞,或径由浙赣路赴汉皋矣。此间如何动员犹未拟议及之,不识迁地究否实现耳。

9 月 22 日 (壬子) 星期三

晴阴不常。上午七七,下午七九。

依时入馆,又校毕容元胎《文学史》一批。此间竟日静寂,似入休战状态。而夜报载倭机五十馀架三度袭我首都,于住宅区及平民大肆轰炸，下关死数百人。美大使詹森先行逃登舰上，事后返馆，大为美侨及我报纸所讥讪。欧美诸资本国家之不足恃即此可见一斑，奈何犹存倚存之心乎！接士秋快信，谓周浦谣盛不敢久居，拟与梦岩家即日移来上海，托为觅屋云云。予当即快信复出，嘱即来我家暂住，再看屋别谋搬动，惟什物不易搬来耳。并复芝九信。仲盐会金，予今日取特储解讫。夜在丐翁所饭，与叔琴俱。八时归，少坐便寝。

9 月 23 日（癸丑　秋分）星期四

阴雨。上午七七，下午同。

依时入馆，四时即出，道出南京路购物，步由福煦路而归。今日沉寂如昨，倭机仍犯各地。中国共产党今日发表与中央合作宣言，足见容共已再见诸事实矣。盛传外蒙将取消自治，苏联或有所表示也。榆生来谈，取《词刊》稿件去。夜饭后调孚、仿游来，谈有顷，去。英大使许阁森被击案，已由倭方承认道歉，英国已表示满意，认为结束，外间盛传许使已死，而英早与倭勾结，获得华南利益若干作交换之说，于此可见一确证。寇贼一气，本不足异，要在力图自奋，打倒一切加害于我之敌人耳。晓先夫人自周浦冒险来，决于明日携诸儿搬至我家暂住，当日仍回周浦。梦岩家是否同来则未能必耳。立斋、慰之来店闲谈，经时乃去。

9 月 24 日（甲寅）星期五

阴雨。上午七六，下午同。

晓先夫人未来，大约以雨故，明日如不至，殊可念虑矣。依时到店，办杂事外，看《宋词通论》。此间战况，沉寂如故，而报载广州被炸奇重,死伤达千人以上。贼倭多行不义,狡英袖手旁观,此中消息,殆可想见。红蕉来,谓已自苏归,圣陶及渠两家眷属已于廿一日雇船赴杭,大约五六日后可以到达。渠将于月底前赶往,同行赴汉。苏州被炸频频,且兵多占住民房,情形已甚狼狈,故不可一日居云。

开明内徙,何人从行,何人留守,迄未商定,予甚焦灼。洗人在家部署,备送眷返上虞。雪山在旧寓理物,备明日派人运上预雇大船,运杭转绍。夜小饮,饮后逗盈儿玩,不觉睡去。雪山来查仲盐寄存之行李,将同携去。予遂以椒生、蓉娟及郭沈澄所寄之箱件并托带去。谓当于明晨来车走。

9 月 25 日(乙卯)星期六

晴热。上午七八,下午八四。

晨起看报,知平绥线大捷,倭主力部队被击破,而保定电报不通,情况难明;津浦线沧县附近吃紧,似有动摇,兖州一带又横被轰炸。武汉、南昌、广州昨日均受倭机袭击,汉口死伤平民达五百馀,广州又死数十人。痛愤极矣! 依时到店,初未闻声息;下午一时前后倭机又大飞,闻之甚恨也。接坚吾电话,谓梦岩在渠所,予因过访之,知今晨已将晓先眷属全部送达我家矣。为之一慰。略谈即返店,散班时再过之,因与坚吾、君松、梦岩、海林及梦翁之长君同饮于马上侯楼下。战后饮酒肆,此为第一次,且楼上不卖酒,亦近事之示俭者。夜睡至十一时许,从梦中突闻高射炮声,知我空军袭击寇阵矣。至一时许,又听一次。平明闻机关枪声甚密,旋闻大炮连发,日出而止。

9 月 26 日（丙辰）星期日

早晴,午后阴雨。上午八三,下午八一。

晨起看报,知昨日倭机九十六架次袭我南京,先后投弹二百枚以上,中央广播电台、中央通讯社、哈瓦斯分社、南京市党部、广东医院等文化卫生机关俱毁,死平民数十人。寇贼似此无赖,除击落其五架外,馀所损殊不足惩之也。马跑泉有战事,寇不利。刘行方面亦有激战,在顾家宅,我军获全胜云。

十时许偕珏人挈静甥及漱、同、清、盈四儿过潈儿。今日为外孙昌显生日,故前往吃面也。予则于十一时后往坚吾所饭,踵昨约也。饭后,与坚吾、梦岩、海林、君松、宾福往宁波路南园书场听书,日档为许继祥之《英烈》与夏荷生之《描金凤》,二时二十分开书,一时半已告座满,地窄人稠,竟达三百七十馀人云。二人所说确甚好,尤以许为冷隽逼人。四时三十分散,复偕往高长兴小饮。八时许始归,已雨甚,乘车扶醉以行,数十日来未有之奇遇矣。接仲盐信。

9 月 27 日（丁巳 下弦）星期一

阴晴不常。上午七七,下午同。

早八时许到店,行经五马路口,适逢倭机在北站投弹,三架联飞越顶上,声震之巨,为前所未闻,不禁脚软,因走入奚良济药店暂避,少选乃遄行入店。遇调孚,谓渠适走至商务书馆门前,受惊尤烈云。丏尊清晨将一包至,托转送红蕉携交满子,盖绒线衫也。予到店后即将包饬长发送去,并约午间来此小叙。十二时许,红蕉来,因与洗人共往高长兴小酌,二时许乃返店。知圣陶已安抵杭垣,住瀛洲旅馆,红蕉月底便往会也。店中存放浦东洋栈之卷纸一百筒,今日居然运到,店中人皆喜,盖劫后馀物,此为最值钱之货矣。写信寄晓先,告其眷属已安达此间。报载平型关北广灵等处我军大捷,倭铃木部队几全歼,予一见便谓朱德之八路军所为。及阅晚报,果有八路军之捷电,甚欣该军之能奏奇勋也。接芷芬信。

9 月 28 日(戊午)星期二

阴,午后晴。上午七七,下午七八。

晨起阅报,各路新闻俱较寂,京空及粤空仍遭袭击,闸北、浦东虽仍遭倭猛扑,卒未获逞,永安桥方面我军有推进模样云。依时入店,办杂事。竟日闻倭飞机掷弹声,闸北、浦东备受荼毒,且饱听机关枪,盖暴寇又发作所谓第四次总攻矣。然夜报所载,寇势毫无进展,亦何所谓哉!北地战况除广灵略有胜利外,津浦、平汉两线均欠佳,保定及沧县殆已沦失,报纸虽闪烁其词,以旁面推测,凶多吉少耳。洗人未成行,须明日开船矣。夜饭时,丏尊来,旋与共访均正,谈移时乃各返。写信寄复仲盐、芷芬。接晓先信,于前信回却赴周浦省视事颇致慰,盖续问尚未接到也。无意中在店门口遇六直旧生王翼云,询悉允若及诸旧生近状,甚欣慰。

9 月 29 日(己未)星期三

阴间晴。上午七六,下午七七。

依时入店,办杂事。倭机竟日盘旋闸北及浦东,任意投弹,漫无标的,四时后大炮又频发,似向浦东。轰隆之声,不绝于耳,愤恚之情,因以随发,恨不能一任空军报之以剧战也。及看夜报,知浦东与倭舰炮战最烈,酉舰出云又被击伤尾部云。报载津浦线战息,我军已守泊头,是沧县已失。平汉线电报仅通定县,则保定亦必难保也。忧愤极矣！下午曹聚仁来访调孚，据云，上海即将展开大战，我军当于下月初总攻，所有空军将悉数开来助战。苏联已有飞机二百馀架前来协助，华北阵地及南京防空均归担任，俾我机可以从容对付沪上之寇云云。是诚可喜消息，但不知真确性之程度如何耳。红蕉电话知会雪村，明日夜车将赴杭。昨晚着凉馀风，甚不适。夜睡竟如害病。而丁家两儿通宵啼哭，尤觉头胀欲裂。洗人全家于今日午后三时乘新北京轮赴甬，船尚不挤，依时开出。

9月30日（庚申）星期四

朝晴，午后阴雨。上午七七，下午七八。

依时入馆，办出迁厂志愿单及请求津贴函。竟日飞机声及大炮声迄未休止，似甚紧急，岂聚仁之言即将实现乎？伤风已略痊，早起强持之效也。红蕉来辞，今晚即赴杭，划杭之百元及今日应领之维持费五十元，均托带交圣陶。红蕉去后，即接圣陶杭州来书，知其甥冬官忽患猩红热，十分慌乱，而倭机又正袭杭，频传警报。想见狼狈之至，甚为萦念。夜归小饮。饮后丐尊来谈，移时乃去。夜间尚安静，未闻若何炮响。拂晓乃狂作，炮声连续不断，且间以机关枪声，大战其开始乎。

10月1日（辛酉）星期五

晴。上午七六，下午七八。

清晨，于大炮机枪声中读《立报》，知此间虽血战，阵地屹然，且稍进展，浦东亦仍稳，倭图登陆，复被击退。惟华北危险殊甚，平型关之役，我军损失不赀，而津浦线则日见后退，顷已死守桑园，盖已及鲁境矣，奈何！依时到店，校容元胎《中国文学史》。倭机狂

炸及大炮互击声未尝停息,想见战事之烈。夜归小饮。饮后与盈
儿逗顽,旋抚之使睡。正坐下看书,倭舰高射炮声及机关枪声突发
如连珠,知我空军又奋神威矣,不禁热感,立露台遥望之,不十分
钟,即停。嗣后就睡,至十时三十分,又闻声醒,少顷即息。以后即
未闻。

10 月 2 日（壬戌）星期六

晴。上午七七,下午七八。

晨起阅《立报》,知昨夜我空军曾四度飞沪袭倭阵,前两次,予
亲见及亲聆之,后两次为十一时五十分及十二时二十二分,予在睡
中,未之闻。江湾、闸北之贼因猛扑无功,聚千馀人,其联队长铃木
八郎上佐且死之,已分向吴淞镇及杨树浦撤退,市中心区一带已无
贼踪,我军正搜索前进中。津浦线我军亦反攻,已复泊头及冯家
口。贼机仍四出肆扰,京、粤、武、汉、南昌及浙赣线之弋阳、上饶等
处均受袭击,损失轻重不等。山西大不佳,雁门关已失守。依时到
店,午刻接坚吾电话,约往会宾楼小饮,季康及世界书局之批发课
主任某君与焉。二时散,予与坚吾、季康就浴于麦家园双凤园。四
时许乃返店,与志行洽随舟押运事。五时许,良才、坚吾复来,乃同
过季康,饮于高长兴。八时乃散归。抵家知乃乾及文杰、文权兄弟
俱来看我,未及晤之,甚歉。

10 月 3 日（癸亥）星期日

阴霾。上午七七,下午七八。

晨起阅报,倭退乃别有企图,闸北巷战仍剧,嘉定及南翔俱遭
惨炸。平汉线无大变化,北开车已通高碑店。津浦线已克复泊头,

车通东光。晋北代县、宁武相继失陷,已退守原平。综观局势,北方甚形岌岌矣。八时许往访文杰、文权,走至国泰近旁,即闻强烈炮声,强持以行,途次未尝绝声也。与文杰等谈至十一时,乃留饭。饭后知雪村在丐尊所,过候之。旋出访乃乾,据司门人言,已出去。乃径到仲弟所,长谈至夜,饮饱而归。知廉逊看我,未之遇,歉极!竟日炮战,我浦东阵地依然。闸北虽经倭猛扑,仍击退。罗店至刘行之线则已稍向后撤矣。

10 月 4 日(甲子　朔　九月大建庚戌)星期一

昙热。上午七八,下午七九。

清晨倭机乱飞,予即起,看《立报》,知嘉兴、昆山、南翔昨俱被轰炸甚烈,浦江炮战我无损,津浦线德州已吃紧,晋北仍岌岌可危。依时入馆,办理迁厂护照请领事,致函工部局警务处辞歇管门捕陈发明。倭机终日在闸北上空盘旋投弹,大炮之声亦不绝,是殆有急攻之意。傍晚归,正持杯独酌,梦岩之郎寅福来,谓梦翁已由周浦出,商定房屋于爱文义路酱园弄附近,将移文成前往,兼住眷云。立邀予往会坚吾所,且约共饮。予重违其请,即与偕行,遂与坚吾、梦岩、海林、元益、寅福及海林之少子同过会宾楼小饮。八时许始散归。盈儿伤风,夜睡后呼吸甚急,以是频频嗽觉。予与珏人竟为失寐。接圣陶信,知小墨及满子、至美、至诚已打发往白马湖,彼等将决赴汉,言下颇有离散之感。甚为扼腕。又接予同信,晓先信。

10 月 5 日(乙丑)星期二

阴霾。上午七八,下午同。

清晨为机枪声及大炮声所惊觉,盖倭贼又出动矣。起看《立报》,知山西失地犯官李服膺已枪决,河北将领张自忠亦在济南被擒,解南京候审判。朔县已为八路军克复。德州附近战事剧烈。闸北阵地依然。依时到店,仍办杂务,货船尚未开出,大约须护照及通行证取到后始可启碇也。写信复予同、晓先。又接圣陶信,知其甥冬官病势甚危,红蕉夫妇为之抢头哭喊,予甚为怅怅。今夜坚吾约仍在外饮酒,予以盈不适,且饱闻机枪大炮声,散班即返,作书谢之。到家小饮,六时二十分,我空军又来,倭舰仍狂放高射炮,执笔记此时,正隆隆如贯珠也。

丏尊、志行来谈,八时半乃去。乃乾午后来店相晤,以事冗不及长谈,少坐便行。

梧厂及经纬里房屋已由傅午樵(庆三之友)实地查勘,确已被毁,且检示烬馀《几何教本》纸片一叠,边缘枯焦,中尚白净,足证压急时所焚也。

10 月 6 日(丙寅)星期三

阴雨。上午七八,下午同。

竟日炮声不辍,飞机又翔轰无已,殆倭贼穷极无聊,必欲蛮干以求一逞耳。但傍晚所见夜报,依然未撼我阵丝毫也。在罗店方面竟悍然用毒气肆攻,斯则损失甚大,详情须待调查矣。依时入店,看《宋词通论》,写信附致圣陶。接聿修信,迪康信,圣陶信。夜归小饮,饮后欲有所事,而积倦思睡,甫过八时便就卧,竟未能展一页书也。据索非言,所有护照通行证等俱已弄妥,货船明日必可开出。共装三船,由许志行、何步云、范荣根随船押运。

10月7日(丁卯)星期四

阴雨。上午七六,下午七四。

晨起阅报,各路无大变化,苏州车站又大被轰炸,死伤达七百人,倭肉真不足食矣。津浦线倭锋已达黄河涯,则德县已失陷矣,愤甚!依时入店,办杂事,午间坚吾电话约饭,因赴之,梦岩兄弟在焉,谓丁元翼约吃夜饭,予应之。二时许乃返店,五时出,复过坚吾、梦岩、海林,同过元翼于会乐里,共饮焉。至八时散,乘丁汽车以归。日间未有所闻之战声,至是又大听炮声矣。由是终宵不绝,狂寇真狂矣哉!货船已开,志行等押运,午后三时启碇云。盈儿伤风已略痊,但睡至黎明时,小卵尖之包皮忽肿成晶泡,不识何故。

10月8日(戊辰)星期五

阴雨。上午七四,下午同。

依时到店,校阅薛砺若《宋词通论》。下午仲华来,雪村与谈《中学生》复刊事。大氐约其计画进行并担任拉稿等工作。晨起阅报,各路战况无大变化,蕴藻浜方面渡河之倭则已受我包围,将全被解决。美国国务卿赫尔发表宣言,承其总统罗斯福之演辞,进一步认倭为侵略中国之行为,将以平和方法阻止此等恶行之进展云云。同时国联大会亦通过咨询委员会之报告,承认倭为侵略国。而美国名流史汀生、毕德曼等更发表谈话,促其政府起来,制止倭之暴行。闻英内阁亦将继此发表宣言,明示对远东方面之态度也。如此,则我国在外交上固已获得胜利矣,为之大慰。傍晚归,健君见过,谈有顷,去。夜饭后世璟来,携示晓先所寄信。颇有所支使,只得为之一办。九时许,世璟辞去。盈儿卵尖肿泡稍消,尚未全愈。

10 月 9 日(己巳　寒露)星期六

阴雨。上午七四,下午同。

《立报》载平汉线昨日大战,正定、平山及深泽一线已展开,石家庄已受严重迫胁,是保定早陷,定州亦失守久矣。甚愤新闻之封锁,犹涂泽人民耳目也。津浦线无消息。晋北仍在剧战,崞县已转危为安。沿粤汉线倭又大肆轰炸,广州、英德、株洲、醴陵及武、汉均蒙损害,轻重不等。此间则略无变动,惟浦江倭舰又向浦东猛攻,及倭机滥炸民房,但终未逞耳。自国联决议谴责暴倭及赫尔发表宣言后,将在伦敦召集《九国公约》会议国,讨论此次倭侵华之事。倭廷自知理屈,老羞成怒,将声言退出会议撕毁一切公约焉。局势之严重,日内将大有开展矣。依时入店,仍校阅《宋词通论》。写信复晓先。晚报载,英首相张伯伦演说,措辞完全基于罗斯福及赫尔所说,是英美一致已届剑拔弩张之时矣。接芷芬信。

10 月 10 日(庚午)星期日

阴雨。上午七四,下午同。

晨起阅报,战事无大变化,惟北方颇形危急,津浦线已及平原,平汉线已及正定之南,晋北崞县已失守。不识前方指挥作战之将领何以对中央、对人民耳。双十国庆,适遭国难,强寇方乘机肆虐,天气亦风雨霏微,此境凄凉甚矣。入夜,儿童糊纸灯为乐,效为提灯之戏,相映成景,益触愁怀,为之惨然良久。午前写信两封,一致颉刚,一复芷芬,须明日携至馆中发出矣。午后接晓先信,重述前语,予已先复,此书只得暂阁。夜饭后突闻大炮密发,其声仍在东北方,大约浦东方面与浦江倭舰又作战矣。

10 月 11 日(辛未)星期一

阴雨,晚晴,奇燠。上午七四,下午七八。

早起看《立报》,知昨起我军全线反攻,傍晚炮声即我浦东炮兵阵地所发,实予浦江及杨树浦一带倭阵与码头以重创,有数处着弹起火云。津浦线仍守平原,平汉线已退守正定之南。英法意图召集之三国不干涉西班牙会议,意国竟拒绝参加,表示欲征服西班牙。举世恶魔,日、德、意法西斯阵线,若不加以摧灭,人类前途真不堪设想也。依时入店,校阅薛砺若《宋词通论》毕。为仿游交代事,与雪村抬杠,盖不免昆弟之私,不能令人折服耳。散馆前后,倭机二十馀架出没于闸北上空,穿云如梭,时闻掷弹爆炸声,想穷极无聊,又浪于一拼耳。

夜归小饮。晤组青,知其二儿病危在苏,甚为扼腕也。八时半,组青去。十一时许,大炮轰击甚厉,予从睡中惊醒,自此直达天明,未尝少辍。接圣陶、红蕉信,知冬官已痊,不日当可赴汉。当即作复,仍附雪村信中寄去。

10 月 12 日(壬申　上弦)星期二

阴间晴。上午七五,下午七四。

早起看《立报》,知淞沪全线昨日均有激战,浦东与倭舰亦终宵炮战,但倭虽肆毒,竟毫无所得。广州、南昌、杭州、金华、苏州、太仓均遭倭机袭击,漫无厌止,几成常课。津浦线仍在平原北激战,平汉线倭已迫石家庄。晋北倭犯原平,被我击退。《九国公约》签字国将于下月十日在比京召集会议。依时到店,饭后往访坚

吾、梦岩,知文成已搬定矣。夜归,云斋及心君正来访予,因共小
饮。饮次,梦岩父子来,谈有顷,去。又有顷,云斋、心君去。今日
倭机二三十架,自午后一时左右起,在闸北、浦东一带飞翔掷弹,几
无休歇,而傍晚尤甚,五六弹连下如霹雳,一若必在暮色未合前一
逞其欲然,殊可悯叹! 入夜声寂,黎明微闻三五声殷殷之远炮
而已。

10 月 13 日 (癸酉) 星期三

晴。上午七一,下午七二。

昧爽闻炮即醒,未几,有倭机擦顶而过,翼振失常,其声凄厉,
若负伤即欲下堕者,心颇危之。倏忽之顷,便已过去,则亦置之已。
旋起看报,知淞沪战事,昨竟空前大捷,倭虽极尽轰炸之能事,迄无
救其被歼灭也。据云一周以来,倭贼就歼者已达六千数百人,战马
之在虬江码头者亦被我浦东炮兵所击毙。津浦线仍有剧战,平原
北首之倭仍未退去。传我空军曾飞津轰倭阵云。晋北我有进展。
平汉线则无消息,恐石家庄已陷落矣。倭机四出肆扰之举依然不
戢,惟袭南京及江阴则被击落五架,我亦有两机受伤,一驾驶员殉
职焉。依时到店,终日听倭机掷弹肆虐,愤火欲燃。及读夜报,知
倭仍徒劳无进展,抑且有后却之兆也。

10 月 14 日 (甲戌) 星期四

晴。上午七一,下午七四。

阅报知连日以来此间我军反攻甚烈,倭于惨败之馀,拼掷炸
弹,肆情报复,遂致我民饱受无妄之灾。其他各路战报无甚变动,
石家庄早失,已迫近娘子关作战矣,山西危甚。依时到店,办杂事。

饱听倭机掷弹及大炮轰击声,有甚于昨前两日者,想倭情愈极矣。散馆归,顺道在高长兴购得熟肴数事,返寓小饮,以资扫愁。适组青在,谓得其二儿噩耗已于前日逝世矣。是诚秦氏之大不幸,而我真有"举酒浇愁愁更愁"之感焉。慰劝之,初无减彼此痛苦也。夜七时我空军来袭,倭舰高射炮密发,终宵凡四次,最后两次一在二时许,一在五时左右,均有重大空战,机枪声直振屋瓦。予以盈儿发热嘈杂,时时醒起,故闻之尤清晰云。雪村定后日附叶姓车赴杭,今日出购什物,备携往。冼人来片,亦谓日内可到杭,想可晤聚也。

10 月 15 日（乙亥）星期五

晴。上午七三,下午七六。

拂晓起,阅《立报》,知闸北我军反攻大捷,北四川路之中段已完全在控制中。盖租界中区之北部备受流弹及倭机故炸,死伤数十人,十六路电车亦毁焉。其他各路,晋北大捷,娘子关东仍在激战中。津浦线似又有后却势。归绥电讯不通,危险当不免。依时入馆,办杂事。倭机声大寂,惟饭后有三架仍在闸北肆凶,较之前昨两日则大衰,岂昨夜我空军袭破倭机场,致有重大损失耶。入夜,炮声作,渐发渐紧,彻宵未停,尤以三时左右及黎明五时左右为大烈,不知得失如何,良用系念。晚饭后,丏尊、雪村、均正、调孚、曙先、子如来谈,至九时乃散。

10 月 16 日（丙子）星期六

晴。上午七三,下午六九。

晨起看《立报》,各处战况无大变异。惟桂省梧州及桂林受倭机轰炸,损失甚重,广九路又被毁,绥远部队向萨拉齐及包头移动,苏州又大遭轰击为堪注意耳。依时到店,午后往科学制版公司参观。夜约雪村、雪山、子如小饮高长兴,及半,美华印刷所毛树钧来,坚执付帐,予本意为村饯行,至此乃移落人肩,争之不获,窘甚。倭机仍四出肆凶,闸北落弹尤多。入夜较寂,至十一时许又闻大炮怒鸣,似重心仍在浦东也。自此间作间辍,直至天明始已。夜报所载,无大异动,倭在闸北蕴藻浜一带仍未能小逞。苏州、嘉兴两车站则一再受炸,颇见损失也。贼之无良至此,宜早就歼灭耳。

10 月 17 日（丁丑）星期日

晴。上午六六,下午七〇。

《立报》息:晋北我军大捷主力向东北接近,已自河北涞源克紫荆关,将切断平汉线倭贼之联络,津浦线仍在平原南张庄相持中。我便衣游击队已在东光、泊头等处大活动,二十九军之馀部亦集结大名一带,韩复榘已饬军扼武城武定,广九线重要桥梁被毁,港粤交通一时断绝。上海阵线依旧。《九国公约》会议国已定本月三十日在比京白鲁塞开会,请柬已发出,我已接到,惟不邀苏联,且声明努力调解,是意义不在制裁,恐于我无多利益也。雪村原定今晚五时附车赴杭,因来午饭,饭后得电话,谓司机患痢,一时不能启行云。以是,又须别作计较矣。但洗人、圣陶在杭已久待,有电报来催,今只得复电述明此意,故三时许即去,径返店。士敩、怀之、文权、瀞华、昌顯、昌顺均来饭。夜滋儿随瀞去小住,士敩则留住我寓。四时三刻,予往访仲弟,与其友张四维小饮,读至十时乃归。我空军夜袭倭阵,凡四度,似均有所获。

10月18日（戊寅）星期一

晴。上午六六，下午七〇。

昨夜，我空军袭倭，报载凡八次，无怪高射炮声彻夜几无停息也。天明后，倭机又四出肆虐，一若鸥鸮出林然。北方战事无大变动，此间亦仍保缓势。依时到店，知雪村附车事已不成，决于今晚冒险乘火车赴杭。下午三时即雇车往西站，而晚报载京沪杭铁道线及多省公路之车站桥梁俱为倭机掷弹之目标，以此甚为雪村担忧，然明后日得其到杭电报几无以释此悬悬焉。午间坚吾约往其寓吃蟹，晤曹仲涵，知梦岩全家昨日渡浦而来，已安抵爱文义路新居矣，缘前日倭机曾往周浦轰炸也。夜饭后文祺来，又属取款，此君琐碎，当为力陈当事者能付则付之。

10月19日（己卯）星期二

晴。上午六八，下午同。

忻口剧战获胜，晋北各地较沉寂，津浦线守禹城，游击队已克宁津、高唐。平汉线守高邑。浏河倭舰欲图登岸，我空军奋击之，未得逞。浦东唐桥、周浦两镇大受轰炸，沿苏州河市集几无一幸免，毁坏民房无算，贼害平民数百，兽性狂作，直非笔墨所能宣，具见《立报》。依时到店，办杂事。接洗人、圣陶信，俱催雪村前往者，盖长途电话不通，而此间所发电报亦未能以时送达也。阅夜报，知昨晚、今日尚无倭机炸沪杭线事。查雪村已安抵杭垣矣。圣陶在杭连遭倭机迫胁，俱伏竹林中获免，甚狼狈，予深为扼腕。索非改任上海总店主任，今日致函发表。

夜文祺来，取款卅元去。写明片二，一复晓先，一复聿修。晚饭后,听儿女辈开留声机为娱,以久不用,机锈坏矣,开十馀片后即不能使用,当俟便修葺之。

10 月 20 日（庚辰　望）星期三

晴。上午六七,下午七〇。

《立报》载:昨日淞沪左翼空前血战,在荮村塘畔毙倭千馀,刻仍力支危局中。山西战事,时见捷报。津浦线倭兵主力,大部后撤,留存者颇杂伪满军队,据云满北不稳,向关外火车亦有阻,故不得不后撤也。《九国公约》会议,美赞成邀苏联参加,倭、意参加与否,刻正交互商洽耳。依时入馆,雪村无信来,甚念。及夜归,索非来告,谓得雪山电话,已得雪村安抵杭州之电报矣。丏尊、曙先、调孚均来谈。倭机竟日狂炸闸北,恒丰路、库伦路、共和新路等处延烧甚烈。据云有堆栈数处已烬,贼人之肉尚足噬哉！士敫今晚来饭,即止宿焉。

10 月 21 日（辛巳）星期四

晴。上午七一,下午七六。

晨起阅报,鲁、晋各地战事有转机,津浦线倭主力后撤已证实。淞沪左翼血战未已,虽我军与倭旅进旅退,倭终未得逞志也。惟倭机滥炸,则愈演愈甚,暴逾瘈狗,毒胜长蛇,吴淞江中难民船又有多艘被炸沉,死伤难计;其他各城市之在铁路线近旁者,几无地不受扰害矣。依时到店,处杂事。午后仲华来,商《中学生》复刊计画。饭时,鞠侯过谈,知已看定同孚路屋,旋去。丏尊今日到店,饭后,予与雪山、索非、调孚、均正邀之同往外滩。此间作战以来,此为第一次,初谓身临危地,必大萧索,庸讵知事实有大不然者,行人既多,货运亦忙,海关仍照常办事,沿浦码头驻足远眺之人更盛于往日。予等亦登码头遥瞩,倭舰悬旗飘拂,行所无事,上海真神秘之地哉!少选,由北京路、江西路、河南路而返店。夜归小饮,饮后与珏人偕出小步,以炮声作,即归。

10 月 22 日（壬午）星期五

晴。上午七二,下午七四。

昨夜炮声终宵未辍,而我空军之进袭亦达四五次,有倭方高射炮声可证也。今晨起看报,知我军自昨日起,左翼阵线已分五路进攻,毙倭三千,刻正推进中。淞沪战局命运之决定,当在最近三日内。我空军袭击杨树浦倭阵,又获胜利,其军事据点及营舍均起火。倭侵晋部队已三路崩溃,津浦、平汉沿线亦绝无进展,惟绥远军已退出包头,平绥线全落倭手,内蒙德王又大肆活动,将在归化召集伪政务会议云。盖时至今日,热察绥三省全去矣,呜呼!《九国公约》会议,倭竟悍然拒绝参加,其议院决议亦作随声之吠焉。依时到店,接志行镇江快信,雪村杭州快信及湖州快信。湖信先发,乃抵晚方到。两君途次皆艰困,俱遇警伏处,思之甚恨贼倭也。写信寄雪村、洗人、圣陶杭州。圣陶已送眷赴直洛泗安顿,雪村信言之。

10 月 23 日（癸未　上弦）星期六

晴。上午七二,下午七四。

《立报》息:淞沪左翼我仍占优势,浦东与倭舰仍有炮战,我空军夜袭四次,投弹击中倭军火。华北倭军纷向关外撤退,即将组成傀儡政府。津浦线仍在徒骇河两岸相持,游击队已克东光。平汉线仍在磁县与漳河间相持。晋北官村阵地曾为倭毒气所攻下,现已夺回。馀则倭机滥炸如故,在外海掠夺渔船粮食,实行海盗故技耳。依时入店,办第二批报运手续。午后晴帆见过,告我道始将有远行,且谓彼曾患病两周也。未几辞去。予即电话询道始在家否,得其亲接,约即往访谈。三时许,予踵道始之门,适其友杜庚侯、朱敬之亦在,因聚谈。有顷,杜、朱行,予问道始是否有远行,渠云,京友相招,欲以军法执行监事务任之,或将北上,在前线工作。但已去函辞之,须下星期始能定云。傍晚归,文权、潜华、昌显、昌顺、士敫俱在,因合坐食蟹,八时乃罢。

10 月 24 日（甲申　霜降）星期日

晴。上午七三,下午七七。

晨起阅报,各路战事无大异动,淞沪我军反攻得手,正严重激战中。津地一带倭兵确连车撤往关外云。至倭机四出肆虐则几成常课,擢发难数矣。十时许,丏尊过我,谈久之,邀往午饭,雪山亦于十一时半来。饭后归,小睡片晌,适世璟、修权两女士来,因起与谈,移时乃去。三时许,手裹馄饨。五时小饮,遂食馄饨。组青来,为修无线电收音机,夜饭后九时乃去。夜十一时许起,我空军飞沪袭倭,先后凡五度,每次俱饱听倭方高射炮乱鸣声。将明始止。本日傍晚,倭机在西区大肆射击,致守望英兵一死一伤。英国自许阁森被袭,故示镇静后,倭乃因试得逞,屡作而不一作,此为上海方面之第三次惨案矣,不识英当局仍本其老成持重之顽调以重招狃侮否?

10 月 25 日（乙酉）星期一

晴。上午七三,下午七七。

早起阅报，知倭贼计穷力索，无所不为，狂轰滥炸，北新泾民船又有六艘被沉，松江车站及城厢复被炸，死四百馀人，上海西区英国守兵竟亦受倭机扫射，死一伤一。淞沪左翼剧战甚危，广福、陈家宅均陷，嘉定、南翔俱大感迫胁，大场大震。夜报载此役，已略转机。不识过一两日后能大挫贼锋否？依时入店，处杂事。下午三时，与调孚同往大新公司四楼参观"慰劳将士书画展览会"。共列十二室，作品甚多，沈尹默字轴与焉。虽草草看过，亦历一小时。四时半出，各归。夜小饮，饮后看明文震亨《长物志》。睡至十一时许，又闻倭舰狂发高射炮，知我空军常课又至矣。调孚眷属已送返平湖，今日搬住店中。

10 月 26 日（丙戌　下弦）星期二

晴。上午七三，下午七七。

各路战况不甚了了，危急紧张则概可知。昨夜我空军夜袭时，倭发流弹致租界苏州河南之居民死伤者綦多。依时入店，办杂事。接雪村、洗人信，圣陶片，知圣陶已移住直洛泗施家，儿女亦接回矣。雪村已回马山，即将于日内偕圣陶返杭。洗人则独留西子湖头待之，将联袂而上也。因写长信一通寄三君，告此间近状。预计信到当已集杭，故直寄杭支店转致之。坚吾派人持林编《英语》第一册两本来，属调换新版。书已弄污，何能再换，因出资购新版两册送之。四时半，步以归，五时许即小饮。潆华、昌显、滋华俱来省，晚饭后仍同去。夜听东华播音，《我们对于九国公约会议期望的是什么》。丁家两小儿善啼哭，夜以继昼，尽情喊叫，殊碍安眠，恨甚。今夜竟连哭至三小时以上，尤可厌恶。

10 月 27 日（丁亥）星期三

晴。上午七四，下午八〇。

《立报》载各地战况，依然受逼，而大场失守则已证实，今后淞沪局面当大易动摇矣，奈何？及早餐后到店，知闸北江湾一带我军在大场失守后已于今晨被迫撤退，北站大厦且高悬倭旗矣。骤得此耗，热血几腔子涌出，口舌间觉有血腥味。乃步上屋顶平台一望，则北自北站起，迤逦至西北望不见处止，滚滚白烟与浓烈黑烟交结成一片紫殷愁云，盖倭贼拟大搜索，藉此夺占我七十五日来苦心支撑之闸北全区要地也。北望弥天毒焰，顿足捶胸，恨不能立歼此獠矣。饭后续得传说，谓我军被迫退出闸北时，租界边境英国守兵曾劝解装退入租界，助且通过。但我军心领此友谊表示，仍坚决且战且却之姿态。又火焰山中颇有不及退尽之掩护部队，亦誓死扼守空屋迭予贼倭以重创，自身生死不顾也。凡此，皆足表见我民族伟大之人格，以与卑劣无行之贼倭较，直如霄汉之视粪壤耳。洗人有信来，谓雪村、圣陶尚未到杭，大氐一到便行赴汉也。夜丏尊过谈，良久乃去。

10 月 28 日（戊子）星期四

晴，午后县燠。上午七七，下午八三。

昨夜一时许，倭舰高射炮声乱鸣，知我空军又来袭矣。平明，排炮续发如贯珠，杂以飞机，想贼倭欲逞志于浦东及沪西也。起看《大公报》及《立报》，知沪西新防线已构成，当可无虞，闸北火势，顷尚未熄。津浦线仍在恩县一带相持。平汉线我军已收复马头镇。晋北我军已复广灵，进入察省，蔚县已克。《九国公约》会议，倭已正式拒绝参加,对此复文及宣言亦披露,措辞直如狂吠,自称为被逼而发之"自卫行动",绝非侵略云。依时入店,知我军尚有八百人由团长谢晋元率领,在新闸浜北四行储蓄会仓库七层大厦坚守,友军再劝出由租界达后方,仍婉谢以抗倭,且在屋顶高揭国旗以示我仍守闸北,英勇壮烈,薄海同钦,倭虽环攻,一时不能遮下也。午后,有人发起集款购水果、糖、盐、饼、枣等物以援之,予亦附捐一元以示意,深愧无能尽力焉。饭后升平台望烽火,见东北倭舰上升起汽球一枚涂黄色,类一大抟圆,下垂红色帛幡状,上有墨书,不审何语。嗣据同人见告,此物昨日即已有之,昨见之当为"皇军占领大场"云云,想今日又张大其词以夸示其民众耳。无聊可鄙,儿戏不若矣。接圣陶直洛泗信。

10 月 29 日(己丑)星期五

晴热,午后阴翳,夜雨。上午七九,下午七八。

闸北火势已大衰,四行仓库之壮士仍坚守,西区防线已退过苏州河,在南岸构工事已竣,眼前倭未必能逞也。其他各路无特殊变化,而晋东娘子关竟沦陷,已退平定附近之阳泉,寿阳大震,太原已岌岌矣,危甚。未识山西阎军何竟若是之不堪应战也,为之长叹。依时到馆。接圣陶、雪村自杭来信,日内即与洗人先赴汉。定有赴汉及留沪职员待遇办法及名单附来,属即为发表。予本惮跋涉,颇不欲行,而事势驱迫,依然为旅食之谋,亦只得强起一行矣。办杂务甚剧。三时许,以恐雨即归。丏尊来店,午饭时呼酒酌之。夜听传说,谓我军反攻,已克大场,惟愿不开空花则幸甚。潛儿、昌顯、滋儿来,晚饭后去,滋儿未随去。

10 月 30 日（庚寅）星期六

阴雨，近午放晴，转凉。上午七五，下午七二。

坚守四行仓库之壮士属八十八师，营卒为营长杨瑞符所统，谢晋元系该师团附。今日各报已查明揭载。昨日午后，倭以汽艇多艘满载倭兵及械溯苏州河直上，企图攻击四行仓库之正面，行抵老闸桥与老垃圾桥之间，为英国守兵所发觉，阻止前进，几酿事变，复经英、美、法、意及芬国商团、工部局高级长官莅场交涉，历时四五十分始相继退去。而西区英军防地即于七时半至八时间被倭兵炮轰，死伤各三人。此间形势已岌岌可危，其他各路，消息依然。攻克大场，实为无稽之谈。依时到店办出布告两件，一揭布暂定薪给，一发表赴汉及留沪人员名单。午后写信三通，一寄汉口琛、洗、圣三公，一复谢来杭州，一复梓生南京。仲弟学生陈公达来，谓仲弟需款应用，因于四时许过其家，未之见，交十元与弟妇而归。夜初及夜半俱闻剧烈炮声，仍为浦东与倭舰之战。

10 月 31 日（辛卯）星期日

阴雨，傍晚霁，旋雨色又合。上午七一，下午同。

晨起看报，知八百壮士已奉令退出，今晨二时后到达安全地带矣。此举本甚壮烈，但无谓牺牲，何如留以有待，故予甚盼能早离险境也。壮士退出十分钟，寇即窜入纵火，须臾火舌穿窗，四行仓库遂遭焚如，天明犹未熄焉。寇犯南翔及企渡苏州河俱未逞，飞机袭击铁路线仍烈，但巨型轰炸机二架分别在南翔、昆山被我军击落。晋东仍扼守阳泉。平汉、津浦两线无变化。寇大部撤至关外，防苏联及外蒙。《九国公约》会议德亦拒参，苏联则受邀加入，决派代表出席。结算本月用款,除有名色可记外,杂耗竟达十三元七角;其中除车力六元,烟酒等费竟至八元云。午间下元祝餕,正炮声密作,屋瓦为震,愤甚。仲弟及弟妇本约来饭,竟未至,涵、淑两侄来,夜饭后由静甥送之归。潗儿挈昌顯来,晚饭后同儿随之去。炮声及轰炸声彻夜不绝,心神为之不宁,因难熟寐。

11 月 1 日（壬辰）星期一

阴霾时霁。上午七一,下午七〇。

报载,此间战局仍在苏州河隔岸相持,虽炮战竟日夜,寇强渡五次,均被打退,未获逞。平汉线我军已收复定县,进展甚速,馀依然。寇扬言昨日下午将大炸南市,通知英、法、美等领事,属迁出侨民。截至今日下午止,仍仅侦察而已。依时入馆,无甚事。接志行汉来详函,琛、洗、圣芜湖来片,大约日内琛等即可抵汉矣。惟此间续运之件,以输路困难,一时无法装载;遍访太古、怡和、招商等局,亦无法承揽。是则大堪忧虑者耳。道始来谈,知尝到昆山一行,状极凄凉,当地几无民家矣,闻之惨然。傍晚,与索非、均正步以归。夜饮后,立斋、丏尊来谈,纵横上下,直刍狗此宇宙,时危理湮,宜有此耳。日渐麻痹,一切真伪是非亦将不可辨而且不必辨矣。

11 月 2 日（癸巳）星期二

阴霾,下午雨。上午六九,下午六八。

拂晓闻排炮,旋寇机即在顶空盘转,轧轧之声异常刺耳。不久便闻东南不远处有大声轰炸两三起,是殆寇践前言,欲逞志于南市民廛乎! 愤情固炽,然岂遂能冰解我国抗战之热忱耶! 阅报,知昨日沪西寇已渡河,幸击退,然今日之轰炸,恐不能久持也。晋东平定早失,晋北亦仍相持,惟津浦线稍稍进展耳。意国参加日德《防共协定》已证实,将定期签字。如是,法西阵线益形显著,非法西派势不得不别谋集结矣。依时到店,传闻妥协空气甚浓,深为忧虑。下午见"打倒汉奸李思浩"、"卖国贼曹汝霖"等标语满贴市衢,知此等鬼蜮必大活动乃招如期反响耳,恨不生啗彼獠以吐恶气也。夜十一时许,炮声大作,顷刻间连发三十二响,屋震心荡矣。寇患竟深至如许,吾人仍安处屋中,愧对将士,抑且愧对流离琐尾之难民矣,不禁汗下。

11 月 3 日（甲午　朔　十月大建辛亥）星期三

阴雨。上午六九,下午七〇。

渡苏州河而南之寇,经昨雨中血战,已全告肃清。晋北、晋东均紧逼,太原岌岌,将展开大血战,金门岛及烈屿均被寇占,不但厦门受胁,闽、广全岸俱蒙影响也。依时到店,办出《高小国语》覆审呈文及向社会局声请暂停《月报》、《新少年》、《词学季刊》、《中学生文艺季刊》四种,予登记文各一件,向法租界巡捕房请给通行证公函一件,无人眷写,概出己手,以是颇感忙碌。傍晚乘人力车归,连两日如此矣。夜半炮甚烈,飞机声则无闻。拂晓尤震。

11 月 4 日（乙未）星期四

阴晴兼施,午后奇燠。上午七〇,下午七三。

依时到店,处杂事。四时许,仲华来,据谈战况亦平平,与报载无大出入。饭后,与调孚、均正、雪山闲步街头阅肆,在汉文渊书肆购得旧籍多种,补开明图书馆之虚。报载战局无变动,《九国公约》会议开幕情形,英、美、法俱同情我国,独意代表主张顾及日本现实状况，分明助桀为虐。上海城区拟听法籍天主教士姚神甫之请，将划安仁街以西、方浜路以北为收容难民区，外间遂有划定中立区之说。市长俞鸿钧辟谣，而不否认收容难民区之事实也。日来气候倏变，左臂酸疼殊甚，夜卧时竟为之时时觉醒。而盈儿每欲予抚摩始肯睡，以此，大困矣。写信复晓先，致翼之、芷芬。

11 月 5 日（丙申）星期五

阴雨。上午七三，下午同。

报载时局依然混茫。《九国公约》会议决组小组会议谋调解。倭又寇浙海玉环，未逞。苏州河南岸强渡之寇已肃清，城内难民收容区大抵必成立。晋北又退出忻口，守石岭关。馀各路尚维现状，而寇机滥炸则已成惯例，松江受创最甚，粤汉线亦屡遭投弹也。依时入店，处理杂事。机件运出之舟车为美华邢庆良所误，一延数日，今尚未决，窘甚。大氐明后日始能办妥也。散馆归，晓先适由屯溪过杭来，行装甫卸也。询知道途尚安，由公路行，才两日耳。此行为来接眷，三数日后便须成行。未几，立斋来，索非来，呼酒遂与共酌。饮谈良久乃罢。

11 月 6 日（丁酉）星期六

阴霾，夜雨。上午七三，下午同。

阅报知寇于昨日由金山嘴登陆，经全公亭、金丝娘桥陷新仓，北窥松江；而苏州河南岸残寇仍未肃清，此是沪局致命伤，恐我军难久担矣。思之欲涕。河南彰德已失，山西阳曲亦有陷落讯，北方亦益臻危境。依时到店，运船已讲妥，护照等亦请领，约于明日整天搬运，后日乘潮开船，续运之件至此始有着落，惟愿沿途平顺，早早到达汉皋耳。午刻与晓先过坚吾,并约梦岩、季康共饮高长兴,遇丐尊、挹清。午后仍到店,夜六时,同人公钱予等赴汉者于一家春,到二十一人。七时半散,复过索非家,又与晓先加觞。九时归寝。睡至夜午,腹痛欲裂,赴如厕,泄泻而不畅,未几,泛恶竟大吐。自一时至天明五时半,呕吐泄泻频作,先后达七八次,始尚不觉如何,继乃每下愈况,几致困惫莫能兴。大概因伤酒触动胃气,及天明后服"凡拉蒙"一片始止痛,勉强入睡四小时。

11 月 7 日 (戊戌)星期日

阴雨,竟日烈风。上午七二,下午七○。

竟日卧床,仅进米汤少许,泄泻已稍止,腹痛则已停,惟疲惫有类大病初愈耳。寻思致此之由,过饮固是一因,而昨日午间所啖醉蟹及蟹粉实受其累也。金山嘴登岸之寇已陷张堰,前锋及佘来庙及松隐,距松江不远矣,危甚。夜报且有浦东我军撤退讯。病中闻之,弥增气愤。午前士敫来,知昨夜其与庆三、子如等打牌终宵,午后三时即归店就睡。我觉近来店风渐靡,士敫渐染之,颇可虑。

子敦、振铎午后先后来,长谈达暮乃去。世璟来邀晓先饮,顺以候予。

11 月 8 日 (乙亥　立冬)星期一

晴冷。上午六八,下午六九。

在家休养,高卧终日。夜,索非、均正见过,下午怀之见过,俱望病。立斋来访晓先,顺以问予。晚报载张堰已克复,浦南形势已转松。但愿不致牵动苏州河之局,尚可支持也。腹疾已就平复,惟体惫有类病后,殊自恶屡弱。客来长谈,乃感兴,竟送之下楼,惟微觉寒冷耳。夜睡至二时后又闻炮声,似在西南,疑松江方面有何变动也。

11月9日(庚子)星期二

晴冷。上午六一,下午六八。

晓先率眷于今日下午乘新北京轮赴甬转杭,将直指屯溪。予仍依时到店,十二时电话询之,云须五时乃开船,但至三时,突接渠轮埠来电话,谓其眷尚未到而船将开,甚形焦灼。予亟赴轮埠,走遍金利源码头未之见,盖已开去矣。予甚讶疑,不识究否成行也。仍返店,丐尊来,因与同归。到家知潽、清、汉三儿甫送晓先夫人及其子女等上船归来,谓稍迟一步,船即驶出矣,幸均安登,为之大慰。

晨起看报,知太原已成巷战之局,由傅作义死守之。松隐、张堰一带之寇,又重冲米市渡,直窥松江。午后即闻确报,松江已陷,浦东、沪西之兵已南移,南市则仍留警守望云。呜呼!八十八天之抗战竟隳于一旦矣,悲夫!予体尚未复,重以刺戟,又兼多走路,回寓大惫矣。晓先家甫走出,梦岩即介绍其妻舅陈君来住,午后即搬入,盖亦南市之哀鸿也。

11月10日(辛丑)星期三

晴。上午六三,下午六六。

上午四时,突闻开花炮弹一响,震彻窗棂,似在南方,岂寇已袭南市耶。五时许,同方又连震数响,诸儿俱为激醒,时天犹未明也。及朝暾初上,即不闻声。起阅《立报》,知我沪西守军已退至虹桥镇,南市尚在死守中。太原仍巷战。平汉线仍在邢台、安阳间混战。依时到店，知第二批货船竟阻浦不能发。饭后属金才携护照勉往促开，而俄顷之间寇机十馀架轮飞高昌庙南市上空，猛施轰炸，西南寇阵地又发炮射击，声响之大，震耳荡心。雁冰适来谈自汉返沪经过，亦因此匆匆即行，振铎偕来，则先去矣。至晚归，金才犹无消息，甚涉念也。夜饭后，新迁来之陈君与予长谈，直可为小康市民突遭没落之典型，深用叹惋。九时、十一时三刻、四时、五时许，均闻大炮震窗，且先见大光，可证即在正南。大概日晖港两岸对放耳。实距吾寓仅五道马路，不逾三里也。

11 月 11 日（壬寅　上弦）星期四

晴，午后为兵燹所围惨雾四罩甚幽。上午六六，下午六八。

黎明起直至下午四时止，寇方大炮及飞机轰炸殆无止息，浦东、南市大火延烧，烟焰腾空，凝成惨雾，清昼失色。早报载杭州湾南岸观海街已有寇兵登陆，馀姚、慈溪吃紧，鄞县、镇海势成孤立，予深为晓先危。及见夜报，知此讯仅为谣言，只在海上轰炮耳。浦东我军全撤，沪西我军已放弃七宝，退守黄渡至松江之线，松江尚在把握中，南翔以东全去矣。惟南市仍在坚守，恐如此猛轰之下不能多延时日耳。慨叹曷已。依时到店，知金才尚未回，或已开出，或竟遭难，均未可知，为之萦怀难释。写信与村、洗、圣三公，并托雪山汇百元至绍兴转叶家。又写信与晓先问路况，径寄屯溪，当同时到也。夜较昨静寂，虽深夜，仅闻断续枪声及小钢炮一二发而已。明晨恐有南市退出之讯矣。午饭后，与调、均走外滩散步，浦东正烈烧中，寇已渡登。其领署上空又放黄色汽球，大书已占上海云。

11月12日(癸卯)**星期五**

昙,午后大雨。上午六八,下午同。

今日为孙中山诞辰,放假一天。饭后,孑如来邀,谓雪山、调孚俱在丏尊所,约谈店事,因即行,过约索非、均正同赴之。知汉口来急电,催予等速行,大概彼方悬盼已久,甚愿调孚等到彼相助耳。予实惮行,然势不得不允矣。报载南市守军已退,浦东全陷,惟沿浦西岸仍有我馀留部队数百人力图挣扎,恐终为壮烈之牺牲也。其他各路战讯颇滞,各交通线之被狂炸则到处皆然,几于书不胜书,而苏、嘉为尤烈。晚报载寇舰寇机联合大举攻袭厦门,登陆仍未逞云。难得有此假日,而凄风苦雨,漫天布阵,愁信悲息,匝地成网,竟无以自赖,遑云出游哉!

11月13日(甲辰)**星期六**

阴雨,午后放晴。上午六七,下午六八。

浦东火犹未熄,南市守军已壮烈牺牲,寇且侵入方浜路北难民区,宛转待死之人盈千累万,观之食不下咽。松江线之西,枫泾又被突破,是沪、杭中权全入寇握矣。太原完全沦陷,死守部队全体殉国。略见《立报》。依时入店,商赴汉之路。甬轮尚有票可售,而宁波江北岸昨日大遭轰炸,毁屋百馀间,死百馀人,港口又加封锁,外轮不能并岸。南通轮则定票已售至廿九日,以后尚无法换买。是出路将绝之征,我侪其处囊中矣。菜蔬肉类来源已断,市价飞涨,早晚倍蓰,煤米亦日稀,讵料数日之后不将根本断绝耶。为之愁结。今日为旧历十月十一日,珏人生日,文杰、文权、濬华、昌顥、涵华、淑华等俱来吃面。知文杰或将返扬,因治酒酌之。

11 月 14 日（乙巳）星期日

晴。上午六四,下午七一。

清晨与珏人挈同儿出,进点于大世界南侧之味美。欲顺道八仙桥菜场有所购致。乃市上空空,不抵平时四之一,牛肉须六角一磅,而豕肉竟未之见,废然而返,步行到家。甫到家,仲弟之学生张逸公适在访予,借二元去。震平、健君、廉逊继至,先后长谈。日加午始去,予亦进饭矣。饭后,与珏人挈同、盈两儿往省仲弟,送币十元,盘桓至暮而归。盖昨涵华来,携有仲弟之信,深诉近况之窘,故勉凑此数送之也。时局日坏,上海治安亦岌岌,进退维谷,心绪恶劣,夜小饮自遣,终无消除之方,甚郁如也。安眠亦有问题,已连夕旧疾复作矣。

11 月 15 日（丙午）星期一

晴,午后阴翳,夜雨。上午六六,下午六八。

报载松江、嘉定俱已后撤,津浦线已迫近黄河岸,国际形势已显成两大阵线,而我尚彷徨无计,如此,只有噩耗,不闻好音,真挥涕无从矣。依时到店,知甬、通两路俱有阻滞之象,调孚、雪山又思由温州前往,道公路转金华,再乘浙赣路车赴汉。予当致书于洗、村、圣三公,拟伺便乃行,此干冒万险,谢不行。且已微露辞意,宁趁此分手也。午间丐尊来店,传寇占邮局及强据海关巡轮与濬浦局挖泥船。又传我前敌将领之种种黩货状,直令人发指。午后雁冰来,述内地疆吏颟顸可笑状,闻之真愤膺欲裂。如此当轴,大好河山其能托诸彼辈之手乎!雁冰主缓行,调孚乃持静默,大约不即促行矣。夜归小饮,饮后濯足就寝。

11月16日（丁未）星期二

阴雨。上午六八，下午七〇。

平汉线土肥原部已到磁县，津浦线我已退至黄河以南，大名等处早失。山西无耗，想临汾亦难保矣。淞沪西撤部队已直退苏州，浏河、嘉定、昆山、青浦、松江、嘉善等城邑俱陷，惟保有北起江边福山，迤南经常熟、苏州，斜转东南，过吴江、嘉兴达乍浦海滨之一线，成一偃月之形耳。防线愈长，守护愈难，且其地尽属禾田水乡，东南菁华所萃，悉夷为战场，蹂躏狼藉，思之不禁寒栗。依时到店，知甬轮未开，以寇正炮轰镇海；而狼山亦在炮战，南通航行亦有危险。纸行跑街廖家耀言，南市、闸北俱可入视，只须在倭领署缴捐（南市一元，闸北二元），取得臂章，即可出入；臂章大书"临时亡国奴"字样云云。虽传闻未必确，而寇情叵测，或有此过示僇辱之举耳，闭目试思，其何以堪！夜小饮自遣，饮后陶然入睡，非然者，殆无从合眼矣。

11月17日（戊申）星期三

阴雨。上午七一，下午七二。

山西已在介休相持，津浦、平汉两线之寇已联合一气，直以风陵渡及郑州为目标，京沪线在正义相持，苏州已危在旦夕。恶耗频仍，几于手颤不克自持，痛愤塞膺，气胀欲死矣。依时入店，看隋树森译稿。夜报载，行政院长已由孔祥熙真除，仍兼财政，副院长由外长王宠惠兼。五院俱迁重庆，外交、财政及卫生署驻汉口，交通部则驻长沙。是殆无形迁都矣。惟军政部及其他军事机关仍留南京耳。

雪山亦欲返乡一视家眷，而交通有阻，须由温州转往也，饬人购票,亦无着,此间已实现围城之苦矣。仲华来,谓利局无闻,恐一时不易收场也。

10 月 18 日(己酉　望)星期四

阴。上七二,下七三。

依时入馆,处杂事,打听赴汉之路俱无妥适之道。下午雁冰来谈,亦无确切消息。看来一时不能成行矣。平望已被突破,寇正沿苏嘉路北攻吴江,常熟近郊已激战,昆山西沙河塘已有寇踪,苏州实已危在旦夕。略见报载,其他各路状况竟无闻也。夜归小饮,饮后看蒋瑞藻《小说枝谭》。

11 月 19 日(庚戌)星期五

阴雨。上午六九,下午六七。

依时入馆,办杂事。雪山、调孚决由温州转金华,孚径赴汉,山则过杭店料理,将归省其家。已买"新北京"票,官舱每人三十五元,二十二日上午十时启碇。予与均正仍拟从缓成行。午前十一时,仲华来店。下午四时,丐尊来店,过半时,与之偕返霞飞坊。真义前线尚支持,平望已被突破,吴江及嘉兴俱危。其他各路消息沉寂,不审究竟。苏州此次遭难最烈,受寇机之胁,实胜南京,最烈时一日落七百馀弹,前后统计不下三千馀弹矣。城厢房屋不被炸毁,亦受震倒,想无完整之观。消息阻隔,交通断绝,事定后,所识亲友必将大半不复再见,思之心痛欲裂。

11 月 20 日(辛亥)星期六

阴雨。上午六四,下午六三。

依时到店,处杂事。下午三时许,廉逊来,支版税百元。四时许,予邀雪山同往高长兴,与廉逊共饮。七时散归,雨正急,乘人力车以行。报载苏、嘉危急,详情难悉。总之,凶多吉少也,奈何!国民政府西迁重庆,已发宣言,为避城下之盟,故早为之所耳。然同时妥洽之谣甚炽,我等百姓真堕五里雾中矣。调孚、雪山定后晨乘轮赴温,据交通界息,是日能否开出,尚成问题,因"新北京"尚在南通装卸货物中,明日赶回与否竟莫能定也。时至今日,交通困难一若重返百年前旧观矣,谁实为之哉!士敩来省,止宿焉。

11 月 21 日(壬子)星期日

阴雨。上午六三,下午六〇。

报载嘉兴、乍浦俱陷,苏州北面甚紧,常熟已呈动摇象。常、锡震动固不待言,杭、湖受胁又岂细故,我真为之愁结难舒矣。湘、鄂、皖、黔四省政府已明令改组,张治中主湘,何成濬主鄂,蒋作宾主皖,吴鼎昌主黔。何键调长内政,刘尚清回任国府委员,实业部长由次长程天固代。饭后冒雨赴店,晤雪山。知调孚已有事他出,待至四时未归。因步由南京路、静安寺路、马霍路、威海卫路、重庆路、爱多亚路、福煦路、贝谛鏖路、霞飞路、迈尔西爱路以归。风雨凄其,颇感苦趣,亦重思国难之一道也。珏人挈汉、同往东方听书,五时归,购有鸭腿数事,予因与士敩大嚼佐酒。夜拥盈儿睡,二时始醒,略一存念流离诸戚故,竟不能寐。

11 月 22 日(癸丑)星期一

晴寒,薄暮阴翳。上午五八,下午同。

《立报》载,我军已退集无锡,苏州、常熟俱陷。平望线已失南浔,嘉兴线已失乌镇,湖州危在旦夕矣。不图太湖周缘八百里向称福地腴境者,今竟全沦于大修罗场,其惨痛尚忍之哉! 又,寇方已要求上海租界当局照所提条件取缔反日言动,并声明须保留采取紧急处置权云。如此,则汉奸可以大肆活动,良民将不安于枕矣。依时到店,丏尊来。午后谈目前店务,因雪山即于今晚与调孚上船,沪店须有若干调度也。晚报载,吴兴有失陷讯,太湖西路受胁甚矣。夜乃乾来,长谈至八时许去。

11 月 23 日 (甲寅 小雪) 星期二

阴霾,午后微雪。上午五八,下午五七。

吴兴陷落似已征实,宜兴亦已发见寇踪,江阴殆将不守,是寇将三路犯京矣。晚报又载,工部局已接受寇方要求,令警务处切实执行。无怪今晨捕房派人来关照,如有不便书报速收去,免致未便云。据云工部局开会讨论时,所有华董五人竟全体被迫退席,是又不堪忍受者,然而沉气受之矣。依时到店,知雪山、调孚昨日上船,今晨六时已开出。涤生、均一九时三刻上德乐轮,下午二时开出。饭后,金才忽来,谓船开出豆腐浜,卒被阻转回,现泊闵行东北十里之塘口,今晨四时走浦东,由洋泾渡而来,历九小时云。船上之货幸尚无损,惟进退皆难,至深牵掣。即电镇江许志行,属速返汉。俟美华方面有信息时即写详信与洗、村。写信与晓先,复杭州来信,且告近状。夜小饮,饮后看《辍耕录》。少顷即伴盈儿睡。

11 月 24 日 (乙卯) 星期三

晴寒。上午五三,下午五四。

依时到店,知昨晚八时接汉电,止珊、孚勿行。因致电温州瓯

海书局转雪山悉之,一面即详书一函航递汉口,复告一切,涤生一
行以无从探报,只得任之矣。《立报》出最后一期,声明以环境关
系,明日起自动停刊。其他《世界知识》等已登报公告移汉出版。
情形之紧张,可想而知。我意,继此而停业之报馆将不在少数也。
此后消息,殆难得真象矣。为之怅然。夜报载军事消息尚好,北从
江阴起,迤南经无锡,折西经宜兴,沿太湖绕而南,经吴兴,转东南,
直达海盐,抱湖为阵,南北扼海,延长七八百里,尚能坚守。但愿日
见好转,克成反攻之大业则幸甚。晚饭小饮,振铎来,因与共过叔
琴饮。曙先酒后狂言,与振铎争,吾觉此等行径,其曲实在曙先,平
素傲岸狂诞,自以为名士,而一涉利名,便斤斤不少松,可鄙也。

11 月 25 日（丙辰　下弦）星期四

晴寒。上午五三,下午五四。

无锡一带新阵线确甚凝固,湖州虽有陷落说,但未证实。且盛
传苏州实未失守,昆山青阳港尚有我军云。予意,消息已为寇隔
断,难得确闻,盛传云云,其殆游击行来之别动队耶!《大美晚报》
明载苏联以飞机二千架济师,千架已抵兰州,馀数亦在途,不日可
到云。不审果有其事,抑寇方恶意宣传以炫惑英、美诸国者,举待
事实证明矣。依时到店,处理杂事。午后雁冰来谈,移时去。毛树
钩亦来,谓正设法将两船移动,或运镇,或折回,均未定。予意,苟
能设法移动,尚以起卸返沪为妥;径运镇江则道远期长,深恐中途
出险也。夜归小饮。士敩亦来省,下榻焉。

11 月 26 日（丁巳）星期五

晴冷。上午五四,下午五六。

报载江阴甚吃紧,太湖南岸在混战中。平汉线无消息,山西我军自介休向太谷推进中。津浦线仍在黄河南岸相持,济南已受炮击,大为损害,龙口方面已增防云。此间浦东烂泥渡、其昌栈、杨家渡等处已由伪警布岗,检查行人;而地痞流氓大活动,纵不公然为奸细,民间已大受骚扰矣。思之可恨! 南市仍有火,未闻有伪警也。依时到店,处杂事。午后写一长信寄汉,报告近状。珏人挈清、漱来店,顺便购物,少停即归。三时许,予步自爱多亚路归。夜仍小饮。

11 月 27 日(戊午)星期六

阴霾,入夜雨。上午五五,下午五七。

依时到店,为道始生日事,写信通知同社诸友。下午三时后,晴帆、廉逊、道始、叔琴先后至,因于四时半偕子如与之同往老半斋小叙。丏尊曾来店饭,以夜方为友人林君饯别,预说夜局不参加,守宪则无回音,不识何故,其他社友俱不在沪,故只到六人耳。八时散归,值天雨,唤人力车以行。山西战况似有开展,惜平汉、津浦两线不能呼应,无由捣其空虚也。江阴、无锡一带战甚剧烈,无锡且有陷落之谣。长兴已失守,夹浦大战,吴兴危急,但游击部队仍出没于苏、昆间,甚且沪西郊亦可闻炮声云。今日寇有占据邮电机关之说,并检查沿浦船只,不识进行至何状也。怀之曾往邮局亲问快信间,苏州仍收快信,谓苏垣仍为我守也。极奇。

道始言,宋子文、杜月笙、王晓籁、俞鸿钧、郭沫若、潘公展俱已离沪他往。宋庆龄、何香凝、宋霭龄及孔令侃亦由租界示意出走云。南市、闸北将推扩为公共租界,竟有人竭力运动实现上海为自由市,包入法租界。英美人士固甚欣然奔走,而拥有地产之华人亦暗中大为活跃也。闻之惟有嗟叹而已。接颉刚十一日兰州来信，告近月游踪及兰州确有苏联接济飞机械弹等事实。

11 月 28 日（己未）星期日

晴冷。上午五七，下午六一。

报载长兴失守，寇正急攻广德，将直窜芜湖以拊南京之背，此路至关紧要，实亦大可忧虑。江阴、无锡之线亦大吃紧，长兴去后，宜兴亦危。丹阳、镇江遭炸奇重，江苏省政府已有迁往江北说。昨日明令改组江、浙两省府，由顾祝同、黄绍竑回任，陈果夫、朱家骅俱去职。是抗战之局决将延长，第军事不振，为之奈何！午前丏尊见过，谈店事。饭后，予偕珏人挈复儿同往爱文义路平乔里访梦岩家。三时许，返，顺道过瀋儿，知已出门，或将归省，乃亟归。薄暮，文权、瀋华、昌顯果来。振铎来访，与共夜饮，谈至八时乃去。文权等亦旋去。接店中转由索非处来电话，知雪山、调孚已由温返店，想接电后未果再进，故原船回申耳。以疲不任行，拟明日晤之。

11 月 29 日（庚申）星期一

晴寒。上午五七，下午六〇。

无锡、长兴俱陷，寇正向皖边推进。镇江及广九路重遭猛轰，首都受胁已甚，南方军运亦阻，此间交通部所属电信机关昨均被寇接收，通电全阻。又，寇在浦东陆家渡、杨家渡、志白渡、张家浜、董家浜、白莲泾、周家渡一带布置防御工事，显系防我游击部队；且按诸地带关连，殆此项部队已入南市乎？总之，上海交通已受寇围裹，消息全断，传闻异辞，致不足怪，只有重待天日再睹耳。依时入店，晤雪山、调孚，知在温曾晤予同，由温往金华公路尚无阻，惟车少难配耳。彼等在温曾电汉详询,迄无回音,因遂归云。雪山言,自吴淞口以至鱼市场一带,所见寇船固多,而战马如蚁,飞机起落如鸦阵也。给养浩穰如此,真能久侵不衰乎!傍晚振铎来,因约雪山、调孚及予小饮于马上侯。七时散归。盈儿感冒寒热,终夜哜嘈,甚为之窘。

11 月 30 日 (辛酉) 星期二

晴。上午五七,下午六五。

依时入店,办理杂务。第二批船货保险事,今日由索非往中央信托局磋商,据云如有法运回,局方肯贴费用也。不识究竟办得通否?雪山仍欲返绍一行,已购定"新北京"票,今日下午三时驶甬,予与调孚、索非于午饭后往金利源码头送之。报载江阴、常州危急,杭州亦将动摇,以情揣度,或有可能,然消息已为寇遮,殊不敢贸焉置信耳。夜饭后,丏尊来谈店务,似有殷忧。予谓苟有计画善处之,决不致有何危险,只恐漫焉乱动,好为投机,不肯按步就班则大为担心也。移时乃去。安民昨夜八时许在马期南路蒲柏路遇盗拦劫,失去手表一件,钞洋一元。天寒日暮,本多此风,今年又重之以兵灾失业,如何不更多于往岁耶!为之浩叹。元翼看我,为文成拉生意,予告以店中送货近况,恐无由帮忙也。

12 月 1 日 (壬戌) 星期三

晴。上午五六,下午六三。

江阴、常州已失守,广德亦有陷寇说。南京、镇江之间之军储爆毁,原因不明。我已在九江附近设第三道封锁线。报载云云。依时入店,办杂事,汉口方面绝无信来,殊念。薄暮归,弟妇挈涵、淑两侄及修妹与潜儿、顕孙俱在,甚热闹,至快。晚饭后乃先后辞去。霞飞坊十二号于前日出一谋财灭口惨杀案,予等绝无所觉,今日见报始知之,真悬恐交并矣。又闻昨日下午四时有盗匪从他道闯入本坊,由环龙路方面窜去云云。是此坊不免招摇,故来尔许险事耳。际此非常时期,尤宜处以谨慎也。仲弟已为君达聘去,定四日皇后剧院上演,眼前得一解决,亦可慰之事矣。

12月2日(癸亥)星期四

晴。上午五九,下午六二。

依时入店,办杂事。坚吾来访,因与仲涵同饮于马上侯。饭后返店,约索非并邀梦岩同赴双凤园与坚吾、仲涵会。从容入浴,薄暮乃出。复同过马上侯续饮,邀调孚来会。至八时许乃各散归,已微醺矣。常州失陷已成事实,广德则有收复说。沪郊确有游击战,我军飞机曾来散发传单,属百姓静待国军云。

沪、汉邮电有阻,彼此暌隔,至深遥念也。接墨林片,知于十八日动身赴汉,本约予以绍同行,予不果行,故先我就道矣,惟不审究竟如何耳,不得汉讯,不能遽释也。

12月3日(甲子　朔　十一月大建壬子)星期五

晴。上五七,下六〇。

依时入店,办杂事。广德收复,进克泗安。江阴要塞仍坚守中,寇已在南通天生港登陆。今日寇整队自丰田纱厂入公共租界,经由愚园路、海格路、福煦路、虞洽卿路、南京路、外滩入虹口,自十一时起,至下午二时许始毕,盖大举向工部局示威耳。一时许到达南京路广西路口,其预伏之浪人突投一手榴弹,伤路人三四人,有

立毙者。寇兵乃借题大索,静安寺路、南京路一带临时戒严,深夜
尚未撤去,人心惶骇,驿骚不置。闻明日将由虹口复出,经外滩入
法租界十六铺而达南市,则扰扰之虑正未有艾也。接圣陶南昌二
十一日来片,知正在彼迎候墨林,惟尚未到,甚为抱虑,且云先有快
信寄予,予未之见,忧懔甚矣! 夜小饮,文权、濬华、昌顯俱去,以寇
警故,遣之早归。

12 月 4 日 (乙丑) 星期六

晴。上午五九,下午同。

　江阴因受寇五路进逼,不得已退出。广德方面确已过泗安,向
长兴推进。寇兵在静安寺路一带之戒严部队已于昨晚九时撤去;
今日原拟由法租界游行入南市,因未得法领事同意,作罢。可见英
人示弱,亦自作自受也。依时入馆,写信寄汉,一则询问汉地情形,
二则复圣陶顺询墨林究否到彼也。下午雁冰、巴金、振铎来,谈久
之。近晚得洗人由香港转来之信两封,一为上月廿四发,一为廿六
发,似尚快。据云汉地亦有困难,或且转重庆设法选货耳。店中经
济甚紧,泰利洋行且来索租,礼和洋行亦来催出纸,所保兵险又将
届满,甚一筹莫展矣。如汉方不汇钱来接济,此危局实难支撑也。
夜饭后,与珏人偕访乃乾夫妇,仅见乃乾,约明日下午再过其天潼
路慎馀里廿六号新居。少顷便返,略坐即就寝。

12 月 5 日 (丙寅) 星期日

晴。上午五七,下午六〇。

　报载丹阳、句容一带将展开主力战。吴兴方面寇兵以受我游
击部队及长兴挺进军之夹击,将退出吴兴城。上海寇兵昨仍经由

法租界外滩入南市,但用卡车而非列队游行耳。晨接晓先上月十七建德来片,谓甫到彼,将再过十日始到屯,然则近方到得屯镇也。近来交通阻滞有如此,受寇之累深矣! 午后三时,偕珏人乘车往天潼路访乃乾夫妇,遇之。因留长谈,晚饭而后返,甫七时半,五路电车已无行,盖苏州河北近方弛严,居人无多,景象至为凄清也。步至永安公司门首,始得坐人力车以归,夜寒殊甚,到家足趾僵肿矣。

12月6日(丁卯)星期一

晴寒。上午五三,下午五五。

依时到店,德馨、均一先后来,皆乘甬轮以至。一则自家径出,藉避壮丁之役;一则久在马山,迄未赴汉,乃循原路而还。知雪山、涤生一时不能出,携到一书,似须宁家久住也。此间事务殷繁,竟放得下,亦一奇也。货船续保兵险事,由索非接洽,可再缓五日,是可以略松矣。丏尊饭时来,饭后去。报载浦东伪组织已成立,妄署"大道市政府",设于烂泥渡旧警局,将见日渐扩展,为不肖溃警之逋逃薮耳。晚报载,倭宪兵今晨六时许在永安公司大东旅社滥捕四人,虽询后旋释,而工部局之警权动摇矣,此后随便行动其将奈之何! 无怪太古之"大通"、怡和之"德和"竟在芜湖被炸,而英国乃无声无臭也。夜归小饮。饮后听周玉泉《文武香球》以自遣,九时就卧。

12月7日(戊辰　大雪)星期二

晴寒。上午五四,下午五九。

寇已陷句容,在南京东郊汤山激战,首都已垂危,有坚守芜湖说。德大使一度由汉入京谒蒋,外传媾和甚嚣尘上,然未得要领。

今日又传寇望英国出面调解,如挺身自任,当愿接受也。凡此云云,俱不足凭,要看中枢把握之如何耳。依时入店,办杂务。写信与雪山,告近状,并促早出。午前剑三来,因与调孚及伊同饮于高长兴。夜归复饮,饮后听周玉泉《香球》。且以其间看经宇所辑《黄衲集》,中有数联,集甚佳,颇见匠心也。

12 月 8 日 (己巳) 星期三

晴。上午五四,下午六〇。

晨丏尊见过,谓昨访道始,与述店况,彼力主清理关门云云。予深知此意为丏所久蓄,无意为道始吐露,遂有此不可终日之杞忧。其实何至于是。予觉若此等人而使之当轴,可谓有负付托,彼等临危苟免,纯为一己卸责国利,全不思多数股东之事业与同人之生计,至堪浩叹。以是予颇发词致贬,且终日为之悒悒也。依时到店,写信分寄汉口、绍兴,告近状,并催村、洗、山出来,不知彼等得报又何以处之也。报载寇锋已迫京郊,日内即将血战。以理推度,首都殆不守乎。夜归小饮,饮后梦岩来,谈至八时去。知周浦状况混乱,南汇已为我别动队所复,不日即将进取周浦云。梦居已为寇兵占作司令部,则交锋后之损失实无可幸免矣,予强为譬慰之。

12 月 9 日 (庚午) 星期四

晴。上午五五,下午六二。

京局甚危,而和议之声甚嚣尘上,不知究伊于胡底也。闷甚。依时入馆,处理杂务。丏尊来饭,曾电招内山之经理来商货船拔回事,不审究有效否。写信寄汉,告店情,盖昨晚来电,谓已由中国银行航汇三千元来,员薪仍拟停止,仍发维持费。复信遂申不便骤改之旨,尽照维持办法应作欠发再说耳。夜饭前仍小饮。饮后听周玉泉《香球》,八时半就卧,以盈儿故,至不能安睡,甚恚。

12 月 10 日(辛未)星期五

晴。上午五九,下午六二。

依时入馆,知昨晚汉口又有电来,乃复写航快覆之。丏尊来饭,屡打电话与内山,竟无人接通,奇甚。报载战况依旧,而我中枢渐次改组强化,解散中央政治会议,毛泽东、朱德、彭德怀均加入政治机构,则和议空气已无形消散,长期抗战与联苏对寇之举必以次实现矣。四时归,手裹馄饨,蒸食之,兼小饮焉。

12 月 11 日(壬申　上弦)星期六

晴。上午五八,下午六一。

当涂已失守,大胜关亦陷,南京已危在旦夕,但卫戍司令唐生智决誓死抵御。前日正午,寇将松井由飞机掷下劝告和平让城书,唐司令非惟置之不答,昨晨竟下令反攻为报。依时到店,孑如午后请假返绍结婚,乘恩德轮由甬转。

允若、柏寒来访,因同茶于冠生园,并约良才共夜饮于马上侯。八时乃散归。允若来沪已多年,现在中国营业公司任职,寓打浦桥同丰里三新庙方生柏泉处。柏寒则违难暂避于此,寓萨坡赛路四明里廿六号三楼。镰田有信与丏尊,所托事似有相当把握,且知麦加里房屋确未焚去云。

12 月 12 日(癸酉)星期日

晴。上午五九,下午六四。

寇已陷芜湖,虽三道总攻南京,迄今犹在唐生智坚守中,是亦足稍稍吐气矣。昨日南市难民区遭寇挨户搜查,且捕去教师三人。别有寇兵数十人在公共租界西区武装游行,所有越界筑路地段,殆均受蹂躏云。夜报载南京仍在坚守中,攻城之寇死六千馀人。美国对远东政策突转强硬,将以武力支持之。意国已退出国联。上午丏尊来谈,近午去。午后柏寒、梦岩先后来,谈至傍晚乃去。知梦岩周浦住宅已为寇占作司令部,各室尽开,衣物殆无完存之望矣。柏寒自述其自疗失眠之方,最得力者为自撰默念之一联,因录之:"无我心常泰,忘机景自清。"珏人挈同、复两儿往视濬儿,傍晚乃归。夜小饮,饮后看《辍耕录》,并听周玉泉《香球》。九时就卧。

12 月 13 日(甲戌)星期一

晴。上午六〇,下午六五。

南京四城俱为寇陷,而城中巷战犹烈。寇方盛传浦口亦陷,是我军退路已断,为之奈何。依时到店,处理杂务。丏尊为船事仍来店与镰田通电话。属均生定聚丰园菜,明日送廉逊所,并分函在沪诸社友,约明日下午五时共赴谭宅祝嘏饮酒。夜归小饮。饮后看新购之《香艳大观》。其书四册,为新文化社所出之一折书,予爱其收集丛残,颇多韵事,因致之,备茶馀酒后之浏览云。

12 月 14 日(乙亥)星期二

晴暖。上午六二,下午六四。

报载南京确于昨日上午九时三十分完全陷落,北平伪组织即于十时宣告成立,详情虽未之知,而寇方先事布署,显欲以起废自任则无可疑矣。《大公报》、《申报》、《新闻报》均出至今日止,明日起均宣告停版。曰五六十年之悠久报纸,竟如此断送,其被压迫之度为何如耶! 明日起,实无需再看虚伪之报道矣。悲夫! 依时入馆,写长信第五号寄汉口,并将代圣陶经管之帐目理楚。下午接雪山明片,知将出来,并云彼已得信,知墨林等已到九江矣,甚慰。四时许,偕守宪往廉逊所。其后晴帆、丏尊、叔琴、道始陆续来,乃聚饮。饮后长谈,谈次,颇闻亲敌之论,予大愤,借酒骂之。八时三刻散,复过晴帆所少坐,十时乃归寓,与丏、琴偕。

12 月 15 日 (丙子) 星期三

晴。上午六〇,下午六三。

今日《新闻报》仍出,据云高级职员愿出卖,而下级职员仍主不接非分之干,故明日起依然需停刊云。下午立斋来谈,承告《申报》善后办法及其戚某由苏被寇兵掳令挑物来沪状。据云途次横尸殆满,屋隅水次几触处皆是,察看服装悉为壮丁,无其他人等,惨极。《华美晚报》息,寇将分三路攻汉口,一由广州循粤汉路,一由杭州循浙赣路,一由长江直溯云云。美总统罗斯福为芜湖、南京间美舰被击沉没事,向寇方提抗议,且警告其“皇”注意,寇情大震。依时到店,处理杂务,并新向会文堂购得《情史》看之。《情史》予旧有刻本,毁于辛壬寇燹,今获此,似有改动,其类名已抹去,不识究全否? 当视别本以勘之也。夜归小饮。饮后用朱笔点校《格言联璧》。

12 月 16 日 (丁丑) 星期四

晴。上午六〇,下午六四。

《新闻报》仍出,不知何故,人言殆不足信耶。依时入店,接雪村来电,谓迁汉失策,路阻不能归,属丏尊设法裁遣职员,店况严重如此,竟如丐意矣,可叹! 当即分函汉口、绍兴,一面详报此间状况,一面速雪山出来料理。午后接振铎电话,约吃酒,四时半,剑三及伊先后至,乃与调孚等四人共饮于马上侯。八时散归,竟醉矣,酒楼帐单并馀款明明置入袋中,到家已不知何往,可笑也。夜报载蒋中正《告全国民众书》,略谓南京虽退出,但无论如何必不投降,虽目前已牺牲三十万众,为前史所未有,然始终一贯,必抗战到底也。又载张发奎正鸠集精锐,反攻苏、嘉,截寇后路。寇有粮秣等接济物料已中途折回云。

12 月 17 日(戊寅)星期五

晴,但燠润,夜半竟雨。上午六二,下午六四。

《新闻报》今日终于停刊矣,向日流行大报,仅存《时报》,其所以获存之故,亦正难言,今而后尚有所谓舆论邪。寇北向,冀与津浦线打通。浦口已失,逼近滁州;扬州垂危,分向淮阴。同时为牵制南昌援兵计,重集嘉兴,压迫杭州云。依时到店,丏尊约电来,叩以办法,无一语,愁叹而已。赵廷玉、张锡恩先后告假返籍,显系受汉电影响借为尝试,可恨也。口留无效,只索照准。五时过仲弟,知皇后剧院情形尚佳,为之稍慰。小饮归,甫七时也。

12 月 18 日(己卯　望)星期六

阴霾严寒。上午五九,下午五二。

依时到店,汉汇三千元今日由安民领取来,因属存置金城银行保管箱中。写信与汉口诸公,告此间近状。傍晚由士俊处得讯,雪山耳疾加剧,暂住绍兴城中福康医院,是一时未必即能来沪矣,甚念之。今日为弟妇四十初度,全家往贺,晚饭后始归。潜华、文权、昌顯、昌順及士敫俱与焉。《新闻报》不出,闻系工潮,不识确否? 寇图南之志益露,粤海大紧。粤汉沿线被炸非一,香港亦大感威胁矣。渡江北犯之寇无显明进展,想在扬逗留也。

12 月 19 日（庚辰）星期日

晴。上午五二,下午五三。

今晨各报俱晚出,八时始得见。粤边轰炸甚烈,其他战况寂然。如寇图打通津浦线,徐州附近必展开大战也。苏联已有开始军事援助我国之表示,汉口已运到飞机不少云。怀之来饭,饭后二时去。接汉口电,谓由上海银行电汇六千元来,琛得票即赴粤,处理后返沪云。是汉势已日乱,竟无可为,知难而退矣。夜小饮,饮后闲翻案头小帙,少坐就卧。

12 月 20 日（辛巳）星期一

晴不甚烈。上午五三,下午五四。

依时入店,接雪村先所发函,汉口情形已大窘,洗人赴渝转蓉,拟顺收帐款,未识有效否也? 圣陶家眷虽已到汉,而警报频仍,愁思无计,又别谋内徙矣。闻之怅惘万分。消息隔绝,战况不明,惟知杭州吃紧而已。振铎来谈,五时并出,彼返家,而予则应梦岩兄弟之邀,过坚吾同饮于敏体尼应路之三和楼。八时散归,小坐便寝。

12 月 21 日（壬午）星期二

晴。上午五三,下午同。

依时到店,处分杂事。柏寒见过,少坐便行。接雪村最近航函,附圣陶信,知彼此往回之信颇多差池落后者,或竟有遗失,甚恨恨也。雪村告店况甚详,圣陶则全家迁往汉口西北四百里之岳口镇矣。如此转徙,想多辛苦,不觉悲从中来。下午写信寄雪村,径递广州候交。夜祀先,盖明日冬至期,例须于今夜祝飨也。文权、澹华、昌顯来饭,不胜意外之欢矣,一念及流离之亲友,殆难下咽。

十时濯足,即寝。

12 月 22 日(癸未　冬至)星期三

晴暖,夜雨。上午五三,下午五七。

依时入馆,写详信寄圣陶,约彼此勤通信。接芷芬信,在泰县桑家湾发,详告由苏逃难经过状,所述军队不守纪律,勒索款项诸事,阅之发指,有军如此,谁之过欤。宜其一却不可止矣,不胜浩叹。冯达夫来,言有乡人逃至,知其家人及为群家人俱逃散不知下落,闻之悽然。夜归小饮。饮后看《香艳大观》,为改署"艳语丛缀",并亲写书根云。九时许就卧。

12 月 23 日(甲申)星期四

阴雨。上午五四,下午五八。

依时到店。仲盐午后到,盖自绍转甬前来,藉探厂况者。四时,与之偕返,彼过饭丏尊所,而下榻于予寓焉。据谈宁、绍两城之冷落及萧山被炸之惨酷,至为不怡,惟马山各镇聚尚安谧耳。夜归小饮,饮后与仲盐谈,九时后睡。青岛日工厂俱为我军烧毁,形势紧张;广州附近,寇军有登陆企图,正严重应付中。是寇志不在小,未识当局何以处之也。写信复子如、芷芬,劝来沪暂住。

12月24日（乙酉 下弦）星期五

阴霾。上午五七，下午五六。

依时入店，接涤生转来雪山信，知耳疾甚剧，一时不得来沪，甚念。因即复书敦促，并告此间近状。泰利洋行为总店房租事，竟涉讼，法院送到审理传票，定明年一月四日开庭。因请丏尊来店磋商，讵料彼一切不负责任，竟谓可以离沪云云，失态之至，不与深辨矣。约明日上午十时同访道始解决之，不知届时有无笑话也。夜归候仲盐小饮，不至。是夕竟未返，大约别有耽阁矣。战局，杭州甚吃紧，恐不日有陷落之虞。津浦线尚在滁州扼守中。

12月25日（丙戌）星期六

晴。上午五四，下午五六。

杭州有陷落讯，广九、粤汉、津浦北段各处均遭轰炸，青岛形势日紧。

晨九时许，丏尊来。九时半因与同访道始。道始以昨夜圣诞狂欢之故，天明始睡，犹未起身。坐俟之，与介丞及新自江北逃来之继之长谈，谂知各地军队风纪之隳与寇兵杀戮之惨，不胜悲愤。十一时许，道始乃起晤，与商泰利讼事，渠谓宜与周邦俊商量，候有确实回音再来与予等接洽。遂归午饭。闻岳斋之二子因患痧子，昨晚今晨先后夭折，其长子永年为予附行子，故其家特遣人来报。予闻之，惨怛不可言宣，而传染堪虞，无法往慰，命清儿作书寄慰之。岳斋阻于汉、京之间未得耗，独其夫人处此悲境，尤令人难堪也。下午仍入馆。夜归小饮。仲盐仍未至，想耽阁于他友所矣。

12 月 26 日（丁亥）星期日

晴。上午五三，下午五六。

杭州失守，钱江铁桥炸毁，均证实，各路袭击与昨所闻同。津浦线寇军已在乐陵以南渡河，占据胶济线之周村，分向青岛及济南攻击中。战局日见恶化，奈何！上午十一时，索非来告，顷得调孚电话，知雪山已由甬来沪，因患丹毒，正延杜克明诊治云。予匆匆饭已，便偕丐尊往店省视，适克明尚在，询悉丹毒尚不十分沉重，且危险已过，为之稍慰。与雪山言，神志甚清，惟面肿未退，多瘥皮也。先因耳疾而起，为绍兴福康医院所误，始终未云丹毒，此次到甬候船，幸得别投医治，始断为丹毒，获度此厄云，亦不幸中之大幸矣。三时返寓，梦岩夫妇及其大小姐同来探望，因长谈。五时去。继之、道始、丐尊来，同车赴吕宋路洪长兴羊肉馆廉逊约。吃涮羊肉甚鲜美，但价奇昂，真小吃大回钞也。七时许返。

12 月 27 日（戊子）星期一

晴，午后阴。上午五二，下午五六。

依时到店，处理杂务。十时许，往大江南旅舍视雪山，近午返店。午后接雪村汉发十九日航函，谓明日即赴粤返沪。内附洗人宜昌信，多结束语，似开明已臻绝境，不得不从事清理矣，为之喟然。旋又接雪村香港来电，谓"嘉应来"。是嘉应轮进入伊即到店矣，此行神速，大慰。

杭州失守后富阳继陷，浙东大震，其他各路未详。仲盐夜与予同返，具酒酌之。谈至九时，就卧。

12 月 28 日（己丑）星期二

阴雨。上午五三，下午五四。

历城已失陷，青岛益紧，铜山本四战之区，其遂不能免乎？果尔则津浦线打通，寇志获逞矣。甚为纳闷。依时入馆，处杂事。房租事无回音，不识道始如何进行也。雪山已渐愈，据云明日迁返店中矣。仲盐有人来信，谓可由日方准许入虹口总厂探视，如有馀物可搬再论价酬报云。约明日有确讯，如可行，仲盐将一度入视也。夜仲持等公钱雁冰，予以先允天然约，陪仲盐，遂未果与。六时归，与仲盐饮天然所，谈至十时乃各就睡。

12 月 29 日（庚寅）星期三

阴雨。上午五三，下午同。

依时到店，处理杂事。看《绿野仙踪》，盖甫自振铎所假来者。战事暂入休止状态，寇将松井大发狂言，直等猘犷，不识我中枢当局亦安忍之否？夜与仲盐小饮，饮后看渠等打牌，十时就寝。以声喧而神散，竟失寐，至中夜二时后始得合眼，颇苦。雪山本住大江南旅舍养疴，以嫌房贵，于今晨迁回店中，住搁〔阁〕楼上，幸病已大好矣。泰利涉讼事时萦心头，道始迄无信息，至急。

12 月 30 日（辛卯）星期四

晴。上午五三，下午同。

依时到店，接圣陶长信，知仍欲入川，予即写详信复之。"上海市民协会"已组织就绪，贱丈夫必当弹冠相庆，顾新闻政策弥缝甚巧，谓此项组织纯系维持商业及难民，绝不触及政治，而人选又极度遮盖,不肯发露,显有玄虚存焉。可叹!为泰利事打电话与道始,未得达,午后作书与之,约面谈。近来道始颇对开明冷漠,全因丏尊愁穷露窘所致。世情可憎,固无足怪,而身当大局之重者,毫无一筹之展,徒为叹叫,致于债事,实无以对股东卸责也。夜归小饮,饮后看《袁中郎集》,九时就卧。

12 月 31 日（壬辰）星期五

阴雨。上午五五,下午同。

晨起阅报,知昨日午后二时许,上海电气公司总经理陆伯鸿在吕班路被刺殒命,凶手在逃。陆为东方天主教徒之权威者,近方从事于"上海市民协会"之组织,而己为该会主席团之一,此举必与被刺有关。乃各报纷传,该会组织章程及人选俱揭晓,明言一方取得寇军同意,一方函请两租界当局备案,委员人选为上海各业领袖,并有个中人谈话发表,荣宗敬、王彬彦之言尤悖。惟王禹卿、沈田莘二人登有自脱启事,谓并未参加云。依时到店,处杂事甚忙,盖月底而兼年终,又值艰窘之境,更见应付之苦耳。丏尊来店探泰利事。下午三时道始来电话,谓接洽有相当办法,明后日来予家面商取决。夜归,与仲盐对酌。饮后丏尊来谈,九时许去。十时后予乃就卧。

收支一览表

月	日	摘要	收入额数	支出额数	结存额数
1	1	上年结存	4.34		4.34
1	4	到聚丰园消寒会车力往还		0.34	4.00
1	5	上月下半薪	90.00		94.00

月	日	摘要	收入额数	支出额数	结存额数
1	5	特储		9.00	85.00
1	5	家用		50.00	35.00
1	5	提存房金之一部		15.00	20.00
1	5	存入成记	0.00	5.00	15.00
1	5	补上年十二月底存息	50.00		65.00
1	5	补圣陶还代朱礼	2.00		67.00
1	9	上年度升工	213.00		280.00
1	9	还洗人		100.00	180.00
1	9	还珏人		70.00	110.00
1	9	同儿华德定额		2.00	108.00
1	9	提存本期会金		50.00	58.00
1	20	本月上半薪	90.00		148.00
1	20	家用		50.00	98.00
1	20	提找本月房金		20.00	78.00
1	20	存入成记		5.00	73.00
1	20	廿日来车力、另用		5.00	68.00
1	27	同、复学费		15.00	53.00
1	27	与圣陶合送君畴母吊礼		2.40	50.60
1	28	上页转存	50.60		50.60
1	28	补廿三吊周凤岐		2.00	48.60
2	2	还讫来青阁		8.00	36.60
2	2	还讫马上侯		8.80	27.80

续表

月	日	摘要	收入额数	支出额数	结存额数
2	3	还讫同宝泰		8.20	19.60
2	3	金才年节赏		2.00	17.60
2	3	培锡年节赏		1.00	16.60
2	3	馆役年节赏		1.00	15.60
2	3	齐辉堂酒两坛		10.00	5.60
2	3	上月下半薪	90.00		95.60
2	3	特储		9.00	84.60
2	3	所得税扣存		2.20	82.40
2	3	成记		5.00	77.40
2	3	家用		50.00	27.40
2	3	提存房金		15.00	12.40
2	6	十六日来另用、车力		3.00	9.40
2	7	游邑庙茶点、车		1.10	8.30
2	19	公钱晓先		2.20	6.10
2	20	本月上半薪	90.00		96.10
2	20	家用		50.00	46.10
2	20	找提房金		20.00	26.10
2	20	上页转存	26.10		26.10
2	20	存入成记		5.00	21.10
2	22	高长兴小饮		4.00	17.10
2	23	七日至本日另用、车力		5.15	11.85
2	23	买《纲鉴》等书		2.10	9.75

续表

月	日	摘要	收入额数	支出额数	结存额数
2	23	与丏送世禄亲寿		1.75	8.00
2	25	输雀		2.00	6.00
2	28	本月底结用另钱		3.00	3.00
3	5	上月下半薪	90.00		93.00
3	5	特储		9.00	84.00
3	5	所得税扣存		2.20	81.80
3	5	存入成记		5.00	76.80
3	5	家用		50.00	26.80
3	5	还谢周医垫款		10.00	16.80
3	5	提存房金		15.00	1.80
3	5	汉、漱存	15.00		16.80
3	5	同、复缴存	4.40		21.20
3	5	漱缴存	7.00		28.20
3	6	调度存款所得税		0.89	27.31
3	8	还洗人代垫消寒筵资		19.00	8.31
3	9	《作文初步》等三种		0.78	7.53
3	9	上页转存	7.53		7.53
3	16	杜医师汽车		1.00	6.53
3	16	行床用扁马桶		2.00	4.53
3	16	药水、冰袋等		2.60	1.93
3	18	《留青新集》十二本		1.92	0.01
3	20	支活存	50.00		50.01

续表

月	日	摘要	收入额数	支出额数	结存额数
3	20	本月下半薪	90.00		140.01
3	20	解第五期会		50.00	90.01
3	20	家用		50.00	40.01
3	20	提付本月房金清		20.00	20.01
3	20	会金(6)小账(1)水果(1)		8.00	12.01
3	20	存入成记		5.00	7.01
3	24	《历代讳字谱》		1.92	5.09
3	25	支活存	100.00		105.09
3	25	借与闻云斋		100.00	5.09
4	5	上月下半薪	90.00		95.09
4	5	特储		9.00	86.09
4	5	所得税		2.20	83.89
4	5	家用		50.00	33.89
4	5	提存本月房金		15.00	18.89
4	5	存入成记		5.00	13.89
4	5	上页转存	13.89		13.89
4	5	补一日聚餐		2.00	11.89
4	5	补还范宅公份		2.25	19.64
4	5	补收存公份	6.50		16.14
4	5	三月一日至今另用、车力		6.44	9.70
4	12	《马骀画谱》		0.88	8.82
4	12	补七日红蕉生日会份		2.25	6.57

续表

月	日	摘要	收入额数	支出额数	结存额数
4	12	六日至十二日另用、车力等		4.96	5.91
4	12	补九日看戏(2.51)汽车(1.00)		3.51	2.40
4	16	代收存、道垫公份两笔	4.50		6.90
4	16	二元会第二次纳费		2.00	4.90
4	20	本月上半薪	90.00		94.90
4	20	家用		50.00	44.90
4	20	提清本月房金		20.00	24.90
4	20	存入成记		5.00	19.90
4	24	看戏汽车		1.20	18.70
4	25	看戏车资等		1.40	17.30
4	26	交清道始公份		11.00	6.30
4	26	补酒二瓶及另用		1.60	4.70
4	30	闻云斋先还	80.00	0.00	84.70
4	30	存入活期折		70.00	14.70
5	1	上月转存	14.70	0.00	14.70
5	5	补上月三十生日公份		1.90	12.80
5	5	上月下半薪	90.00	0.00	102.80
5	5	特储		9.00	93.80
5	5	所得税		2.20	91.60
5	5	存入成记		5.00	86.60
5	5	家用		50.00	36.60

月	日	摘要	收入额数	支出额数	结存额数
5	5	提存本月房金		20.00	16.60
5	6	十天来酒、另用、车力等		4.20	12.40
5	8	到徐园汽车及电车		1.25	11.15
5	11	王宝和小饮		2.06	9.09
5	11	同宝泰买酒一瓶		0.45	8.04
5	20	本月上半薪水	90.00		98.64
5	20	支活存	50.00		148.64
5	20	家用		50.00	98.64
5	20	会款		50.00	48.64
5	20	本月房金提清		15.00	33.64
5	20	存入成记		5.00	28.64
5	20	十日来另用、车力等		4.64	24.00
5	21	送吕培卿婚礼及挂号信资		10.21	13.79
5	21	到王恒豫往来车力等		1.79	12.00
5	21	上页转存	12.00		12.00
5	27	王恒豫酒及车力		3.00	9.00
6	2	《史地讲义》版税	4.42		13.42
6	3	马上侯小账及车力		0.80	12.62
6	5	上月下半薪	90.00		102.62
6	5	特储		9.00	93.62
6	5	所得税		2.20	91.42

月	日	摘要	收入额数	支出额数	结存额数
6	5	家用		50.00	41.42
6	5	提存房金		15.00	26.42
6	5	谢杜克明		8.00	18.42
6	5	章式之吊礼		4.48	13.94
6	5	章、宋、周书款	19.10		33.04
6	5	允言母吊礼		4.00	29.04
6	5	圣陶存	2.00		31.04
6	5	晓先《地讲》税存	1.78		32.82
6	5	存入成记		5.00	27.82
6	5	续保火险		6.50	21.32
6	5	圣陶再存	4.00		25.32
6	7	馆役节赏(与圣陶各一)		2.00	23.32
6	9	支活存	30.00		53.32
6	9	还讫马上侯		20.40	30.92
6	9	上页转存	30.92		30.92
6	10	代圣陶送范高平寿		5.00	25.92
6	10	金才、培锡各2		4.00	21.92
6	10	廿日来另用、车力等		3.72	18.20
6	13	蜀蓉午饭		3.90	14.30
6	13	车力儿饵		0.80	13.50
6	16	二元会费及车力		2.40	11.10
6	17	暂借店款	100.00		111.10

续表

月	日	摘要	收入额数	支出额数	结存额数
6	17	支活存	10. 00		121. 10
6	17	付清《丛书集成》书橱		118. 44	2. 66
6	17	《北平图中文舆图目续》		1. 44	1. 22
6	20	本月上半薪	90. 00		91. 22
6	20	家用		50. 00	41. 22
6	20	提付本月房金讫		20. 00	21. 22
6	20	存入成记(末一次)		5. 00	16. 22
6	20	十日来杂耗		0. 52	15. 70
6	25	新书三种		0. 32	15. 38
6	25	王恒豫酒一瓶		0. 50	14. 88
6	28	王恒豫酒一瓶		0. 50	14. 38
6	28	书十种(1.4)酒菜(0.14)车力(0.10)		1. 64	12. 74
6	28	昨日与同拍照		0. 50	12. 24
6	28	上页转存	12. 24		12. 24
6	28	补昨为复添置单衣一袭		0. 99	11. 25
6	30	广益书 28 种		1. 39	9. 86
6	30	同、复学校留额费		2. 00	7. 86
7	1	同、复下期学费找讫		7. 00	0. 86
7	1	支活存	9. 51		10. 37
7	1	前今两次生日会费		4. 00	6. 37
7	2	《纲鉴易知录》等三种		1. 90	4. 47

月	日	摘要	收入额数	支出额数	结存额数
7	2	十二日来杂耗		0.87	3.60
7	3	二元会费连车力		2.40	1.20
7	5	上月下半薪	90.00		91.20
7	5	特储		9.00	82.20
7	5	所得税		2.20	80.00
7	5	存活期折		10.00	70.00
7	5	家用		50.00	20.00
7	5	提存本月房金之一部分		15.00	5.00
7	5	禹贡会费本市一至六月		3.00	2.00
7	20	本月上半薪	90.00		92.00
7	20	支活存	50.00		142.00
7	20	解会		50.00	92.00
7	20	家用		50.00	42.00
7	20	提找本月房金讫		20.00	22.00
7	20	办会酒菜及酒、水果等		9.50	12.50
7	20	同等医牙		6.00	6.50
7	20	中华书局书三种		3.21	3.29
7	20	半月来另用、车力		1.29	2.00
7	20	补十六日二元会费		2.00	0.00
8	5	上月下半薪	90.00		90.00
8	5	特储		9.00	81.00
8	5	所得税		2.20	78.80

续表

月	日	摘要	收入额数	支出额数	结存额数
8	5	借范（定存款抵）兑份并记	150.00		228.80
合计			491.75	262.95	228.80
8	5	上页转存	228.80		228.80
8	5	家用		50.00	178.00
8	5	代圣陶存薪	44.40		223.20
8	6	付董宇电灯压柜顶收		50.00	173.20
8	7	培锡、华坤饭食车力		1.00	172.20
8	10	搬场车力		7.00	165.20
8	10	培锡、华坤犒		4.00	161.20
8	13	店发薪水之一部	25.00	0.00	186.20
8	13	付电费及巡捕捐		22.16	164.04
8	13	补提出成记之己份存款	60.00	0.00	224.04
8	17	续付家用		30.00	194.04
8	18	借与雪村夫人		50.00	144.04
8	19	白米一石		13.00	131.04
8	20	二十天来杂耗及失忆（内另资门捕二元）		25.44	105.60
8	21	捐助绍兴同乡会		1.00	104.60
8	21	五华牌香烟一条		1.10	103.50
8	21	扫弄人资		1.00	102.50
8	27	一星期车力		0.20	101.30

月	日	摘要	收入额数	支出额数	结存额数
9	4	找清八月份馀薪除税及折扣	117.00		218.90
9	4	雪村还其夫人所借款	50.00		268.90
9	4	付清雪山转馈米煤		33.80	235.10
9	4	提付本月房金		60.00	175.10
9	4	存珏处		100.00	75.10
9	4	家用		50.00	25.10
9	5	买酒及画		1.05	24.05
9	5	九日来车力、另用		3.94	20.11
9	10	支定存（除还范外）	50.00		70.11
9	10	息除税实得	23.75		93.86
9	10	漱、同、复、盈存款息除税实得	19.00		112.86
9	10	存珏处		100.00	12.86
合计			618.55	605.69	12.86
9	10	上页转存	12.68		12.86
	10	五日来车力、另用		1.76	11.10
9	10	向珏人取	5.99		17.09
9	10	付上月电灯费		5.99	11.10
9	14	还前饯心如费		4.00	7.10
9	14	旱烟管		0.50	6.60
9	14	寄信		0.20	6.40
9	15	向珏人取	109.50		116.90

月	日	摘要	收入额数	支出额数	结存额数
9	15	汇与圣陶(实存予处 33.9 矣)		100.20	16.70
9	17	任克昌《史记》卅二本		10.00	6.70
9	17	绍酒		2.00	4.70
9	17	青年服务团捐款		1.00	3.70
9	17	半月来车力、香烟		1.35	2.35
9	21	向珏人取	5.00		7.35
9	21	呢帽一顶		1.85	5.50
9	21	熟腿熏鱼		0.60	4.90
9	21	邮费		0.65	4.25
9	22	至此特储三分之一	106.75		111.00
9	22	解会(仲盐收交由雪村转)	0.00	50.00	61.00
	22	交珏人存		20.00	41.00
9	22	还珏人		5.00	36.00
9	23	茶叶、熏鱼		0.40	35.60
9	23	点心、车力		0.26	35.34
9	23	杂耗失账		0.94	34.40
9	26	请梦翁		5.00	29.40
9	27	请红蕉及洗人		2.00	27.40
9	28	修皮鞋及寄信		0.70	26.70
9	29	向珏人取	50.00		76.70
9	29	付九、十两月房捐		15.60	61.10

月	日	摘要	收入额数	支出额数	结存额数
9	29	家用		34.40	26.70
9	29	鸡蛋六十六个		2.00	24.70
合计			290.10	266.40	24.70
9	30	上页转存	24.70		24.70
9	30	本月维持费	50.00		74.70
9	30	交存珏人		50.00	24.70
9	30	十日来点心、车力、添酒肴等		2.30	22.40
10	2	高长兴夜饮		3.20	19.20
10	6	水果、茶叶		0.30	18.90
10	7	订日记本		5.00	13.90
10	7	五日来车力等用		1.70	12.20
10	26	买林编英语一、两册送坚吾		1.25	10.95
10	28	捐饯果饵送孤军壮士		1.00	9.95
10	28	支存款	200.00		209.95
10	28	交珏人		200.00	9.95
10	30	本月维持费	50.00		59.95
10	30	仲弟取去		10.00	49.95
10	30	家用		35.00	14.95
10	30	二十五天来烟酒、车力、点心等		12.45	2.50
11	4	买《小说丛考》等四种		1.25	1.25

续表

月	日	摘要	收入额数	支出额数	结存额数
11	10	特储悉数起出	221.52		222.77
11	10	扣馆所得税		0.37	222.40
11	10	预付圣陶、均正、祖璋全款		100.00	122.40
11	10	交存珏人		100.00	22.40
11	14	仲弟取去		10.00	12.40
11	14	借与张逸公		2.00	10.40
11	14	早点及儿饵		0.96	9.44
11	20	本月上半新实薪（同扣缺一天班）	50.40		59.84
11	20	请廉逊小饮		2.00	57.84
11	25	交家用		50.00	7.84
11	26	六天另用、车力、烟酒等		4.00	3.84
11	27	支活存	33.90	0.00	37.94
11	27	还讫圣陶		33.90	3.84
11	30	十一日另用		3.84	0.00
合计			630.52	630.52	0.00
12	1	向珏人取	10.00		10.00
12	1	定大美晨刊三个月		1.00	9.00
12	3	上月下半薪	54.00		63.00
12	3	所得税		0.60	62.40
12	3	家用		50.00	12.40
12	3	三日另用及为诸儿购物		3.35	9.05

月	日	摘要	收入额数	支出额数	结存额数
12	7	与剑三饮高长兴		4.00	5.05
12	7	咸肉		2.00	3.05
12	8	猪油、梨膏		0.80	2.25
12	9	鲜肉		1.00	1.25
12	11	纸笔		0.34	0.91
12	11	向珏人取	5.00		5.91
12	11	冠生园茶点		0.60	5.31
12	11	送子如婚礼		2.00	3.31
12	11	四日至十一日车力、香烟等		0.70	2.61
12	14	向珏人取	5.00		7.61
12	14	廉逊喜份		2.00	5.61
12	16	马上侯小账及遗失		1.00	4.61
12	16	补前日鲜肉		1.30	3.31
12	16	五日另用、车力等		1.00	2.31
12	16	买书		1.21	1.10
12	20	支薪	50.00	0.00	51.10
12	20	家用		45.00	6.10
12	24	向珏支	5.00		11.10
12	26	向珏支	4.00		15.10
12	29	配眼镜		7.00	8.10
12	30	书籍、日历、历书等		2.00	6.10
12	30	十七至三十另用、车力		2.60	3.50

续表

月	日	摘要	收入额数	支出额数	结存额数
12	30	支活存	6. 10		9. 60
12	30	补失贴		6. 10	3. 50
12	31	鲜肉、鲫鱼、香烟、习字纸等		2. 80	0. 70
合计			139. 10	138. 40	0. 70